EXPOSITION RAISONNÉE

DES

PRINCIPES DE L'ENREGISTREMENT.

Toulouse, E. Connac et Darbas, imp.,-lib., rue des Balances, 43, et place du Capitole.

EXPOSITION RAISONNÉE

DES

PRINCIPES DE L'ENREGISTREMENT

EN FORME DE COMMENTAIRE

DE LA LOI DU 22 FRIMAIRE AN 7

PAR

Gabriel DEMANTE

PROFESSEUR A LA FACULTÉ DE DROIT DE TOULOUSE.

> ... Ut non difficile sit, qui paulummodo ingenio possit moveri, quæcumque nova causa consultatiove acciderit, ejus tenere jus, quum sciat a quo sit capite repetendum. — Un lecteur attentif, s'il rencontre quelque question nouvelle, en pourra aisément trouver la décision, sachant à quel principe il doit la rattacher.
>
> (CICERO, *De Legibus*, II, 18.)

DEUXIÈME ÉDITION

REVUE ET CORRIGÉE.

TOME SECOND.

PARIS

A. DURAND, LIBRAIRE-ÉDITEUR

RUE DES GRÈS, 7

1862

1861

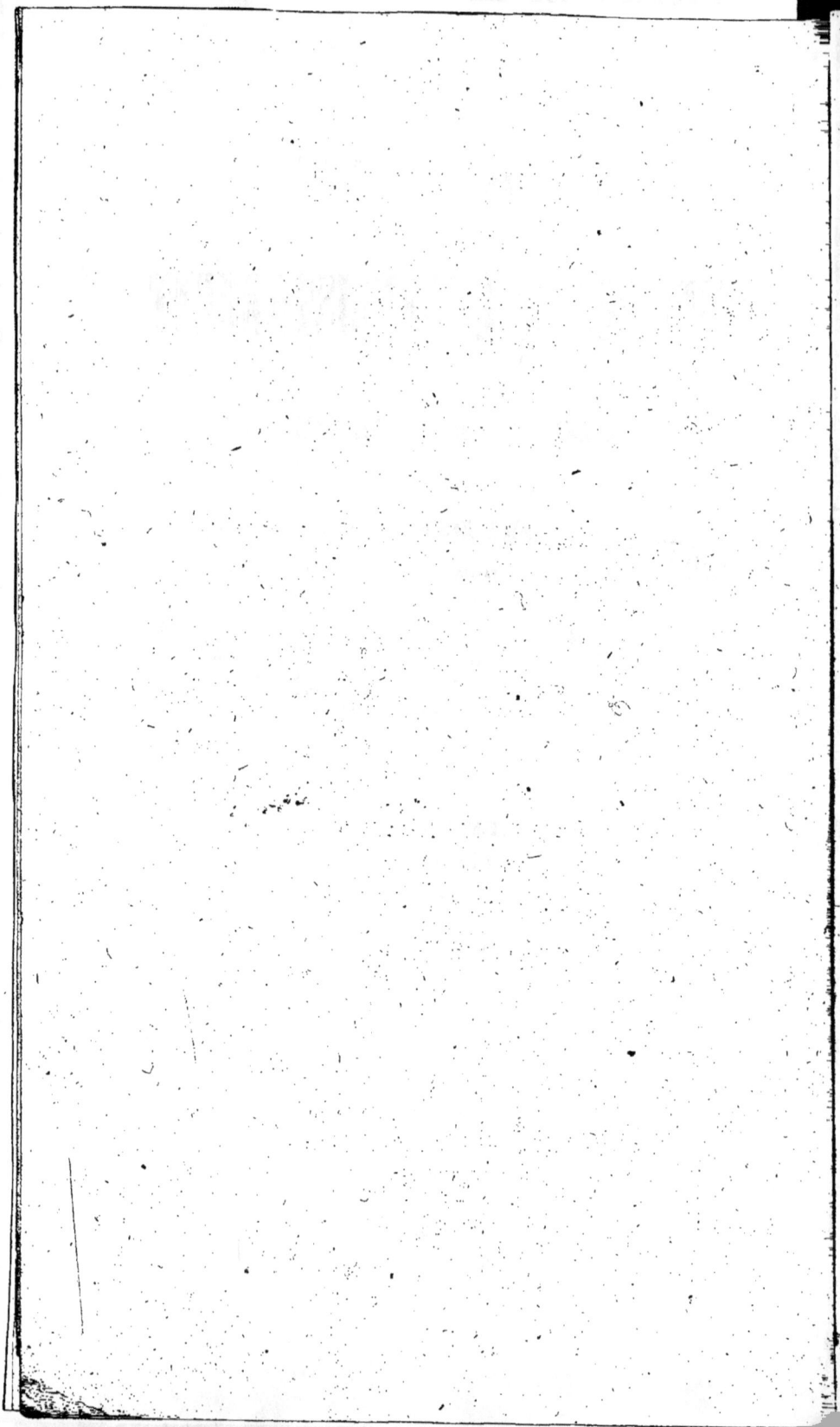

PRINCIPES

DE

L'ENREGISTREMENT

TRAITÉ DES DROITS PROPORTIONNELS

RATTACHÉ AU

COMMENTAIRE DES ART. 14 ET 15 DE LA LOI DU 22 FRIMAIRE AN 7.

—

PARTIE II.

Des opérations à titre gratuit.

568. Par cette locution générale, *Opérations à titre gratuit*, je désigne les Donations entre-vifs et les Mutations par décès. Je joins à ce traité celui des Conventions matrimoniales.

Un principe commun aux donations entre-vifs et aux mutations par décès, c'est que l'impôt y est

34.

gradué suivant les rapports de famille, existant entre les parties. Modéré dans la ligne directe, il s'élève jusqu'à 6 1/2, 7 et 8 p. 100 entre collatéraux, à 9 p. 100 entre personnes non-parentes.

Les *dispositions* (1) entre époux sont soumises à un tarif particulier, plus élevé que celui de la ligne directe, moins élevé que celui des collatéraux et des personnes non-parentes.

568 *bis.* Bien qu'en certaines parties de la législation, l'*affinité* ou l'*alliance* produise des rapports de famille semblables à la parenté (v. C. N., art. 161, 162, 206, 407; C. pr., art. 368, 378, etc.), néanmoins, l'alliance ne confère jamais la qualité de successible; il s'ensuit que, pour la perception de l'impôt, les alliés doivent toujours être compris parmi les personnes non-parentes (2).

A l'inverse, les rapports de parenté civile, formés par l'adoption, doivent produire, pour la perception, tous les effets de la parenté véritable, dans les limites où ils confèrent à l'adopté, à l'adoptant, et même aux descendants de celui-ci des droits héréditaires (v. C. N., art. 350-352).

569. Le système de graduation de l'impôt, suivant la parenté, étant lié aux principes fondamentaux de la famille et de la propriété, ne saurait être arbitrairement modifié. Aussi les bases en ont-elles été toujours reconnues par notre législation.

(1) Je dis *les dispositions*, c'est-à-dire les transmissions volontaires. Quant à la transmission *ab intestat*, dans le cas de l'art. 767 C. N., voyez l'art. 53 de la loi de 1816 (*infrà*, n°s 575, 653).

(2) *Cassat.* 28 janvier 1839 (I. G. 1912, § 17; Dall. 3800; R. G. 4813).

Anciennement même, le Droit commun de la France était plus libéral : les transmissions de la ligne directe jouissaient, en général, d'une complète immunité. Cet état de choses a cessé en 1790, et la loi de frimaire a consacré ce changement. Mais du moins, lorsqu'après de grandes commotions politiques, en 1816, en 1832, il fallut demander à l'impôt des ressources nouvelles, les lois, qui partout ailleurs ont élevé le tarif de la loi de frimaire, l'ont maintenu quant aux transmissions directes.

Toutefois, en 1850, ce principe a reçu une atteinte : lorsqu'une disposition générale a étendu aux transmissions de meubles les droits des transmissions immobilières, la ligne directe n'a pas été exemptée de cette aggravation.

Voilà quant à la fixation des droits.

570. Quant à la liquidation, un principe également commun aux donations entre-vifs et aux mutations par décès, c'est que la valeur de la chose transmise est déterminée : 1° en matière de meubles, par la déclaration estimative des parties ; — 2° en matière d'immeubles, par une évaluation faite en capital, d'après le revenu annuel, multiplié par vingt, s'il s'agit de propriété ; par dix, s'il s'agit d'usufruit ; le tout *sans distraction des charges.*

571. Ce principe de la *non-distraction des charges,* contrarie les notions les plus élémentaires de l'équité, car, dans la répartition de l'impôt entre les citoyens, il frappe les plus obérés de la contribution la plus lourde. C'était assez l'usage de la vieille législation fiscale, qui vivait d'expédients, au jour le jour; mais cela va contre l'esprit de la société moderne, où la théorie de l'impôt, s'inspirant de notions plus élevées, proclame que les lois de finances, comme toutes les autres branches de la législation, relèvent des principes supérieurs de la justice et de la raison.

J'ajoute que, dans l'état actuel de nos lois, à maintenir le principe en question, il n'y a pas seulement iniquité, mais inconséquence. Jadis, en effet, l'impôt des successions ne portait pas sur les meubles, et comme, en général, les dettes suivaient ce genre de biens, il y avait une sorte de compensation entre l'immunité des meubles et l'obligation de payer l'impôt sur les immeubles sans distraction des charges. Aujourd'hui, au contraire, les meubles sont assujettis à l'impôt; même, depuis la loi du 18 mai 1850, ils subissent le même tarif que les immeubles; cependant le principe de la non-distraction des charges a subsisté; il résulte de là qu'une même valeur, un même sac d'écus, par exemple, peut supporter l'impôt dans deux successions: dans celle du prêteur, à cause de sa créance; dans celle de l'emprunteur, à cause de la propriété des écus! En conservant le principe ancien, la législation moderne en a donc singulièrement augmenté la rigueur. Aussi, pour tous ceux qui veulent fonder rationnellement la science du Droit fiscal, le principe de la non-distraction des charges est unanimement condamné (1).

J'ai cependant moi-même invoqué pour ce malheu-

(1) Voir M. Garnier, n° 13240; M. Le Gentil, *Dissertations juridiques*, t. 2, p. 315.

reux principe *le bénéfice*, comme on dit au Palais, *des circonstances atténuantes.*

« Ce principe, disais-je dans la première édition de ce livre, encourt généralement de la part des jurisconsultes une véritable réprobation. Je n'en conteste pas l'extrême sévérité. Je dois pourtant faire observer qu'il est conforme au système général de la législation fiscale. Dans ce système, en effet, ce qui fait encourir l'impôt, ce n'est pas l'enrichissement du contribuable, c'est la transmission de la propriété, aussi bien à titre onéreux qu'à titre gratuit. Par suite, il importe peu que l'acquisition d'une donation, d'une hérédité, d'un legs, soit purement gratuite, ou purement onéreuse, ou mélangée de charges; dans tous les cas, le donataire, l'héritier, le légataire ne devient pas moins propriétaire des choses données ou laissées, et c'est pourquoi il doit payer l'impôt sur la valeur brute des biens qu'il acquiert. »

Cette idée m'était apparue dans l'enseignement oral, au milieu de la chaleur de l'improvisation, comme un correctif aux critiques généralement répandues. Elle avait frappé quelques jeunes esprits, et même dans le mémorable rapport qui a précédé les arrêts du 23 juin 1857, sur le privilége du Trésor, M. le conseiller Laborie n'a pas dédaigné de citer cette opinion, récemment publiée (1). Aujourd'hui, après réflexion, s'il m'est permis de me juger moi-même, je trouve cette même idée plutôt spécieuse qu'absolument exacte. Le prix de la chose vendue est le meilleur indice de la valeur de cette chose, voilà pourquoi l'impôt est assis justement sur ce prix; mais les charges d'une succession ne sont nullement la mesure de la valeur du patrimoine héréditaire. La matière de la vente et celle des

(1) V. le *Répertoire périodique*, n° 856, p. 256.

34..

transmissions gratuites sont régies par un ensemble
de règles tout-à-fait différentes, et l'analogie ne peut
être invoquée de l'une à l'autre. Au surplus, pour me
purger d'un trop vif reproche de contradiction, je dois
faire remarquer qu'après avoir produit l'observation
précitée, j'ajoutais pour conclure sur le principe de la
non-distraction des charges :

« Néanmoins, en certains cas, il dépasse toutes les bornes
que la raison puisse avouer. Et, par exemple, dans le cas
d'ouverture de la succession d'un failli, la matière ne serait
pas indigne d'appeler l'attention du législateur. »

Je demande pardon au lecteur (*lectori benevolo !*) de
l'occuper aussi longtemps de la discussion de ma pensée
personnelle; mais un écrivain ne mérite quelque
créance, ne peut obtenir quelque autorité, qu'à la condition de montrer qu'il ne se décide pas au hasard et
qu'il sait au besoin modifier ses premiers aperçus, si
la réflexion ou la critique lui en démontre l'inexac-
titude.

Reste l'objection des praticiens : Admettre la distraction des charges, c'est ouvrir la porte à la fraude. On
a beaucoup abusé de cette objection en toutes matières;
dans le cas particulier, elle me touche peu. En exi-
geant, pour opérer distraction des charges, la production de titres antérieurement enregistrés, et en punis-
sant sévèrement les contre-lettres, on pourrait arriver
d'une façon sérieuse à prévenir et à réprimer les combinaisons de la fraude.

Je devais m'expliquer en toute franchise sur le peu
de valeur théorique du principe de la non-distraction
des charges; car cette appréciation ne peut manquer

d'influer sur les solutions que je pourrai proposer relativement à la limitation du principe dont il s'agit. La loi, tant qu'elle subsiste, doit être respectée : *dura lex, sed lex!* Mais les procédés d'interprétation varient, suivant qu'il s'agit d'un principe, juste en lui-même, fécond dans ses conséquences, ou, au contraire, d'un principe arbitraire, qui doit être strictement renfermé dans le champ de l'application littérale. Telles sont les règles élémentaires de l'interprétation des lois; ces règles découlent de la raison, et tout le monde reconnaît aujourd'hui que l'interprétation de la loi fiscale doit être raisonnable. Nous serons donc fondés à invoquer l'adage de Droit commun: *Quod contra rationem juris receptum est, non est producendum ad consequentia.*

572. A l'égard des donations entre-vifs, la loi fiscale suit la nomenclature usitée. Il en est autrement des *mutations par décès ;* cette locution, étrangère à la loi civile, comprend à la fois les successions légitimes, les transmissions testamentaires et les *libéralités soumises à l'évènement du décès.* Ces derniers termes embrassent l'*institution contractuelle* avec toutes ses variétés, et une bonne partie des donations entre époux (*infrà,* n° 606). Pour me rapprocher autant que possible du langage de la loi, je qualifierai ces libéralités du nom de *donations éventuelles,* usité d'ailleurs dans la pratique de l'Enregistrement.

573. De ce qui précède, semblerait découler cette double division : 1° donations entre-vifs; — 2° mutations par décès. Mais, comme il y aurait inconvénient à scinder la matière des donations, j'ai cru devoir adopter la triple division suivante : 1° Donations entre-vifs ; — 2° Donations éventuelles, et, à ce propos, des Conventions matrimoniales ; — 3° Successions, soit légitimes, soit testamentaires.

574. En matière d'opérations gratuites, l'exigibilité du droit proportionnel doit être ramenée au seul chef de transmission de propriété ou d'usufruit. Les principes généraux de la matière seront posés à propos des transmissions de propriété. Je ne parlerai des transmissions d'usufruit que pour relever les règles spéciales qui les concernent.

575. Le tarif des transmissions gratuites a été trop souvent remanié, depuis soixante ans, pour qu'il soit convenable de grouper ici dans leur intégrité les *textes détachés* des lois qui l'établissent. Il m'a paru meilleur d'en présenter un tableau d'ensemble, qui résume et coordonne les dispositions, encore en vigueur, des lois suivantes : Loi de frimaire, art. 69, § 3, n° 4, et § 6, n° 2 ; — L. 1816, art. 53 et 54 ; — L. 16 juin 1824, art. 3 ; — L. 21 avril 1832, art. 33 ; — L. 18 mai 1850, art. 10.

J'ai dressé ce tableau, conformément aux règles suivies dans la pratique. Nous verrons, dans le cours de la discussion, que certains articles prêtent à la controverse, en ce qui concerne le droit de transcription (V. *infrà*, n°ˢ 601, 743).

TABLEAU

DES DROITS PROPORTIONNELS, D'ENREGISTREMENT ET DE TRANSCRIPTION, ENCOURUS PAR LES TRANSMISSIONS GRATUITES DE PROPRIÉTÉ OU D'USUFRUIT DE BIENS MEUBLES ET IMMEUBLES.

LIGNE DIRECTE.

	1° Par contrat de mariage.	Meubles.	1,25 %
		Immeubles. 1,25+1,50=2,75 —
Donations entre-vifs :	2° Hors contrat de mariage . .	Meubles.	2,50 —
		Immeubles. 2,50+1,50=4,00 —
	3° Portant partage. . . .	(Sans distinction de meubles ou d'immeubles).	1,00 —
	— Quelconques. (Sans distinction de meubles ou d'immeubles. . .	1,00 —
Mutations par décès :	— Dispositions testamentaires, avec charge de restitution (C. N. art. 1069). . .	Meubles.	1,00 —
		Immeubles 1+1,50=2,50 —

ÉPOUX.

Futurs, par contrat de mariage, Donations entre-vifs de biens présents.	Meubles.	1,50 —
	Immeubles. 1,50+1,50=3,00 —
Donations entre-vifs de biens présents, pendant le mariage (nonobstant art. 1096 C. N.).	Meubles.	3,00 —
	Immeubles. 3+1,50=4,50 —
Mutations par décès :	Résultant de donation éventuelle ou de testament. . .	(Sans distinction de meubles ou d'immeubles).	3,00 —
	Résultant de la loi (C. N., art. 767). . . .	(Sans distinction de meubles ou d'immeubles).	9,00 —

COLLATÉRAUX.

N. B. Il n'y a désormais nulle distinction à faire, quant à la *fixation* des droits, entre les meubles ou les immeubles.

Frères et sœurs, oncles et tantes, neveux et nièces	Donations *entre-vifs par contrat de mariage.* . . .	4,50 %
	Autres transmissions. . . .	6,50 —
Grands-oncles et grand'tantes, petits-neveux et petites-nièces, cousins-germains.	Donations *entre-vifs par contrat de mariage.* . . .	5,00 —
	Autres transmissions. . . .	7,00 —
Parents, au-delà du quatrième degré et jusqu'au douzième.	Donations *entre-vifs par contrat de mariage.* . . .	5,50 —
	Autres transmissions. . . .	8,00 —

PERSONNES NON-PARENTES.

Donations *entre-vifs par contrat de mariage.* . . .	6,00 —
Autres transmissions. . . .	9,00 —

N. B. « Lorsque l'époux survivant ou les enfants naturels sont appelés à la succession, à « *défaut de parents au degré successible*, ils seront considérés, quant à la quotité des droits, « comme personnes non-parentes. » (L. 28 avril 1816, art. 53.)

Opérations à titre gratuit. — Chef unique d'exigibilité du droit proportionnel : Transmission de propriété ou d'usufruit. — 1. Transmission de propriété.

SECTION Ire.

Des donations entre-vifs.

576. On lit dans l'art. 894 C. N. :

« La donation entre-vifs est un acte par lequel le donateur se dépouille actuellement et irrévocablement de la chose donnée en faveur du donataire qui l'accepte. »

Cette définition contient les caractères essentiels de la donation entre-vifs, que nous allons reprendre dans l'ordre suivant : — I. Concours de la volonté des parties ; — II. Dépouillement du donateur actuel et irrévocable.

577. I. *Concours de la volonté des parties.* — La transmission de la chose donnée s'opérant seulement par le concours de la volonté des parties, le droit proportionnel ne peut être exigible avant l'acceptation du donataire. Cette acceptation peut se produire, ou simultanément dans l'acte qui constate la volonté du donateur, ou par acte séparé. Dans les deux cas, elle doit être faite en termes exprès (C. N., art. 932). Il ne suffit donc pas, pour la formation du contrat de donation et la perception du droit proportionnel qui en est la suite, que le donateur et le donataire comparaissent dans le même acte. Il faut dans l'acte une mention *expresse*, c'est-à-dire claire et formelle, de la volonté du donataire. Jusques là, il n'y a pas donation (*suprà*, n° 48).

578. Toutefois si, en exécution d'un acte, ne contenant pas acceptation expresse, le soi-disant donataire est mis en possession du fonds, le droit proportionnel devient exigible, non pas en vertu de l'acte, mais en vertu de la seule possession, conformément à la théorie des mutations secrètes. Et ce droit peut être perçu, à titre de donation, par cela seul que la possession est *pro donato* (*suprà*, n° 95).

579. Quant aux donations mobilières, malgré le régime exceptionnel, établi par la loi du 18 mai 1850 pour les dons manuels (*suprà*, n° 24, et *infrà*, n° 602), il reste vrai de dire que, pour la perception du droit proportionnel, il faut un acte écrit constatant l'acceptation du donataire.

580. Pour l'acceptation par acte séparé, le Code civil statue en ces termes (art. 932, alinéa 2) :

« L'acceptation pourra être faite du vivant du donateur, par acte postérieur et authentique, dont il restera minute; mais alors la donation n'aura d'effet, à l'égard du donateur, que du jour où l'acte qui constatera cette acceptation lui aura été notifié. »

Dans ce cas, il y a trois actes à enregistrer : — 1° Acte contenant expression de la volonté du donateur ; — 2° Acte d'acceptation du donataire ; — 3° Acte de notification.

Le premier de ces actes n'opère pas transmission ; par lui seul *il ne produit aucun effet* (C. N., art. 932, al. 1). Incontestablement, il doit être enregistré au droit fixe (2 francs, comme acte civil innomé).

L'acte d'acceptation forme le contrat, qui est le principe de la transmission. Cet acte doit donc servir de base au droit proportionnel. Mais comme la formation du contrat est en suspens, tant que la notification n'a pas été faite au donateur, *interim* l'acte d'acceptation doit être enregistré au droit fixe (2 francs, comme acte civil innomé).

Arrivant l'acte de notification, il y a lieu de percevoir le droit proportionnel sur l'acte d'acceptation, et d'après le tarif en vigueur au jour de cette acceptation (*suprà*, n° 34). Quant à l'acte de notification, il doit être enregistré au droit fixe (2 francs, comme acte d'huissier; L. 1816, art. 43, n° 13).

En pratique, on perçoit généralement le droit proportionnel *hic et nunc* sur l'acte d'acceptation. Mais l'Administration n'hésite pas à en opérer la restitution si, au jour de la notification, la donation se trouve révoquée (1). C'est reconnaître implicitement que la perception n'a pas été régulière *ab initio*, sans quoi la restitution ne devrait pas être accordée (L. fr., art. 60). Le procédé est ici le même que dans les contrats de mariage (V. *suprà*, n° 38).

581. II. *Le dépouillement du donateur doit être actuel et irrévocable.* — Ce principe, inclus dans la définition précitée de l'art. 894 et développé dans les art. 943-946 C. N., est résumé par le vieil adage : *Donner et retenir ne vaut.* Cet adage, dans son acception primitive, signifiait que la donation devait être complétée par une tradition actuelle et *réelle* de la chose donnée. Mais plus

_____

(1) Délib. 25 mai 1843 (Dall. 3698); M. Garnier, 4852.

35

tard l'usage des traditions *feintes* (V. *suprà*, n°ˢ 84 et
114) fut admis dans la donation, comme dans les
autres contrats, et la règle se réduisit à ceci : que le
donateur devait se dépouiller irrévocablement du droit
qu'il entendait concéder au donataire ; en d'autres
termes, qu'une donation, soumise à une condition
potestative de la part du donateur, est nulle dans son
principe (1). C'est dans cet état que la règle a été consacrée par le Code Napoléon.

582. Bien que la chose ainsi donnée reste en la
propriété du donateur et ne passe pas un seul instant
dans le patrimoine du donataire, néanmoins l'acte,
d'après sa teneur, présente le caractère apparent d'une
donation faite sous condition résolutoire, passible conséquemment du droit proportionnel ; or, d'après la
théorie que nous avons adoptée sur les nullités (*suprà*,
n° 50-VIII), ce caractère apparent suffit pour rendre la
perception régulière, et, par suite, faire obstacle à la
restitution.

A plus forte raison, le droit proportionnel sera-t-il
exigible, si le donataire a été mis en possession (*suprà*,
n°ˢ 95, 578).

583. Puisque la tradition matérielle de la chose
donnée n'est plus requise aujourd'hui pour la perfec-
tion de la donation, et que d'autre part le Code Napoléon a abrogé, en toute matière, la subtilité des
traditions feintes, il s'ensuit que la propriété est trans-
férée, et conséquemment le droit proportionnel exi-

---

(1) Pour le développement de ce point d'histoire, *voy.* la Thèse pour le
doctorat, soutenue, en 1853, devant la Faculté de Droit de Toulouse, par
M. Justin Bauby, aujourd'hui juge au Tribunal de Perpignan.

gible sur le contrat de donation, quel que soit le
terme assigné à la mise en jouissance du donataire.

I. Cette proposition doit être admise même pour
une donation faite avec réserve d'usufruit au profit du
donateur. Le donataire, dans ce cas, est saisi actuellement et irrévocablement de la nue-propriété; or, la
nue-propriété, c'est la propriété retardée seulement
dans son exercice, et puisque le terme, apposé à
l'exercice du droit des parties, ne fait pas obstacle à
la perception de l'impôt, il s'ensuit qu'une donation de
la nue-propriété encourt les mêmes droits qu'une
donation de la propriété pleine. Nous ne rencontrons
pas ici les difficultés, particulières au cas de vente de
la nue-propriété (*supra*, nos 337-340); il suffit des
principes généraux pour faire rentrer la donation d'une
nue-propriété sous la lettre des articles 14, n° 8, et
15, n° 7, qui prévoient les transmissions *de propriété*.

II. Tout cela est certainement applicable à la première transmission gratuite de la nue-propriété. Quant
aux transmissions subséquentes, qui auraient lieu
avant la réunion de l'usufruit, *summo jure*, à la grande
rigueur, on aurait pu leur appliquer les mêmes principes, et telle a été pendant longtemps la prétention
de l'Administration. Mais la Cour de cassation a
apporté dans la matière un sage tempérament pratique (1). Quand le premier nu-propriétaire a acquitté
les droits sur la valeur entière de la propriété, la Cour
considère qu'il a soldé, une fois pour toutes, les droits
encourus pour l'*expectative de l'usufruit*. Par suite, son

(1) *Chambres réunies*, 27 décembre 1847 (I. G. 1816; R. G. 13230).

successeur n'est tenu de l'impôt que sur la valeur de la propriété, moins celle de l'usufruit, c'est-à-dire, d'après la présomption légale, sur la moitié de la valeur de la propriété pleine.

584. Le principe et la restriction sont applicables même quand l'usufruit a pour objet des *sommes ou valeurs*, c'est-à-dire, des choses qui, s'appréciant par la quantité et non dans l'individu, ne reçoivent qu'un usufruit improprement dit, autrement appelé un *quasi-usufruit*. Le Législateur français, non plus que le Sénat-romain, n'a pu faire qu'il y eût sur ces choses un véritable droit d'user et de jouir *salva substantia* (1), mais sa volonté est que, par le résultat pratique, le quasi-usufruit se rapproche autant que possible de l'usufruit véritable. Nous devons donc, pour la perception de l'impôt, assimiler complètement l'un à l'autre.

585. D'après la signification restreinte qu'a revêtue l'adage : *Donner et retenir ne vaut*, il est constant, en Droit civil, qu'on peut faire donation *entre-vifs*, actuelle, irrévocable, d'une somme payable au décès du donateur. Dans ce cas, la donation n'a rien d'éventuel quant à son existence ; le décès est seulement le terme apposé à l'exécution. Par suite, le donataire peut, s'il y a lieu, prendre immédiatement des mesures conservatoires, invoquer au besoin contre le donateur la

---

(1) « Senatus censuit ut *omnium rerum*, quas in cujusque patrimonio esse constaret, ususfructus legari possit... Quo senatusconsulto non id effectum est, ut pecuniæ ususfructus *proprie* esset ; NEC ENIM NATURALIS RATIO AUCTORITE SENATUS COMMUTARI POTUIT, sed *remedio introducto* cœpit *quasi* ususfructus haberi. » (L. 1 et L. 2, § 1, au Digeste, *De usufr. ear. rer.* VII, 5) — L'usufruit « peut être établi sur *toute espèce de biens* meubles ou immeubles » (C. N., art. 581).

déchéance du bénéfice du terme; enfin, si le donateur
meurt insolvable, le donataire a qualité pour concourir
avec les autres créanciers. Le droit proportionnel de
donation est immédiatement exigible sur une telle
donation, aussi bien que si la somme eût été versée
incontinent aux mains du donataire. Et remarquez que,
pour fonder l'exigibilité du droit proportionnel, il faut
considérer l'acte comme une *donation en propriété de
biens meubles,* non comme une obligation; car, en fait
d'obligations, la loi fiscale tarife uniquement celles qui
sont contractées *sans libéralité* (*suprà*, n° 392).

586. De même, pour les constitutions de rentes à
titre gratuit, la constitution perpétuelle rentre dans
les donations *en propriété,* et la constitution viagère
peut être assimilée aux donations *en usufruit* de biens
meubles (V. *suprà*, n° 443-II).

587. *Conditions en matière de donations entre-vifs.* —
Nous avons vu que, en règle générale, la donation
entre-vifs est nulle quand elle est faite sous des conditions, « dont l'exécution dépend de la seule volonté du
donateur » (C. N., art. 944); mais elle est d'ailleurs
susceptible de toute autre condition, soit suspensive,
soit résolutoire. Appliquez dans ce cas les règles générales des conditions (*suprà*, n°s 30-46).

I. La loi elle-même sous-entend dans toute donation
plusieurs conditions résolutoires implicites; de ce
nombre sont la révocation pour ingratitude (C. N.,
art. 955), et la révocation pour cause de survenance
d'enfant (C. N., art. 960) (1). Evidemment, ces deux

---

(1) On peut joindre à cette liste le rapport et la réduction; mais nous
toucherons ces matières à propos des successions (*infrà*, n°s 718, 719).

conditions, étant de l'essence de l'acte et de plus résolutoires, ne font aucun obstacle à la perception immédiate du droit proportionnel. En ce point, elles sont semblables ; mais elles diffèrent grandement quant à la manière dont elles opèrent révocation.

588. Aux termes de l'art. 958 C. N. :

« La révocation ne préjudiciera ni aux aliénations faites par le donataire, ni aux hypothèques et autres charges réelles qu'il aura pu imposer sur l'objet de la donation, pourvu que le tout soit antérieur à l'inscription qui aurait été faite de l'extrait de la demande en révocation, en marge de la transcription prescrite par l'art. 939, » etc.

Ainsi, cette révocation n'est point une *cause ancienne :* elle opère une retransmission du donataire au donateur. Conséquemment, le jugement encourt un droit proportionnel.

Quel est ce droit ? La seconde transmission dont il s'agit, bien qu'étant la contre-partie de la donation, n'a elle-même aucun caractère de libéralité. Elle ne rentre d'ailleurs dans aucune des catégories particulières du tarif, mais bien dans la catégorie générale des actes, *soit civils, soit judiciaires,* translatifs de propriété *à titre onéreux ; —* 2 p. 100 pour les meubles ; — 4 p. 100 pour les immeubles (art. 69, § 5, n° 1) (1).

Et remarquez qu'en matière d'immeubles, le seul droit de 4 p. 100 est exigible, car le jugement n'est pas *de nature à être transcrit* (Comp. *suprà,* n° 385).

589. Au contraire, quant à la révocation pour survenance d'enfant, l'art. 963 C. N. statue en ces termes :

_____

(1) Comp. *Cassat.* 21 ou 22 mai 1844 (Dall. 2532; R. G. 11125).

« Les biens compris dans la donation révoquée de plein droit, rentreront dans le patrimoine du donateur, libres de toutes charges et hypothèques du chef du donataire, » etc.

Ici la révocation est opérée avec effet rétroactif à l'égard des tiers ; c'est une *cause ancienne*, qui restitue le donateur en entier, comme si la donation n'avait pas été faite. Le jugement, ou l'acte quelconque, qui constate cette réintégration du donateur, n'est donc pas translatif de propriété ; cela suffit pour écarter tout droit proportionnel de transmission (Comp. *suprà*, nos 42, 52, 54).

A plus forte raison, le donateur, rentré en possession sans acte, ne doit pas être poursuivi comme *nouveau possesseur* (v. L. fr., art 12) ; puisqu'étant restauré dans son domaine *ex causa primæva et antiqua*, il est censé ne l'avoir pas abdiqué un seul instant.

590. A l'inverse, si après la révocation opérée de plein droit, le donateur veut donner les mêmes biens au même donataire, puisqu'il ne le peut faire que par une nouvelle disposition (C. N., art. 964), il serait conforme aux principes du Droit civil de décider que le droit proportionnel est exigible sur cette nouvelle disposition, sans aucune imputation des droits perçus sur la première. Mais on admet généralement qu'il en est autrement, à cause de la décision particulière de la loi fiscale (L. fr., art. 68, § 1, no 7 ; L. 1816, art. 43, no 3), soumettant à un droit fixe :

« Les actes refaits pour cause de nullité ou *autres motifs*, sans aucun changement qui ajoute aux objets des conventions ou à leur valeur. »

591. II. Outre ces conditions résolutoires implicites,

la loi civile en prévoit d'autres, résultant de clauses accidentelles.

592. Ainsi, 1° Aux termes de l'art. 951 C. N. :

« Le donateur pourra stipuler le droit de retour des objets donnés, soit pour le cas du prédécès du donataire seul, soit pour le cas du prédécès du donataire et de ses descendants, » etc.

Comme l'effet du droit de retour est de résoudre *toutes les aliénations des biens donnés, et, en général, de faire revenir ces biens au donateur francs et quittes de toutes charges et hypothèques* (C. N., art. 952), on ne peut douter que les biens donnés ne retournent au donateur *ex causa primæva et antiqua,* ce qui écarte la perception du droit proportionnel sur ce retour (*infrà, n° 741).*

593. 2° La donation entre-vifs peut encore être révoquée pour cause d'inexécution des charges sous lesquelles elle a été faite (C. N., art. 953). Ici la question se présente sous une double face : Perception sur la donation; Perception sur le jugement qui en prononce la résolution.

594. La donation, nonobstant les charges qui la modifient et la rendent en partie *onéreuse,* demeure cependant, dans le fond, à raison de son caractère dominant, une opération à titre gratuit. C'est comme telle qu'elle subit l'impôt. Le droit proportionnel est perçu sur la valeur intégrale de la chose donnée, à raison d'un capital formé de vingt fois le revenu annuel, *sans distraction des charges.*

Réciproquement, la charge, stipulée au profit du donateur (1), n'encourt aucun droit particulier, soit

---

(1) Si elle est stipulée au profit d'un tiers, **V.** *infrà,* n° 597-II.

qu'elle consiste en sommes ou valeurs, soit qu'elle ait
pour objet une transmission de propriété ou d'usufruit.
L'obligation contractée ou la transmission opérée en
retour fait partie intégrante de la donation ; elle ne saurait donner lieu à aucun droit particulier, non plus que
l'obligation du prix dans la vente ou la transmission de
l'objet livré en contre-échange (V. *suprà*, n°s 67, 309).

595. Si les règles de perception des mutations gratuites sont applicables à la donation *onéreuse*, c'est tout
et autant qu'elle est en réalité une donation. Or, par
sa nature, une telle donation se rapproche de la vente
ou des autres contrats purement onéreux. De plus,
ce voisinage prête à la fraude, à cause de la différence
des tarifs. Ainsi, en ligne directe, les parties ont
intérêt à simuler une vente sous le couvert d'une donation onéreuse ; c'est le contraire entre collatéraux et
entre personnes non-parentes. Il importe donc de
trouver le *criterium* exact de la donation onéreuse.

En principe, l'acte reste donation, quelle que soit
l'élévation des chargés, tant que la considération de la
personne, avec qui l'on contracte, demeure la cause
principale de l'opération. Par exemple, un père donne
à son fils un bien de famille sous des charges égalant,
dépassant même la valeur vénale du fonds transmis ;
l'acte peut subsister comme donation, à cause de l'intérêt moral qu'ont les deux parties à contracter l'une
avec l'autre. Ce principe, malgré la subtilité apparente
de sa formule, n'a, comme on voit, rien qui répugne
à la simplicité pratique.

Cependant l'Administration recherche un *criterium*
plus saisissant, un diagnostic en quelque sorte matériel

et palpable. Il faut, dit-on, s'attacher invariablemént
à la valeur de la chose donnée; et toutes les fois que
les charges égalent cette valeur, l'acte dégénère en
une vente (1). Cette doctrine est exagérée. La comparaison des valeurs est, sans doute, à considérer pour
apprécier la sincérité de l'acte; c'est un des éléments
du travail délicat de la perception; mais ce n'est pas
la considération exclusive, pas même la considération
prépondérante.

596. Passons au jugement qui prononce la résolution. La résolution pour cause d'inexécution des charges
produit un effet rétroactif (C. N., art. 954); c'est donc
une *cause ancienne* qui anéantit la donation jusque
dans sa racine.

Les principes ci-dessus posés (nos 42, 181, 246)
amèneraient à décider que le jugement prononçant
cette résolution échappe au droit proportionnel. Mais
la pratique est fixée en sens opposé (*suprà*, nos 188,
354). Le jugement qui prononce la résolution, dans
l'espèce, est, dit-on, un acte judiciaire translatif de
propriété qui rentre, à ce titre, dans les dispositions
formelles du tarif (art. 69, § 5, no 1; § 7, no 1). En
prenant ce point pour accordé, il faut décider que le
droit exigible est celui des mutations *à titre onéreux*:

« C'est à ce titre, puisque c'est comme ressentant préjudice
du manque d'accomplissement des conditions qu'il avait imposées à sa libéralité, que le donateur poursuit devant les Tribunaux la cessation et la réparation du dommage par la
demande en révocation du contrat de donation (2). »

(1) Comp. Avranches, 6 janvier 1857 (*Rép. pér.* 802); R. G. 4897.
(2) *Cassat.* 21 ou 22 mai 1844 (Dall. 2532; R. G. 11125); Comp. *suprà*,
no 388.

Le droit sera donc de 2 p. 100 pour les meubles; quant aux immeubles, il demeure fixé à 4 p. 100, sans addition du droit proportionnel de transcription (1).

Le droit en question sera liquidé sur la valeur vénale, au jour du jugement, d'après la déclaration estimative des parties (2).

597. *Donations indirectes.* — Un avantage peut résulter indirectement des clauses d'un contrat, soit au profit de l'un des contractants, soit au profit d'un tiers.

I. Ainsi, je puis vendre une chose au-dessous de sa valeur vénale, par considération pour la personne de l'acheteur. Dans ce cas, si le prix est sérieux, la vente a lieu *donationis causa,* mais il y a une vraie vente (3); le droit proportionnel de donation ne saurait être encouru. Toutefois, si la chose vendue est un immeuble, les dispositions impératives des lois fiscales (L. fr., art. 17; L. 27 ventôse an 9; art. 5) autorisent l'Administration à percevoir le droit de vente au-delà du prix exprimé. La présomption légale est que le prix a été dissimulé, et aucune preuve contraire ne paraît admise en cette matière.

Mais cette présomption n'a lieu que pour les actes translatifs de propriété ou d'usufruit de biens immeubles. En toute autre matière, par exemple, dans une

_____

(1) Nonobstant l'arrêt cité en la note précédente, dont la doctrine ne mérite aucune autorité sur ce chef. (V. *supra,* n° 182; R. G. 11125-2, 11158).

(2) Evreux, 24 août 1850; Saint-Quentin, 5 février 1851 (R. G. 11125-1).

(3) V. loi 38, Dig., *de Contrah. empt.* (XVIII, 1).

vente mobilière ou dans un louage, l'avantage indirect résultant pour l'une des parties des clauses d'un contrat à titre onéreux *sérieusement subsistant,* ne donne lieu à aucun droit particulier.

II. En sera-t-il de même si l'avantage indirect, accessoire à un contrat, se trouve constitué au profit d'un tiers? La situation est réglée, au point de vue du Droit civil, par l'art. 1120 C. N., ainsi conçu :

> « On peut stipuler au profit d'un tiers, lorsque telle est la condition d'une stipulation que l'on fait pour soi-même ou d'une donation que l'on fait à un autre. Celui qui a fait cette stipulation ne peut plus la révoquer, si le tiers a déclaré vouloir en profiter. »

Que suit-il de là, au point de vue du Droit fiscal? La diversité des personnes introduit une différence notable entre ce cas et celui de la donation onéreuse, alors que les charges ont été stipulées par le donateur à son profit personnel (*suprà,* n° 594). Dès qu'elle a été acceptée par le tiers, l'opération, en définitive, contient *différentes dispositions pour différents faits et entre différentes parties qui ont des intérêts différents ;* il semble donc que c'est le cas de considérer comme *indépendantes* l'une de l'autre la disposition principale et la stipulation accessoire, conséquemment de percevoir, pour chacune d'elles et selon son espèce, un *droit particulier* (*suprà,* n° 66). Cette solution me paraît admissible, sous la réserve de la distinction suivante.

598. I. Je l'admets, en principe général, quand la stipulation, au profit d'un tiers, est accessoire à un contrat onéreux. C'est *entre les contractants* que l'obligation du prix ne peut être sujette à un droit parti-

culier (L. fr., art. 10). Si l'obligation de l'acquéreur
envers un tiers est contractée envers un autre que le
vendeur, le cas rentre dans la théorie des délégations.
Or, une délégation de prix donne occasion de percevoir l'impôt sur le titre du délégataire (*suprà, n° 430*).
Dans l'espèce, le délégataire acquiert par l'effet de la
libéralité du délégant; il y a lieu de percevoir le droit
proportionnel des mutations gratuites.

II. Si la stipulation au profit du tiers est accessoire
à une donation que l'on fait à un autre, cette stipulation, la *donation secondaire,* comme on l'appelle alors,
encourt bien encore un droit particulier; mais je pense
qu'il y a lieu de modérer dans ce cas la perception
afférente à la donation principale. Ce point, pour être
éclairci, doit être rapproché de celui du legs, dont
l'objet n'existe pas en nature dans le patrimoine du
testateur. (V. *infrà,* n°s 664 et suiv.)

599. Voici dans quelle hypothèse s'est habituellement présentée, dans la pratique, la question que nous
venons d'examiner, en premier lieu. Deux époux ven-
dent conjointement ou solidairement un bien *propre*
de l'un d'eux; le prix est stipulé payable en une rente
viagère, constituée sur la tête des covendeurs, et
réversible en tout ou en partie sur la tête du survivant
d'entre eux. Dans une espèce semblable, la Cour de
cassation a statué littéralement en ces termes (1) :

« Vu l'art. 11 de la loi du 22 frimaire an 7; — Attendu

(1) *Cassat.* 19 août 1857 (*Rép. pér.* 866). Cet arrêt de *cassation* a été
rendu à la suite d'une longue controverse; il était intervenu dans le même
sens plusieurs arrêts de *rejet* de la Chambre civile. Joignez Villefranche,
7 mars 1860 (*Rép. pér.* 1362). Comp. R. G. 4877, 4935, 12880.

qu'aux termes de cet article il n'est dû de droits distincts pour
les diverses dispositions d'un acte qu'autant que ces dispositions sont indépendantes et ne dérivent pas nécessairement
les unes des autres; — Attendu que la constitution d'une rente
viagère de 11,250 fr. au profit des époux Garnier de Silly
était le prix de la vente immobilière consentie par l'acte du
29 mars 1836; que ces deux dispositions corrélatives et dépendantes dérivaient nécessairement l'une de l'autre et for-
maient par leur réunion un contrat unique de vente sur lequel
le droit proportionnel a été perçu; — Attendu qu'en condam-
nant la veuve Garnier de Silly à payer un second droit sur la
rente viagère réversible et revenue, en effet, sur sa tête, et
qui formait le prix de cette vente, le jugement attaqué a violé
l'article ci-dessus; — Casse. »

Malgré la généralité des motifs de cet arrêt, je doute
fort qu'une décision semblable fût intervenue entre
d'autres personnes que des époux. Dans l'espèce, la
femme avait été partie au contrat, en qualité de co-
venderesse. En dehors du régime dotal, c'est une habitude générale de la pratique d'exiger le concours de la
femme à la vente des *propres* de son mari. Bien qu'à
la rigueur, *subtilitate juris*, la femme, nonobstant son
hypothèque légale, n'ait aucune part dans la propriété
de ces biens, son concours est autre chose que l'intervention d'un tiers, à titre de garantie (1). Quel que
soit le régime matrimonial, le *consortium omnis vitæ* fait
que le *propre* d'un époux n'est pas *res aliena*, vis-à-vis
de l'autre. Il y a là une de ces nuances délicates que la
pratique saisit d'instinct, alors même qu'il n'est point
aisé d'en rendre compte par un raisonnement en
forme. C'est par une considération de cette nature que

(1) Comp. *Cassat.* 17 janvier 1860 (*Rép. pér.* 1273).

l'Administration a renoncé à réclamer le droit de cautionnement sur les ventes et les obligations solidaires des époux (*suprà*, nᵒˢ 462, 482). La même considération peut servir à justifier la doctrine de l'arrêt précité. La femme avait été l'une des parties principales du contrat de vente; en stipulant la rente viagère, elle avait stipulé pour soi-même; l'obligation du prix, dans l'espèce, ne dépassait donc pas la personne des contractants.

600. Indépendamment des donations indirectes, contenues accessoirement dans un contrat *sérieusement subsistant*, la jurisprudence des arrêts, en matière civile, admet qu'une donation peut être impunément déguisée sous le voile menteur d'un contrat entièrement simulé. Titius, par exemple, voulant donner son fonds, simule une vente, en déclarant que le prix lui a été payé comptant. Une pareille donation n'est reconnue valable que sous la réserve du droit des tiers; si donc le prétendu acheteur est incapable de recevoir à titre de donation, ou si la libéralité excède les bornes de la quotité disponible, etc., l'action en nullité ou l'action en réduction est ouverte à qui de droit. L'Administration peut-elle se placer sous le bénéfice de cette réserve, et intenter principalement un procès dans le but de percevoir le droit de donation? La négative résulte de la théorie qui a prévalu sur les nullités (V. *suprà*, nᵒ 50-VII) : L'acte se présente avec les apparences d'un contrat à titre onéreux; la perception doit avoir lieu en conséquence. Mais, du moins, je pense que, si ultérieurement le vrai caractère de l'opération est établi, l'Administration peut, à partir de ce moment, exiger, s'il y a lieu, un supplément de droit. Par exemple, les héritiers du soi-disant vendeur invoquent la nullité de l'opération, en se fondant sur l'inobservation des formes solennelles de la donation. Le prétendu acheteur reconnaît qu'aucun prix n'a été payé, mais il se défend par la jurisprudence établie, suivant laquelle on peut faire indirectement tout ce qu'il serait permis de faire directement. Le jugement accueille ce système de défense, et repousse l'action en nullité. A partir de ce jugement, le titre de la transmission est manifeste; le prétendu acheteur possède comme donataire. Le droit proportionnel de donation est exigible, suivant le tarif en vigueur au jour de son entrée en jouissance.

Comme ce droit est exigible par supplément, il y a lieu d'imputer le droit proportionnel perçu d'abord à titre de vente (V. *suprà,* n° 36).

601. *Transcription.*—Aux termes de l'art. 939 C. N.:

« Lorsqu'il y aura donation de biens susceptibles d'hypothèques, la transcription des actes contenant la donation et l'acceptation qui aurait eu lieu par acte séparé, devra être faite aux bureaux des hypothèques, dans l'arrondissement desquels les biens sont situés. »

La sanction de cette mesure est encore aujourd'hui dans l'article 941 du Code, la loi du 23 mars 1855 étant restée tout-à-fait étrangère à la transcription des donations (V. ladite loi, art. 11). Il est donc certain qu'en matière immobilière, la donation est un acte *de nature à être transcrit,* indépendamment des dispositions nouvelles de la loi de 1855. Suit-il de là que le droit proportionnel de transcription doive être perçu d'office par le receveur de l'enregistrement, en vertu de l'article 54 de la loi de 1816 ? L'examen de la question amène plusieurs distinctions.

I. Quant aux donations en ligne directe, elles n'ont pas été touchées dans la loi de 1816; or, a-t-on dit, l'art. 54 de cette loi n'autorise la perception d'office du droit de transcription que relativement aux actes de donation, énumérés dans l'art. 53 (1). Mais, dès l'origine, la pratique s'est établie en sens contraire, et la loi du 16 juin 1824, par sa disposition sur l'échange (*suprà*, n° 305), et *à contrario* par sa disposition sur les donations *portant partage* (*infrà*, n° 721), a confirmé sur ce point la pratique. Conséquemment, dans les donations immobilières, en ligne directe, le droit proportionnel de transcription doit être perçu d'office par le receveur de l'enregistrement.

II. Il en est de même des donations *de biens présents*, faites entre futurs époux, et même entre époux, pendant le mariage (*infrà*, n° 606). Le tarif de ces donations demeure fixé par l'art. 53 de la loi de 1816; l'art. 54 de cette même loi leur est donc incontestablement applicable, en tant que ces donations sont des actes *de nature à être transcrits*.

III. Quant aux autres catégories de donations, le tarif en a été fixé par la loi du 24 avril 1832, et il a été reconnu par l'Administration (I. G. 1399, § 3) que les droits établis par cette loi sur les immeubles, *comprennent* le droit de transcription. Il n'y a plus lieu, pour ces donations, d'appliquer l'art. 54 de la loi de 1816.

(1) Voir C. R., n° 2183, et *supplément*, n° 471.

601 *bis.* La loi du 18 mai 1850 a introduit dans la matière une complication nouvelle, en statuant (art. 10) :

« Les transmissions de biens meubles à titre gratuit entre-vifs, et celles qui s'effectuent par décès seront assujetties aux diverses quotités de droit établies pour les transmissions d'immeubles de la même espèce. »

Cette disposition ne concerne que les droits d'enregistrement. Or, en ligne directe et entre époux ou futurs époux, le droit supplémentaire de 1,50 p. 100 est un droit de transcription ; il s'ensuit que ce dernier droit ne peut être perçu sur les donations mobilières.

Pour les autres donations, on a soutenu que puisque les droits établis par la loi de 1832 sur les immeubles, *comprennent* le droit de transcription, il faut aujourd'hui, pour les donations mobilières, défalquer 1,50 p. 100 du tarif de cette loi. Mais la négative a prévalu (1).

Ne cherchez aucune explication rationnelle de ces incohérences, elles sont dues aux remaniements partiels de la législation en matière de transcription.

602. *Dons manuels.* — Les donations mobilières peuvent se consommer par la tradition sans la rédaction d'aucun acte instrumentaire, les *dons manuels* (c'est le nom communément donné à cette espèce de donation) échappent ainsi régulièrement à l'impôt. Par suite, ces dons pouvaient jadis être impunément mentionnés dans les actes postérieurs : le droit de donation était seulement exigible en vertu des principes généraux, en tant que la mention faisait titre de la donation, ce qui supposait le concours à l'acte du donateur et du

(1) *Civ.-rej.* 17 novembre 1851 (I. G. 1912, § 17; R. G. 4812-2).

donataire. L'agencement de ces principes donnait lieu à des fraudes nombreuses ; par exemple, dans une déclaration de succession, les cohéritiers omettaient des sommes, des valeurs ou d'autres objets mobiliers ; puis, dans le partage, les choses omises figuraient dans le lotissement d'un des héritiers, comme provenant d'un don manuel entre-vifs, à lui fait par l'auteur de la succession. Aujourd'hui, la loi du 18 mai 1850 (art. 6) a modifié les principes généraux du Droit fiscal par la disposition suivante :

« Les actes renfermant soit la déclaration par le donataire ou ses représentants, soit la reconnaissance judiciaire d'un don manuel, seront sujets au droit de donation. »

L'impôt qui atteint les dons manuels n'est pas, sans doute, un pur droit de mutation, puisqu'il ne peut être perçu que sur un acte instrumentaire (1) ; mais ce n'est pas non plus un droit d'acte dans les conditions ordinaires, puisqu'il est perçu sur un acte qui ne fait pas *titre* de la donation, alors qu'il contient seulement *la déclaration du donataire ou de ses représentants* (v. *supra*, n° 24).

603. Le caractère mixte du droit, dont il s'agit, a fait naître la question suivante : L'Administration peut-elle établir par des présomptions de fait que l'énon-

---

(1) « L'art. 6 de la loi du 18 mai 1850 ne doit pas être appliqué aux « documents d'ordre intérieur des Établissements publics, ayant seulement « pour but de constater la recette de sommes d'argent, données manuelle- « ment et d'en déterminer l'emploi. » Déc. M. fin. 13 décembre 1858 (I. G. 2148, § 1.) On lit dans les motifs de cette Décision : « Ce texte « (l'art. 6, L. 1850) indique que le Législateur a voulu atteindre non toute « déclaration ou reconnaissance de don manuel, mais *les actes proprement* « *dits* contenant une déclaration ou reconnaissance d'un don de l'espèce. »

ciation d'un apport personnel cache effectivement une déclaration de don manuel ? Par exemple, lorsque dans un contrat de mariage, la future épouse, qui n'exerce aucune profession et qui vient à peine de sortir de minorité, s'est constitué en dot une somme fort élevée, l'Administration peut-elle prétendre que d'après l'âge et la position de la comparante, cette somme provient d'un don manuel à elle fait par ses père et mère encore vivants, et percevoir le droit de donation ?

Après une controverse, qui, pendant plusieurs années, a partagé les Tribunaux de première instance, la négative a prévalu avec raison. La Cour de cassation a parfaitement défini le caractère du droit qui atteint aujourd'hui les dons manuels, en décidant (1) :

« Que la loi du 18 mai 1850, en fondant la percep- tion de ce droit, non sur le fait pur et simple du don manuel, mais bien sur le fait distinct et nettement caractérisé de la déclaration de ce don dans l'acte par le donataire, a voulu surtout interdire des recherches qui ne pourraient, en dehors de cette déclaration ou des stipulations de l'acte for- mant titre obligatoire entre les parties, tendre finalement à la constatation des dons manuels à l'aide de simples présomp-

---

(1) *Cassat.* 28 novembre 1859 (*Rep. pér.* 1269). On ne doit pas citer en sens contraire un arrêt de la Chambre des requêtes du 20 mars 1855 (I. G. 2042, § 3); dans l'espèce de cet arrêt, le preuve de la simulation était tirée des clauses mêmes de l'acte soumis à la formalité. Les donateurs comparaissaient au contrat pour y faire une reconnaissance d'obligation, dans des conditions tout-à-fait insolites. Voilà ce que constatait, en fait, le jugement attaqué. Dans ces circonstances, la Cour a rejeté le pourvoi par le motif : « que l'Administration de l'enregistrement a le droit et le devoir « d'apprécier *les stipulations des contrats présentés à la formalité* ; .... — « que le véritable caractère de la clause énoncée dans le contrat de mariage « était celui d'une donation... déguisée sous la forme d'une obligation, » etc.

tions sans porter par là même une grave atteinte au principe qui, en fait de choses mobilières, et notamment vis-à-vis de la Régie, couvre d'une immunité inviolable la pleine et entière liberté de leur transmission. »

604. *Donations faites par contrat de mariage.* — Les donations de cette espèce sont soumises à un régime exceptionnel. *Favore nuptiarum,* le législateur lève tous les principes restrictifs qui partout ailleurs gênent la faculté de donner. Là, au contraire, toute facilité est laissée aux combinaisons diverses de l'esprit de libéralité.

Ces combinaisons sont ramenées par le Code civil à ces trois chefs :

1° Donation de biens présents ;

2° Donation de biens à venir ;

3° Donation cumulative de biens présents et à venir.

Les deux derniers chefs rentrent dans la catégorie des donations éventuelles, dont il sera parlé tout-à-l'heure. Occupons-nous seulement ici des donations de biens présents.

Les donations de biens présents, faites par contrat de mariage, sont des donations entre-vifs, produisant translation actuelle de la propriété. Par suite, elles encourent immédiatement (1) le droit proportionnel.

Ces donations sont irrévocables de leur *nature.* Mais comme la règle *donner et retenir ne vaut (suprà,* n° 584) ne leur est pas applicable (v. C. N., art. 947), si le donateur s'est réservé la faculté de disposer ultérieurement de tout ou partie des objets donnés, cette

_____

(1) A la rigueur, le droit proportionnel n'est exigible qu'après la célébration du mariage; mais V. *suprà,* n° 38.

réserve n'annule pas *ab initio* la donation desdits objets
(C. N., art. 1086); elle doit être considérée comme
une condition résolutoire. Conséquemment, le droit
proportionnel est exigible, sans difficulté, sur la totalité des objets actuellement compris dans la donation
(*suprà*, n° 41).

605. La même faveur du mariage a amené dans
le tarif une modération relative (*suprà*, n. 575). Notez
à ce propos les points suivants :

1° Cette modération n'a lieu que pour les donations
entre-vifs, faites par contrat de mariage, autrement dit,
pour les *donations de biens présents* (v. L. 1816, art. 53;
L. 21 avril 1832, art. 33);

2° La modération n'a pas lieu pour le droit proportionnel de transcription, dans les deux cas où il se
distingue encore du droit d'enregistrement (*suprà*,
n° 601);

3° Le tarif des donations *entre époux* est certainement applicable aux donations entre *futurs époux*
(comp. la rubrique du chap. 9, Tit. 2, Liv. 3, C. N.) :
Ces donations jouissent de la modération du tarif,
concernant les donations « faites par contrat de ma-
« riage *aux futurs* » (L. 1816, art. 53). Il est étonnant
que ce dernier point ait un instant fait question. Mais
l'Administration n'a pas tardé à le reconnaître en ce
sens (1).

606. Entre époux, pendant le mariage peut-il y
avoir des donations produisant un effet actuel, passibles dès-lors immédiatement du droit proportionnel

_____
(1) Délib. 30 juillet 1817 (R. G. 3776).

d'enregistrement ? La négative s'appuie sur l'art. 1096 C. N., ainsi conçu :

« Toutes donations faites entre époux pendant le mariage, *quoique qualifiées entre-vifs,* seront toujours révocables. »

Longtemps on a conclu de là que toute donation, faite entre époux, pendant le mariage, était une donation *éventuelle,* n'opérant mutation qu'au décès du donateur.

Mais l'affirmative a prévalu. Il a paru que la faculté de révoquer n'empêche pas nécessairement l'effet actuel de la donation ; que cette faculté peut être assimilée à une condition résolutoire ; et qu'ainsi une donation de biens présents est possible entre époux (1). Il s'en suit de graves conséquences en Droit civil (V. notamment C. N., art. 923 et 1089 (2). En Droit fiscal, cette doctrine autorise à percevoir immédiatement sur l'acte de donation : 1° le droit proportionnel de donation entre-vifs (3 p. 100) ; 2° le droit proportionnel de transcription (1,50 p. 100) (3). Mais remarquez qu'il faut suivre attentivement la teneur de l'acte ; car, si les époux peuvent se faire une donation présente, ils peuvent aussi borner leur libéralité à une donation éventuelle.

SECTION II.

Des Donations éventuelles.

607. Dans les donations *éventuelles,* le décès du donateur n'opère pas à la façon des conditions ordinaires. — La propriété du donataire ne remonte pas rétroactivement au jour du contrat. — Il y a pure *mutation par décès.*

(1) *Cassat.* 31 août 1853 (I. G 2010, § 4).

(2) V. MM. Aubry et Rau (1re édit.) § 744 ; — Demolombe, *Revue critique* (1851), t. 1, p. 81.

(3) M. Garnier, *Rép. pér.* 98, 453, 606, et *Rép. gén.* 4953, 4958.

607. Les donations éventuelles n'opèrent aucune transmission au jour du contrat, mais seulement au jour du décès du donateur. Le donataire, s'il survit et s'il est capable à ce moment, prend les biens donnés, tels qu'ils se trouvent, sans rétroactivité. Il succède comme un légataire. L'évènement du décès, en donnant efficacité à la donation, n'opère pas à la façon des conditions ordinaires. C'est pourquoi les donations, dont il s'agit, sont comptées justement parmi les causes de *mutation par décès* (*suprà*, n° 572).

608. La loi fiscale suit exactement les principes du Droit civil en imposant :

1° Sur le contrat, un droit fixe (*cinq francs*, L. 1816, art. 45, n° 4. Comp. L. fr., art 68, § 3, n° 5) ;

2° Si la mutation par décès se réalise, le droit proportionnel ordinaire.

Remarquez que ce droit proportionnel n'est aucunement mitigé *favore nuptiarum*. C'est le décès, non le contrat de mariage, qui fait la mutation. Au surplus, la lettre du tarif est formelle (*suprà*, n° 605-1) (1).

609. Le caractère de donation éventuelle appartient sans difficulté à l'*institution contractuelle* (2), appelée par le Code *donation de tout ou partie des biens que le donateur laissera au jour de son décès*, ou plus brièvement, *donation de biens à venir* (v. C. N., art. 1082, 1093).

Il appartient encore à celles des donations entre époux, auxquelles les parties n'ont pas voulu attribuer un effet présent (*suprà*, n° 606).

Observez, en Droit civil, une différence notable entre les institutions contractuelles, c'est-à-dire les donations éventuelles, faites par contrat de mariage, et les donations de cette nature, faites entre époux pendant le mariage. Les premières, quoique éventuelles, sont, de leur nature (sauf art. 1086 C. N.), *irrévocables en ce sens* que le donateur ne peut plus disposer, *à titre gratuit*, des objets compris dans la donation, si ce n'est pour sommes modiques, etc. (v. C. N., art. 1083). Bien qu'elles n'opèrent aucune transmission actuelle, elles produisent cependant un certain effet du vivant même du donateur, et en cela elles diffèrent

---

(1) Cela pourtant a été contesté. Mais voyez en ce sens *Cassat.* 8 décembre 1806, 23 mars et 7 juillet 1840 (I. G. 1618, § 4, et 1634, § 4; Dall. 3868, 3869; R. G. 3940, 12804). Comp. *infrà*, n° 614 à la note.

(2) Ce mot est consacré par un long usage; il est expressif et doit être conservé. Évitez, au contraire, la locution nouvellement introduite, *Donation contractuelle*. Cette locution n'a rien de caractéristique, car toute donation résulte d'un contrat. Mais *institution*, c'est-à-dire institution d'*héritier*, *par contrat*, voilà qui est exorbitant du Droit commun, et spécial à la matière dont nous traitons en ce moment.

beaucoup des testaments. Au contraire, les donations entre époux sont, par essence, révocables d'une manière absolue. Quand elles sont purement éventuelles, elles n'opèrent, pendant la vie du donateur, aucune espèce d'effet, et en cela, elles se rapprochent des testaments.

Mais cette différence ne doit pas influer sur la perception du droit fixe, qui, dans les deux cas, à mon avis, est exigible immédiatement sur le contrat. Dans le premier cas, il y a un texte formel et spécial (art. 68, § 3, n° 5). Dans le second, l'exigibilité résulte des règles générales sur l'enregistrement des contrats (v. L. fr., art. 20, et *infrà*, n° 772).

610. Pour ce qui est du droit proportionnel, la grande difficulté de la matière gît en fait plus qu'en Droit (1). Les parties ont-elles voulu donner au contrat un effet présent ou un effet éventuel? C'est ce qu'il faut discerner par la teneur des actes, et, s'il y a fraude, par toutes les circonstances de la cause.

Le discernement surtout est délicat, à l'égard des donations de sommes. Le décès peut être le terme apposé à une donation présente (*suprà*, n° 585); il peut être, au contraire, l'évènement qui réalise la donation future. Il faut d'abord s'attacher au style des actes. Une donation de sommes, *payable au décès*, doit être réputée présente. Une donation de sommes *à prendre sur les biens que laissera le donateur au jour de son décès*, ou *sur les plus clairs biens de sa succession*, doit être réputée future.

(1) C'est aussi le résumé de la discussion de M. Garnier, n° 12848, à la suite des nombreux documents qu'il analyse.

Si le style est équivoque, on peut tirer induction des clauses particulières. Ainsi, la stipulation d'intérêts, la constitution d'hypothèque, feront présumer le caractère *présent* de la donation. Mais ces clauses ne sont pas absolument déterminantes. Une créance peut exister *actuellement*, quoique à terme, sans stipulation d'intérêts, sans hypothèque. En pareil cas, le droit proportionnel est exigible sur le contrat. A l'inverse, on peut très licitement combiner la donation *future* d'une somme de dix mille francs, par exemple, avec la constitution d'une rente viagère de cinq cents francs. En pareil cas, le droit proportionnel est exigible sur le contrat, à raison de cinq mille francs seulement. Cette combinaison n'a rien de frauduleux, et je la conseillerais toujours aux parties, quand la donation de somme est faite à un héritier présomptif. L'avantage plus grand, qui, en Droit civil, résulte d'une donation *actuelle*, payable au décès, ne vaut pas ce qu'il coûte.

Quant à la constitution d'hypothèque, elle me paraît fournir une présomption à peu près invincible du caractère *présent* de la donation. Bien qu'il soit reçu qu'on peut conférer une hypothèque pour une obligation éventuelle, je ne vois pas l'avantage qu'un donataire de biens à venir retirerait d'une hypothèque ainsi constituée. Par la nature de son droit, il vient après les créanciers, et il vient avant les donataires postérieurs (sauf art. 1083 C. N.) et les légataires. Veut-on que l'hypothèque change son rang et lui assure la priorité sur les créanciers? Par cela seul, la prétendue donation *future* devient donation présente. Donc, pour donner un effet raisonnable à la volonté des parties, il

faut admettre, en général, que la constitution d'hypothèque pour une prétendue donation *future* est une
présomption grave et précise du caractère *présent* de
ladite donation.

611. Outre la donation de biens présents et la
donations de biens à venir, le Code civil reconnaît une
troisième espèce de donation, qui peut être faite *cumulativement des biens présents et à venir* (C. N., art. 1084).

Un même acte peut certainement contenir et une
donation de biens présents, et une donation de biens
à venir. Il y a alors deux donations entièrement distinctes; il n'y a pas une donation *cumulative* des biens
présents et à venir.

Le caractère de celle-ci est d'être : — 1° Principalement une donation de biens à venir; — 2° Subsidiairement, si bon semble au donataire, une donation
des biens *présents lors du contrat* (v. C. N., art. 1084).

L'option, dans ce cas, s'exerce au décès du donateur. Le donataire lui doit survivre (C. N., art. 1089).
Suivant le résultat de cette option, l'opération aboutit
ou à une pure institution contractuelle, ou *rétroactivement* à une donation de biens présents.

612. Réglons la perception : I. Au jour du contrat;
II. Au jour du décès du donateur.

I. *Au jour du contrat*, il faut distinguer :

A. *Le donataire n'entre pas en possession des biens
présents.* Nul droit proportionnel. En effet, la donation
quant à ces biens est suspendue par la condition, qui
consiste à savoir, si le donataire renoncera au surplus
des biens du donateur.

B. *Le donataire entre en possession des biens présents.*
Il y entre comme propriétaire. Sa propriété, il est
vrai, est soumise à une double condition résolutoire :
1° *S'il prédécède ;* 2° *S'il accepte le surplus des biens ;* car,
si le donateur a aliéné tout ou partie des biens présents
lors du contrat, le donataire, acceptant le surplus des
biens, est tenu de respecter ces aliénations. Mais les
conditions résolutoires ne font pas obstacle à la perception intégrale du droit proportionnel. Ce droit est
donc encouru sur le contrat, quant aux biens présents.

613. Un Avis du Conseil d'État du 22 décembre
1809, réglant cette dernière hypothèse, statue par son
dispositif (1) :

« Que pour les donations de biens présens et à venir faites
par contrat de mariage, soit qu'elles soient faites cumulativement ou par des dispositions séparées, le droit proportionnel
est dû pour les biens présens, toutes les fois qu'il est stipulé
que le donataire entrera de suite en jouissance. »

Le mot *jouissance* n'est pas pris ici dans son acception scientifique (*suprà,* n° 21), mais dans l'acception
vulgaire, où il est pris comme synonyme du mot
possession. La *jouissance* du donataire est le signe de sa
propriété. Cependant l'Administration a conclu de ces
mots que le droit proportionnel n'est exigible qu'à titre
d'*usufruit* (2). C'est jouer sur les mots, même sans
exactitude ; car, d'une part, la propriété résoluble
diffère grandement de l'usufruit ; et, d'autre part,
l'usufruit, dans la nomenclature des lois fiscales, n'est

(1) Je passe les motifs dont le style est équivoque et manque de cor-
rection.
(2) I. G. 1307, § 4 (27 mars 1830). — Comp. J. E. 14735-4, et
M. Garnier, 3905.

pas la jouissance. L'interprétation donnée à l'Avis du Conseil d'État n'est donc pas conforme à la rigueur logique; c'est de l'arbitraire *in mitius*.

614. II. *Perception au jour du décès du donateur.*

A. *Le donataire opte pour la totalité des biens.* Le droit proportionnel est encouru à titre de mutation par décès. Si le donataire, n'étant pas entré en possession, n'a payé aucun droit proportionnel lors du contrat, il le paye au jour du décès sur le tout. S'il a payé sur les biens présents le droit de donation entre vifs à titre de propriété; comme sa propriété sur ces biens est seulement confirmée, il n'a rien de plus à payer quant auxdits biens. S'il a payé sur ces biens, à titre d'usufruit, il paye le droit de mutation par décès sur la nue-propriété seulement à raison d'un capital, formé de *dix* fois le revenu annuel (L. fr., art. 15, n° 8, *in fine*).

B. *Le donataire s'en tient aux biens présents lors du contrat, en renonçant au surplus des biens du donateur* (C. N., art. 1084). Dans cette hypothèse, si le donataire a payé, lors du contrat, le droit de donation entre-vifs sur les biens présents à titre de propriété, même solution que ci-dessus.

Sinon, il doit certainement payer un droit proportionnel, au jour du décès. Mais lequel ? Est-ce à titre de donation entre-vifs ? Est-ce à titre de mutation par décès ? La question a de l'intérêt sur plusieurs points. Je citerai le plus simple. Comme la donation dont il s'agit, aura eu lieu presque toujours par contrat de mariage; si la perception faite après le décès, a lieu *rétroactivement* à titre de donation entre-vifs, il faut appliquer le tarif mitigé des contrats de mariage. Je pense que la perception doit avoir lieu à titre de donation entre-vifs. La raison en est que la propriété du donataire, après son option, remontant au jour du contrat, le décès du donateur opère ici à la façon des conditions ordinaires (V. *suprà,* n° 607); c'est le contrat qui est la cause de la transmission. Cette solution s'accorde avec la tendance générale de la jurisprudence de la Cour de cassation (1). L'Administration résiste. Elle voit une mutation par décès dans toute acquisition subordonnée à la condition de survie. Apprécié dans son ensemble, le système de l'Administration n'est pas toujours le plus avantageux au Trésor, mais il a, dans tous les cas, le mérite de simplifier la perception. Quoi qu'il en soit, dans l'état actuel de la législation, ce système ne me paraît pas juridique.

APPENDICE A LA SECTION II.

Des Conventions matrimoniales.

615. Textes détachés.

616. Conventions matrimoniales proprement dites. — Les donations faites par contrat de mariage sont des *dispositions indépendantes.*

617. Division de la matière.

_____

(1) V. *Civ. rej.* 15 mai 1834 (I. G. 1467, § 5) et 14 août 1838 (Dall. 3840, 3886). Comp. *Cassat.* 9 avril 1856 (*Rép. pér.* 706). Et qu'on ne m'oppose pas les arrêts des 23 mars et 7 juillet 1840 (*suprà*, n° 608). Ces arrêts statuent sur de pures institutions contractuelles. Leur doctrine, au fond, est inattaquable. Il y a à reprendre seulement dans leurs *motifs* cette proposition aujourd'hui abandonnée de tous, à savoir, « que le Légis-« lateur, pour asseoir la perception de l'impôt, n'a pas pris pour base « le caractère que le Droit civil imprime aux divers actes de libéralité et les « définitions qu'il en donne. » Ce motif est surabondant, car rien n'est plus conforme au Droit civil que de considérer l'institution contractuelle comme opérant une pure mutation par décès.

615. *Textes détachés.* — Art. 68, § 3, n° 1. Droit fixe (porté à cinq francs par la loi de 1816, art. 45, n° 2) :

« Les contrats de mariage qui ne contiennent d'autres dispositions que les déclarations de la part des futurs, de ce qu'ils apportent eux-mêmes en mariage et se constituent, sans aucune stipulation avantageuse entre eux. — La reconnoissance y énoncée de la part du futur, d'avoir reçu la dot apportée par la future, ne donne pas lieu à un droit particulier. — Si les futurs sont dotés par leurs ascendans, ou s'il leur est fait des donations par des collatéraux ou autres personnes non-parentes, par leur contrat de mariage, les droits, dans ces cas, sont perçus [suivant la nature des biens,] ainsi qu'ils sont réglés [dans les paragraphes 4, 6 et 8 de l'article suivant] (1). »

616. Les conventions matrimoniales établissent le le régime des biens présents et à venir des futurs époux. Tel est l'objet essentiel de l'acte appelé *contrat de mariage.* C'est accessoirement que le même acte contient souvent les donations de nature diverse, dont nous venons de parler. Que ces donations soient présentes ou éventuelles, que, par suite, elles encourent un droit proportionnel ou un droit fixe, elles constituent néanmoins, dans tous les cas, des *dispositions indépendantes* du contrat de mariage, et donnent lieu conséquemment à la perception d'un droit particulier (L. fr., art. 11).

617. Parlons maintenant exclusivement des conventions matrimoniales, et examinons quels droits sont encourus :

_____

(1) Pour la fixation des droits, d'après l'état actuel du tarif, V. le tableau dressé *suprà*, n° 575.

1° Sur le contrat de mariage ;

2° A raison des opérations des époux, pendant le mariage ;

3° Après la dissolution du régime matrimonial.

§ 1er.

Droits encourus sur le contrat de mariage.

618. Droit fixe sur les dispositions *essentielles* du contrat de mariage ;

619. Et sur les dispositions qui sont de la *nature* de ce contrat, même quand elles emportent transmission.

620. Il en est autrement des dispositions *accidentelles*, portant transmission. — Exemple.

621. Précisions particulières du texte précité :

I. *Déclarations d'apport.* — Distinction suivant que les apports émanent des futurs *eux-mêmes* ou d'un tiers.

622. Des *stipulations avantageuses* entre les futurs.

623. Observation sur le préciput.

624. II. *Reconnaissance de la dot.* — Double condition requise pour qu'elle encoure le droit fixe.

625. Reconnaissance de la part du mari *hors contrat de mariage.*

626. Cautionnement de l'obligation du futur. — Renvoi.

618. Plus libérale en ce point que la loi du 19 décembre 1790, la loi de frimaire a répudié ici les traditions fiscales de la législation du contrôle. La faveur du mariage a prévalu sur les considérations financières. Il a paru bon de dégrever les contrats de mariage, et par là d'assurer la sincérité de cette loi organique de la fortune des époux (1). En règle générale, le contrat de mariage n'est soumis qu'au droit fixe. Or, puisque ce contrat contient *essentiellement* l'établissement du régime des biens des époux, il s'ensuit qu'aucun droit

(1) Voir sur ce point un remarquable passage du rapport de Duchâtel au Conseil des Cinq-Cents, cité par M. Garnier, 3737. Comp. *suprà*, nos 28, 320-I.

37

particulier ne peut être encouru sur la clause qui
contient purement l'adoption de tel ou tel régime. J'ai
peine à comprendre que ce principe ait été un instant
méconnu, et que, sur les contrats portant soumission
au régime de la communauté, on ait prétendu percevoir cumulativement les droits établis par l'art. 68,
§ 3, n° 1, sur les contrats de mariage, et par le n° 4
du même paragraphe sur les actes de société. L'Administration n'a pas tardé à condamner cette prétention
évidemment abusive (1).

619. De la soumission à tel ou tel régime, résultent virtuellement certaines transmissions de la propriété ou d'un droit équipollent à l'usufruit. Mais
comme ces transmissions sont de la *nature* du contrat
de mariage, le tarif de ce contrat englobe très certainement les dispositions dont il s'agit.

620. Il en est autrement des transmissions qui
peuvent résulter de clauses purement *accidentelles* au
contrat de mariage. Par exemple, aux termes de l'article 1551 C. N. :

« Si la dot ou partie de la dot consiste en objets mobiliers
mis à prix par le contrat, *sans déclaration que l'estimation
n'en fait pas vente,* le mari en devient propriétaire et n'est
débiteur que du prix donné au mobilier. »

Dans ce cas, l'apport de la dot n'encourt aucun droit
particulier, car la transmission est l'œuvre de la loi.
Mais, suivant l'art. 1552 C. N. :

« L'estimation donnée à l'immeuble constitué en dot n'en
transporte point la propriété au mari, *s'il n'y en a déclaration expresse.* »

(1) Voir I. G. 1272, § 3 (24 mars 1829), et M. Garnier, 3757.

Dans le cas inverse, *s'il y a déclaration expresse,* le mari devient propriétaire, non plus comme mari, mais comme acheteur ; la dot ne consiste plus dans l'immeuble, mais dans le prix. La clause relative à la vente de cet immeuble, subit le droit proportionnel de 5,50 p. 100. Toutes ces propositions découlent des principes généraux du Droit fiscal et ne sont plus, que je sache, aucunement contestées.

621. La loi, en outre, fait deux précisions particulières : — 1° Quant aux déclarations d'apport ; — 2° Quant à la reconnaissance de la part du futur époux d'avoir reçu la dot.

I. *Déclarations d'apports.* — « Les déclarations de la part des futurs, de ce qu'ils apportent *eux-mêmes* en mariage et se constituent, » faisant partie intégrante du contrat de mariage, ne subissent aucun droit particulier. Il est d'ailleurs conforme aux principes généraux que les contrats de mariage, contenant seulement des déclarations de cette nature, n'encourent pas le droit proportionnel. La loi de frimaire s'en explique formellement, parce qu'elle déroge en ce point à la législation antérieure (*suprà,* n° 618).

La loi dit : « Ce que les futurs apportent *eux-mêmes...* » ; car si l'apport provient d'une autre personne, présente au contrat, la déclaration faisant titre soit d'une donation, soit d'une libération, subit le droit proportionnel à raison de l'un de ces chefs. Bien plus, même en l'absence de cette personne, si l'apport est dit provenir d'un don manuel, le droit proportionnel de donation est exigible en vertu de la loi du 18 mai 1850 (*suprà,* n° 602).

622. Enfin la loi ajoute : *sans aucune stipulation avantageuse* entre les futurs. Entendez cela de la stipulation d'un avantage direct, constituant donation ; car indirectement des avantages peuvent résulter pour les futurs de l'adoption de tel ou tel régime. Ces avantages indirects, procédant d'une pure convention matrimoniale, ne sont, en général, soumis ni quant au fond, ni quant à la forme, aux règles des donations. Exceptionnellement, les enfants d'un premier lit peuvent les atteindre par une action en réduction (v. C. N., art. 1496 et 1527), mais à tout autre égard les stipulations de cette nature *ne sont pas réputées avantages,* mais *simplement conventions de mariage et entre associés* (v. C. N., art. 1525). Il est donc certain que ces avantages indirects ne sont pas compris dans la restriction du texte précité, et ne rendent exigible aucun droit particulier.

Appliquez ces principes à la stipulation de communauté universelle, au forfait de communauté, aux différentes clauses par lesquelles on assigne à chacun des époux des parts inégales dans la communauté, au préciput (v. C. N., art. 1520-1524) (1).

623. Arrêtons-nous un moment sur le préciput. L'article 1515 C. N. s'exprime en ces termes :

« La clause par laquelle l'époux survivant est autorisé à prélever, avant tout partage, une certaine somme ou une certaine quantité d'effets mobiliers en nature, ne donne droit à ce prélèvement, au profit de la femme survivante, que

---

(1) Mais il est important, dans la rédaction des actes, d'éviter le mot de *donation,* bien que cette circonstance ne soit pas absolument déterminante. V. *Cassat.* 21 mars 1860 (*Rép. pér.* 1304 ; *J. Pal.* 1860, p. 810 et la note).

lorsqu'elle accepte la communauté, *à moins que le contrat de mariage ne lui ait réservé ce droit, même en renonçant,* » etc.

Puis, sans aucune distinction, l'art. 1516 ajoute :

« Le préciput n'est point regardé comme un avantage sujet aux formalités des donations, mais comme une convention de mariage. »

Cependant la doctrine reconnaît généralement que, dans ce dernier cas, le préciput est une vraie donation. En conséquence, l'Administration perçoit sur le préciput dont il s'agit : — 1° Au jour du contrat, le droit fixe de donation éventuelle; — 2° Au jour du décès, si la femme renonce à la communauté, le droit proportionnel de mutation par décès (1).

624. II. *Reconnaissance de la dot.* — La reconnaissance *de la part du futur* d'avoir reçu la dot apportée *par la future* est encore une disposition dépendante du contrat de mariage. Elle ne donne également lieu à aucun droit particulier, si l'on est dans les conditions prescrites, à savoir : — 1° Que la reconnaissance émane *du futur*; car, si elle émane de tout autre, c'est une reconnaissance ordinaire, soumise au droit de 1 p. 100; — 2° Que la dot soit apportée *par la future*; car, si la dot est apportée par une autre personne, cette autre personne est un donateur qui gratifie, ou un débiteur qui se libère; le droit proportionnel est encouru à titre de donation ou de libération.

625. C'est en vertu de sa puissance que le mari a la disposition de la dot. Tant que dure le régime matrimonial, il n'est pas débiteur de cette dot; il en est

---

(1) Voir I. G. 1256, § 3, et les autres documents cités par M. Garnier, 3766-2.

l'administrateur souverain, presque le maître. Il est donc tout-à-fait conforme aux principes de ne pas voir dans la reconnaissance du futur un acte portant obligation de somme. La disposition formelle de la loi à cet égard étant purement énonciative, gardez-vous d'en tirer argument *à contrario* quant aux reconnaissances souscrites par le mari *hors contrat de mariage* (1).

626. Si un tiers accède à l'obligation du futur, en qualité de caution (V. *suprà*, n° 464-II).

§ 2.

Droits encourus à raison des opérations des époux, pendant le mariage.

627 Après la célébration du mariage, la loi veille à l'immutabilité des conventions matrimoniales et à la conservation du patrimoine propre de chaque époux. De là découle le caractère essentiellement révocable

(1) V. *suprà*, n° 410, et M. Garnier, 9108-9112, 9324, 10204-2.

des donations entre époux (*suprà,* n° 606); de là aussi
la théorie des *récompenses* et du *remploi.* L'art. 1433
C. N. statue en ces termes, en ce qui touche le régime
en communauté :

« S'il est vendu un immeuble appartenant à l'un des époux,
de même que si l'on s'est rédimé en argent de services fonciers
dus à des héritages propres à l'un d'eux, et que le prix en ait
été versé dans la communauté, le tout sans remploi, il y a
lieu au prélèvement de ce prix sur la communauté, au profit
de l'époux qui était propriétaire, soit de l'immeuble vendu,
soit des services rachetés. »

D'une manière plus générale, on peut dire : Toutes
les fois que la communauté a tiré avantage d'un propre, au-delà de la valeur des fruits, il y a lieu à récompense, s'il n'y a eu remploi. Les récompenses donnent
lieu aux *reprises,* qui s'exercent lors du partage ; ce
n'est pas encore le moment d'en parler (V. *infrà,*
n° 635 et suiv.); occupons-nous du remploi.

628. Quand il y a communauté (1), le remploi
peut avoir lieu soit pour le mari, soit pour la femme.

I. *A l'égard du mari,* dit l'art. 1434 C. N. :

« Le remploi est censé fait toutes les fois que, lors d'une
acquisition, il a déclaré qu'elle était faite des deniers provenus
de l'aliénation de l'immeuble qui lui était personnel, et pour
lui tenir lieu de remploi. »

La seule question qui s'élève ici est de savoir si,
outre le droit proportionnel encouru sur l'acquisition,
il est dû un droit particulier (deux francs *fixe,* L. fr.,

(1) Tout ce qui est dit de la *communauté,* en général, doit être étendu à
la *société d'acquêts* (C. N., art. 1581). Si le nom diffère, c'est à cause des
habitudes de langage des anciens pays de Droit écrit, auxquels le mot de
communauté était et est encore antipathique.

art. 68, §1, n° 23 ; — L. 1816, art. 43, n° 9), sur la déclaration de remploi. Il semble que non, car cette déclaration ayant pour objet de déterminer la personne de l'acquéreur paraît être, au superlatif, une *disposition dépendante* de l'acquisition (1). Cependant une Décision du Ministre des finances du 28 juin 1808 (I. G. 392) porte, au contraire, que cette clause est indépendante de la mutation, et, malgré la résistance des Tribunaux de première instance, cette Décision, dont la Cour de cassation a consacré la doctrine (2) sert encore aujourd'hui de règle à la perception.

629. II. *A l'égard de la femme,* l'art. 1435 C. N. statue en ces termes :

« La déclaration du mari que l'acquisition est faite des deniers provenus de l'immeuble vendu par la femme et pour lui servir de remploi, ne suffit point, si ce remploi n'a été formellement accepté par la femme : si elle ne l'a pas accepté, elle a simplement droit, lors de la dissolution de la communauté, à la récompense du prix de son immeuble vendu. »

Par rapport à la femme, le principe du remploi n'est pas spécial au régime en communauté. Nous pouvons donc examiner la question d'une manière générale.

A. D'abord, *si la femme accepte incontinent le remploi,* la question est ici la même que pour le remploi concernant le mari. L'intérêt en est borné à la perception du droit fixe de deux francs. La solution dépend de l'appréciation discrétionnaire, à laquelle prête si fort la théorie des dispositions dépendantes.

(1) En ce sens, C. R. 2849 ; MM. Rodière et Pont, t. 2, p. 747 ; Dall. 3472 ; M. Garnier, 10698.

(2) Arrêt du 18 février 1833 (Dall. 1179 et 3471).

B. *La femme n'accepte pas incontinent.*

1° De ce que la déclaration du mari n'opère pas encore remploi, la Décision précitée conclut qu'elle ne donne ouverture à aucun droit particulier sur le contrat d'acquisition.

2° Mais quel droit est exigible sur l'acte contenant l'acceptation de la femme? Dans ce cas, au droit fixe d'enregistrement (2 francs), on ajoute dans la pratique le droit proportionnel de transcription. La raison en est, dit M. Garnier (n° 10711) :

« Que l'acquisition constitue tant que l'acceptation n'a pas été donnée, une offre pure et simple de la part du mari, offre que ce dernier peut retirer ou modifier à sa volonté et que, tant que cette acquisition subsiste à l'état d'offre, l'immeuble qui en est l'objet n'est pas réellement un propre pour la femme, mais bien un conquêt pour la communauté [si communauté il y a ; sinon, un bien propre du mari]. Si donc le mari a grevé cet immeuble d'hypothèques, comme il en a le droit, l'acceptation ultérieure de la femme, qui ne saurait détruire l'effet de cette convention, ne transmettra l'immeuble qu'à la charge des hypothèques dont le mari l'aura grevé. »

On résume ainsi cette théorie singulière : L'acceptation de la femme produit effet rétroactif, entre les époux, mais non pas quant aux tiers. De l'effet rétroactif entre les époux, on conclut que le titre de la propriété de la femme est dans l'acte d'acquisition du mari ; d'où, sur l'acte d'acceptation, la non-exigibilité du droit proportionnel d'enregistrement. De la non-rétroactivité quant aux tiers, on conclut que la femme a intérêt à purger les hypothèques, constituées par le mari depuis l'acquisition ; d'où l'acte d'acceptation est *de nature à être transcrit,* ce qui suffit, dit-on, pour autoriser la perception du droit supplémentaire de 1,50 p. 100 francs (1).

Je ne puis adhérer à cette conséquence, puisque j'ai tâché d'établir ci-dessus (n° 329-V) que jamais le droit proportionnel de transcription ne devait être ajouté au droit fixe d'enregistrement; mais, sur ce point, la pratique est fixée en sens contraire. Or, en prenant pour accordée, malgré les protestations de la doctrine, l'interprétation strictement littérale donnée à l'art. 54 de la loi de 1816, il faut reconnaître que la jurisprudence fiscale fait une application exacte de la théorie la plus autorisée par les civilistes, en matière de remploi (2).

630. Continuant, sous toutes réserves, de prendre pour accordée l'exactitude de cette jurisprudence, nous devons à *fortiori* l'appliquer au cas où le bien, accepté en définitive par la femme, a été acquis par le mari à titre de *remploi anticipé*, c'est-à-dire avant l'aliénation du propre de la femme qui donne lieu au remploi (3).

631. A l'inverse, il faut y apporter certaines limitations :

1° Si le remploi a eu lieu, en exécution d'une clause

---

(1) *Cassat.* 18 avril et 7 juin 1853 (I. G. 1982 § 2). — Dans le même sens, *Abbeville,* 12 juin 1855 (*Rép. pér.* 889).

(2) Comp. Toullier, XII, 360 ; MM. Duranton, XIV, 393, 396 ; Bellot des Minières, I, p. 516 ; Aubry et Rau, sur Zachariæ, § 507 ; Rodière et Pont, n° 507 et suiv. ; Troplong, *Contrat de mariage,* n°ˢ 1117-1136. — Voir, au surplus, M. Labbé, *Dissertation sur les effets de la ratification des actes d'un gérant d'affaires* (1856), p. 66, et la discussion entre MM. Labbé et Mourlon, dans la *Revue pratique,* t. 3, p. 54 et t. 4, p. 51.

(3) MM. Troplong, *ibid.,* n° 1154 ; Marcadé, sur l'art. 1435, n° 4 ; Garnier, 10713.

impérative du contrat de mariage, de telle sorte que, de plein droit, par l'acquisition du mari, la femme, présente ou absente, devienne propriétaire; dans ce cas, on peut soutenir que l'acceptation de la femme est inutile (1). Tout au moins faut-il reconnaître que cette acceptation, faite *ex intervallo,* produit un effet rétroactif vis-à-vis des tiers. Conséquemment, la perception du droit proportionnel de transcription se trouve écartée.

2° Si dans l'acte d'acquisition, passé par le mari, il est stipulé que l'acceptation de la femme aura lieu dans un délai préfix; dans ce cas, les tiers sont avertis, l'acceptation doit rétroagir contre eux. L'acte qui la contient n'est plus *de nature à être transcrit.* Le droit fixe d'enregistrement est seul exigible (2).

632. La même idée de conservation du patrimoine propre de chaque époux a dicté la disposition suivante de l'art. 1408 C. N. :

« L'acquisition faite pendant le mariage, à titre de licitation ou autrement, de portion d'un immeuble dont l'un des époux était propriétaire par indivis, ne forme point un conquêt; sauf à indemniser la communauté de la somme qu'elle a fournie pour cette acquisition.

« Dans le cas où le mari deviendrait seul, et *en son nom personnel,* acquéreur ou adjudicataire de portion ou de la totalité d'un immeuble appartenant par indivis à la femme, celle-ci, lors de la dissolution de la communauté, a le choix ou d'abandonner l'effet à la communauté, laquelle devient alors débitrice envers la femme de la portion appartenant à celle-ci

(1) M. Troplong, *ibid.,* n° 1138; comp. MM. Pont et Rodière, t. 1, n° 517.

(2) En ce sens, *Solut.* 24 mars 1857; Seine. 9 janvier 1858 (*Rép. pér.* 889, 1052). Comp. *suprà,* n° 221.

dans le prix, ou de retirer l'immeuble, en remboursant à la communauté le prix de l'acquisition. »

Si le texte parle du régime en communauté, c'est par forme d'exemple. On s'accorde à reconnaître que le principe est général et s'applique à tous les régimes (1). Transportez alors au mari personnellement tout ce que dit le Code de la communauté.

633. L'article, dans ses deux alinéas, prévoit deux cas distincts.

Le premier fait purement l'application de la théorie du partage; ce n'est pas ici le lieu d'en parler. (voyez *infrà*, n° 710).

Le second, au contraire, accorde à la femme un droit exorbitant, que la doctrine qualifie du nom de *retrait d'indivision.* C'est ce droit qu'il nous faut étudier. Par l'effet d'une acquisition, faite par le mari *seul* et *en son nom personnel,* la femme, si elle le veut, est ou non propriétaire; voilà qui est certain. Voici le point délicat : La femme devient-elle immédiatement propriétaire, sous la condition résolutoire d'*abandonner* le fonds? Ou, au contraire, la propriété de la femme est-elle subordonnée à la condition suspensive de *retirer* ledit fonds? Ce point est fort débattu; c'est, dit M. Troplong (n° 648), « la question la plus difficile qu'offre le commentaire de l'art. 1408. » De la solution qu'on adopte découlent, en Droit civil et en Droit fiscal, des conséquences fort diverses. Pour prendre l'exemple le plus simple, bornons-nous à montrer l'intérêt de la question relativement à l'enregistrement de l'acte d'acquisition passé par le mari.

(1) V. M. Troplong, *Contrat de mariage,* n°s 687 et 3050.

Premier système. La femme est immédiatement propriétaire, sauf résolution *si elle abandonne.*

Puisque, par hypothèse, la femme, avant l'acquisition, est déjà copropriétaire par indivis, l'acte d'acquisition est une *licitation,* non une vente. D'où le droit d'enregistrement (4 p. 100) n'est encouru que sur la portion acquise (art. 69, § 7, n° 4), et, en règle générale, le droit de transcription n'est pas exigible (*infrà,* n° 743).

Deuxième système. La femme deviendra propriétaire, *si elle retire.* Pour le moment, le mari est propriétaire. C'est un acquéreur étranger. Donc, l'acquisition est une vente pure (5,50 p. 100; art. 52, L. 1816).

634. Malgré les graves raisons qu'on a fait valoir pour le premier système (1), je m'en tiens au second. Jusqu'à preuve du contraire, les contrats sont régis par la teneur des actes. Ici la teneur de l'acte fait le mari propriétaire. La présomption de la loi n'est pas formelle en sens contraire. Dans le doute, provision est due au titre (2).

§ 3.

Droits encourus après la dissolution du régime matrimonial.

635. Explication de cette rubrique.
636. Division du sujet.

635. Le régime matrimonial cesse : — 1° Par la

—————

(1) Voir M. Troplong, n° 648; M. Garnier, n°s 8251 et 12689; Reims, 31 octobre 1855 (R. G. 12690).

(2) V. en ce sens, une consultation de MM. Gaudry et Charrié, avocats de l'Administration (R. G. 12690). Dans le même sens, mais à un autre point de vue, *Cassat.* 31 mars 1845 (cité par M. Troplong, n° 656).

dissolution du mariage lui-même, c'est-à-dire, en gé-
néral, par la mort de l'un des époux (sauf art. 204
C. N.); — 2° Par la séparation de biens judiciaire
(C. N., art. 311, 1443).

Pour l'objet de la présente recherche, il n'y a pas
lieu de distinguer ces deux causes de dissolution. Si,
dans le cours de la discussion, je suppose toujours le
mari et la femme en présence l'un de l'autre, c'est
affaire de style et pour éviter des longueurs. Quand la
dissolution du régime matrimonial a lieu, comme il
arrive le plus souvent, par la mort de l'un des époux,
transportez à ses héritiers tout ce qui est dit du mari
ou de la femme personnellement.

636. Pour procéder du simple au composé, il convient d'aborder en première ligne les régimes sans
communauté. Je traiterai en second lieu du régime en
communauté, distinguant le cas d'acceptation et celui
de répudiation.

§ 3. — Division Iʳᵉ.

Régimes sans communauté.

637. Restitution par le mari :

 1° Des biens dotaux, *en nature ;*

 2° De la dot, consistant en *sommes* ou *valeurs ;*

 3° Des sommes ou valeurs paraphernales. Distinction dans ce
  dernier cas.

638. Les propres de la femme ont été aliénés sans remploi.

 I. Le mari remet des sommes ou valeurs ; — droit fixe de décharge.

639. II. Le mari fait une *dation en payement* :

 1° La dation consiste en biens meubles ou immeubles *in specie ;*
  — droit proportionnel de transmisssion.

640. 2° La dation consiste en créances, actions ou autres titres nominatifs
  du mari ; — droit proportionnel de cession.

641. Fondement de cette théorie, en Droit civil et en équité.

642. Observation sur les *valeurs* et sur les titres au porteur.

637. Évidemment, la restitution par le mari des biens dotaux, *en nature,* n'encourt aucun droit proportionnel.

Même, si la dot consiste en *sommes ou valeurs,* le mari n'est pas un débiteur obtenant *quittance,* mais un administrateur obtenant *décharge; —* droit fixe de 2 francs (*suprà,* n° 530).

En règle générale, cette perception est applicable à la restitution des sommes ou valeurs paraphernales. Même en ce cas, le mari est mandataire présumé de la femme (v. C. N., art. 1539, 1578; comp. art. 1450). Mais comme ici cette qualité du mari résulte seulement de la présomption de la loi, la preuve contraire est admise, et s'il est prouvé que le mari a reçu les sommes paraphernales non comme mandataire, mais comme emprunteur, la restitution de ces sommes subit le droit proportionnel de libération (1).

638. Tout ce que nous disons des sommes dotales ou paraphernales s'applique aussi bien au cas où les propres de la femme ont été aliénés pendant la durée du régime matrimonial, sans remploi. Le mari est alors tenu de restituer les sommes ou valeurs provenues de l'aliénation; mais comme il est tenu en qualité d'administrateur légal ou de mandataire, cette restitution est passible seulement du droit fixe de décharge.

639. Au contraire, si, pour tenir lieu de restitution, il est attribué à la femme des biens du mari, en nature, il y a *dation en payement.* Cette opération est équipollente à la vente (*suprà,* n°ˢ 71, 163); le droit proportionnel est donc exigible à ce titre (5,50 pour

(1) **En ce sens, Cassat. 16 juillet 1855 (R. G. 9324-2).**

les immeubles; 2 p. 100 pour les meubles). Vainement on opposerait que ces biens du mari ont été acquis avec l'argent de la femme. Cette circonstance ne fait pas que, pendant la durée du régime matrimonial, la femme ait été propriétaire des objets en question. Si elle le devient, à la dissolution, il faut que se soit par une transmission émanée du mari.

Voilà pour la dation des choses qui ont une individualité propre, qui sont susceptibles d'un prix d'affection, qui existent, comme dit l'Ecole, *in specie*. Tels sont les corps certains et généralement les choses dont le maître tire un profit direct, les seules qui, à parler exactement, servent d'assiette à la propriété.

640. En sera-t-il de même d'une dation en payement, consistant en créances, actions dans les compagnies ou autres titres du même genre? On en peut douter. Ces sortes de choses représentent l'argent fourni par la femme; elles en sont le placement. Si les titres sont au nom du mari, c'est, dira-t-on peut-être, pour la facilité de son administration. Mais ces considérations ne doivent pas prévaloir. En inscrivant ces titres sous son nom, le mari courait les chances de gain et de perte. (Cela est surtout sensible pour les titres qui se négocient à la Bourse. Voir, en outre, C. N., art. 1567.) Ils faisaient donc partie de son patrimoine. Pour que les titres nominatifs du mari passent au nom de la femme, il faut une cession; un droit proportionnel est donc exigible.

Quant à la fixation du droit, considérez la nature du titre. (Rente sur particulier, 2 p. 100. — Créance à terme, 1 p. 100. — Action ou obligation des compagnies, 0,20 p. 100. — V. *suprà*, n°⁵ 390, 448, 515, 522).

641. Ainsi le droit proportionnel est seulement encouru, dans le cas d'une *dation en payement*. Là seulement, il y a une opération translative. Si, au contraire, la femme est désintéressée en argent comptant, la somme qui lui est versée par le mari, à cause du caractère *fongible* de la monnaie, est considérée comme chose à elle propre ; — droit fixe.

Cette théorie, ainsi expliquée *subtilitate juris*, se justifie en outre par des considérations pratiques. La femme, qui reçoit de l'argent, en fera le placement, et alors le plus souvent un droit proportionnel sera encouru. Quand elle reçoit une dation en payement, le placement est tout fait. Il est juste qu'à titre de transmission ou de cession, le droit proportionnel soit immédiatement acquitté.

642. Tout ce que nous disons de l'argent, appliquez-le aux *valeurs*, c'est-à-dire, dans la nomenclature des lois fiscales, à toutes les choses *fongibles* (*suprà*, n° 22). Appliquez-le aussi, par identité de raison, à tous les titres au porteur ; et remarquez qu'aujourd'hui plusieurs de ces titres subissent une taxe annuelle, pour tenir lieu du droit de transmission (*suprà*, n° 515).

§ 3. — DIVISION II.

Régime en communauté.

643. Division.

644. I. *La femme accepte la communauté* — Distinction fondamentale
Reprises exercées sur les biens de la communauté ;
Reprises exercées sur les biens propres du mari.

645. II. *La femme renonce à la communauté.*
La distinction qui précède peut-elle encore être reçue ?

38

643. Le Code civil (art. 1453) statue en ces termes :

« Après la dissolution de la communauté, la femme ou ses
héritiers et ayant-cause ont la faculté de l'accepter ou d'y
renoncer. *Toute convention contraire est nulle.* »

Etudions, dans ses rapports avec la perception, le
résultat de cette option.

644. I. *La femme accepte la communauté.*

Dans ce cas, voici la distinction fondamentale :

La femme exerce-t-elle ses reprises sur les biens de
la communauté (C. N., art. 1471) ? C'est un prélèvement, une opération préliminaire du partage. En
principe, nul droit proportionnel (1).

Même solution pour les reprises du mari qui ne
peuvent jamais s'exercer que sur les biens de la communauté (C. N., art. 1472) (2).

La femme exerce-t-elle ses reprises sur les biens
propres du mari (C. N., art. 1472) ? C'est une dation
en payement. Le droit proportionnel est exigible,
conformément aux règles tracées pour les régimes
sans communauté (*suprà*, nos 637-642).

(1-2) En ce sens, *Déc.* des Ministres de la justice et des finances du 18
juillet 1817 (I. G. 809, § 1) ; M. Garnier, 13258.

645. II. *La femme renonce à la communauté.*

Dans ce cas, peut-on distinguer encore le patrimoine de la communauté et celui du mari ? La question revient à savoir, si la renonciation de la femme efface rétroactivement toutes les conséquences du régime matrimonial, à tel point que, par événement, les époux se trouvent avoir été mariés sans communauté.

646. Avant d'aborder le fond du débat, constatons les précédents historiques, ainsi résumés par Bosquet (v° *Remploi,* n° 4) :

« Si pour le remploi de la dot de la femme, de ses propres aliénés ou de ses reprises et conventions matrimoniales, on lui cède, ou à ses héritiers, des conquêts de la communauté, il il n'est dû aucuns droits seigneuriaux, suivant le Droit commun et général, soit qu'elle soit commune en biens, ou non ; parce que ces conquêts sont présumés faits des deniers provenus de sa dot ou de l'aliénation de ses propres, et qu'en conséquence ils y sont subrogés. Quoiqu'elle ait renoncé à la communauté, elle n'est pas absolument étrangère aux conquêts faits pendant le mariage ; *il est vrai que sa renonciation efface en elle le caractère de commune,* mais *par rapport aux droits seigneuriaux,* cette renonciation n'est considérée produire effet que pour les dettes, et les conquêts sont regardés comme affectés aux reprises dont ils sont censés provenir. »

Voilà pour ce qui est des droits seigneuriaux. Mais, ajoute aussitôt notre auteur :

« Il n'en est pas ainsi pour le droit de centième-denier ; on distingue *si la femme est commune en biens* ou si elle a renoncé à la communauté ; dans le premier cas, *le droit de centième-denier n'est pas dû, parce que le remploi sur les conquêts n'est considéré que comme un partage de la communauté, par le résultat duquel ces conquêts sont compensés avec les reprises ;* au lieu que si la femme n'est pas commune en biens, elle n'est pas dans le cas de faire un partage : elle est réellement étrangère aux acquêts faits pendant le mariage, qui ne peuvent lui être transmis sans qu'il y ait une mutation effective de propriété ; ainsi, le droit de centième-denier en est dû, » etc.

Cet antagonisme est fréquent dans la jurisprudence ancienne. Quant aux droits seigneuriaux, la compétence appartient aux Parlements qui les restreignent de plus en plus, mais les droits domaniaux sont de la compétence du Conseil du Roi, qui maintient la perception dans toute sa rigueur. C'est l'esprit de l'ancien Conseil, j'en ai déjà fait la remarque (*suprà*, n° 289 et 294), qui a inspiré les auteurs de la loi de frimaire. L'induction historique est donc ici en faveur de la perception la plus avantageuse au Trésor. Toutefois, dans le silence des lois modernes, cette induction, quelle qu'en soit la force, ne saurait prévaloir contre les principes du Droit civil, si ces principes autorisent la femme renonçante à reprendre, comme propriétaire, *ex causa primœva et antiqua,* les conquêts de la ci-devant communauté.

Il faut aborder la question sur ce terrain. Elle est célèbre, car elle a donné lieu, dans ces dernières années, à une des plus notables évolutions de la jurisprudence en matière civile. La polémique a été vive, la controverse éclairée sous toutes ses faces (1) ; je me bornerai à en résumer les points culminants.

(1) Cette polémique a donné lieu à de nombreux travaux, qui conservent encore un intérêt doctrinal. V. notamment, dans la *Revue critique* (année 1853 à 1858) les dissertations de MM. Pont, Serrigny, Ancelot, Mimerel ; dans le *Droit* du 25 avril 1855 et le *Rép. pér* , n° 369, une dissertation de M. Valette ; dans la *Revue pratique,* 1re année. p. 145, un réquisitoire de M. Merville ; et le réquisitoire de M. Rouland, alors procureur-général, aujourd'hui Ministre de l'instruction publique et des cultes, reproduit dans les recueils de jurisprudence, avec l'arrêt de la Cour impériale de Paris (audience solennelle) du 4 août 1855 (Devill. 55, 2, 449).

647. Il était reçu, que dans l'exercice de ses reprises, la femme, sauf l'effet de son hypothèque légale, ne pouvait prétendre aucune préférence sur les créanciers de la communauté ou du mari. Cela était admis généralement quand la femme avait accepté la communauté, et *à fortiori* quand elle l'avait répudiée. La Cour de cassation, pour les deux hypothèses, consacra la doctrine contraire, par une série d'arrêts nombreux, dont le premier est en date du 15 février 1853. Désormais, la Cour posa en thèse (1) :

« Que la femme qui renonce à la communauté peut, comme la femme qui l'accepte, exercer ses reprises, *à titre de propriétaire* et non de créancière. »

648. Le revirement de la jurisprudence, en matière civile, réagit immédiatement sur la perception établie pour le cas de renonciation. Avant 1853, la Cour décidait que la femme renonçante, en exerçant ses reprises sur les conquêts de la ci-devant communauté, recevait une dation en payement, passible du droit proportionnel. C'était conforme aux précédents historiques et aux principes du Droit civil, tels que la Cour les concevait alors. Mais, du jour où la femme était déclarée propriétaire à l'encontre des créanciers du mari, elle devrait l'être aussi bien à l'encontre de l'Administration. La conséquence était forcée, car à moins d'un texte formel de la loi fiscale, on ne peut admettre que les opérations des parties soient autres sous le rapport du Droit civil, autres pour la perception de l'impôt. La Cour ne recula pas devant cette conséquence. On lit dans les

---

(1) *Cassat.* 11 avril 1854 (*Rép. pér.* 131); cet arrêt est rendu en matière civile. Joignez les autres documents cités R. G. 10727.

motifs d'un arrêt de *cassation* du 10 juillet 1855 (*Rép, pér.*, n° 479) :

« Que la femme qui renonce à la communauté, comme celle qui l'accepte, exerce ses reprises sur les biens meubles et immeubles provenant de cette communauté, *à titre,* non pas de créancière, mais *de propriétaire et qu'ainsi il n'est pas dû de droit proportionnel de mutation sur les biens ainsi repris par elle.* »

649. Quoique le revirement de la jurisprudence, en matière civile, eût trait au cas d'acceptation, comme au cas de renonciation; cependant, pour le cas d'acceptation, il n'influa pas sur la question fiscale.

Dès 1817, l'Administration supérieure avait réglé la perception dans le sens le plus libéral (*suprà,* n° 644), et cela indépendamment de la controverse dont il s'agit. En effet, la Décision précitée concerne les reprises du mari, comme celles de la femme. Or, pour ce qui est du mari, il est évident qu'il ne peut rien prélever au détriment des créanciers. Pour ce qui est de la femme, les créanciers l'empêcheront ou non de prélever, suivant le parti qu'on prend dans la controverse civile. Mais, opposables ou non aux créanciers de la communauté, ces prélèvements n'en constituent pas moins une opération préliminaire du partage, et, en principe, ils ne doivent encourir aucun droit proportionnel.

650. Aujourd'hui un arrêt des Chambres réunies, rendu avec une solennité particulière, en matière civile, a fait retour à la doctrine précédemment admise, en décidant, que, dans aucun cas, la femme ne peut exercer ses reprises par préférence aux créanciers (1).

(1) **V.** cet arrêt, en date du 16 janvier 1858, et le réquisitoire de **M.** le procureur-général Dupin (*Rép. pér.* 953).

L'arrêt est rendu dans l'espèce d'une femme renonçante. C'est seulement dans les *motifs*, que la question est envisagée sous toutes ses faces. On lit à ce propos :

« Que c'est à titre de créancier que chaque époux prélève soit le prix de ses propres aliénés, soit les indemnités qui lui sont dues par la communauté conformément aux n°s 2 et 3 de l'art 1470 C. N. ; — Qu'en effet, l'action n'a alors pour cause qu'une diminution du patrimoine de l'un des époux et un profit corrélatif fait par la communauté ; — Que cette cause ne produit pas un droit de propriété sur des objets déterminés, et qu'il n'en résulte qu'une créance et une action mobilière, » etc.

Cet arrêt ne pouvait manquer d'influer sur la jurisprudence fiscale. De nouveau, la perception du droit proportionnel a été reconnue exigible sur les reprises de la femme *renonçante* (1).

Un instant même, la rédaction, peut-être trop compréhensive, de l'arrêt des chambres réunies, a fait mettre en doute si, même au cas d'*acceptation*, il n'y aurait pas lieu de percevoir un droit proportionnel, sinon à titre de dation en payement, tout au moins à titre de soulte. Mais c'était aller trop loin dans la réaction. L'arrêt du 16 janvier 1858 a eu pour objet direct de supprimer le privilége déguisé, que procurait aux femmes la jurisprudence des cinq années antérieures. Il faut en apprécier la rédaction à ce point de vue, *secundum subjectam materiam.* Cet arrêt n'a eu ni ne devait avoir aucune influence sur la perception relative au cas d'acceptation de la communauté, qui est demeuré réglé par la Décision ministérielle

_____

(1) *Cassat.* 3 et 24 août 1858 (*Rép. pér.* 1065, 1086) ; *Cassat.* 24 décembre 1860 (*Contrôleur,* 11908).

de 1817 (*suprà*, n°s 644 et 649) (1). Quant à l'assimilation que l'on avait essayé de faire entre les reprises du conjoint commun en biens et les soultes de partage, il faut répondre avec la Cour de cassation (2) :

« Qu'on ne peut assimiler à une soulte le prélèvement des reprises... ; — Qu'un pareil prélèvement, à quelque titre qu'il s'exerce, est un acte préparatoire du partage, mais ne doit pas être confondu avec ce partage... ; qu'il ne peut dès-lors avoir aucune influence sur les droits auxquels ce même partage peut donner ouverture, » etc.

En résumé, dans l'état actuel de la pratique, on suit les errements de la jurisprudence du centième denier (*suprà*, n° 646), et c'est seulement au cas de *renonciation à la communauté*, qu'un droit proportionnel peut être encouru à raison des reprises et indemnités de la femme.

651. Il nous reste à étudier la théorie des *reprises matrimoniales*, sous les différents régimes, au point de vue de la perception des droits de mutation par décès, dans la succession du prémourant des époux. Ce point sera éclairci dans le cours de la section que nous allons aborder (*infrà*, n°s 691 et suivants).

SECTION III.

Successions, soit légitimes, soit testamentaires.

652. Des différentes causes de mutation par décès. Retour sur les donations éventuelles.

653. Fixation du droit proportionnel.

654. Le droit proportionnel en cette matière, est par excellence un *droit de mutation*. — Droit fixe perçu sur les *actes* de donations éventuelles et sur les testaments.

(1) Ce point est reconnu par l'Administration (I. G. 2037, § 12).
(2) *Civ.-rej.* 15 décembre 1858 (*Rép. pér.* 1132) et nos observations sur cet arrêt (*J. Pal.*, 1859, p. 858).

652. Ainsi que nous l'avons vu ci-dessus (n° 572), les mutations par décès s'opèrent :

Par Succession légitime;

Par Succession testamentaire ;

Par l'effet des Donations éventuelles.

Ce qui a été dit des donations éventuelles recevra ici son complément. Pendant la vie du donateur, ces actes diffèrent beaucoup des testaments (*supra*, n° 609). Mais après l'évènement du décès, le donataire, institué contractuellement, est dans une position analogue à celle qu'a l'héritier institué par testament, autrement dit, le légataire. Ainsi, en général, tout ce qui sera dit des légataires devra être étendu aux personnes qui succèdent en vertu d'une donation, subordonnée à l'évènement du décès.

653. En principe, le tarif est le même pour toute succession, soit légitime, soit testamentaire, soit contractuelle. Ce système est raisonnable, car l'impôt étant gradué en raison des liens de la parenté et de l'affection conjugale, il importe peu que le successeur soit appelé par la volonté expresse, ou par la volonté présumée du défunt.

Exceptionnellement, l'enfant naturel et le conjoint survivant, quand ils sont appelés à la succession *ab intestat*, à défaut de parents au degré successible (C. N., art. 758 et 767), payent l'impôt suivant le tarif des per-

sonnes non-parentes (L. 1816, art. 53, *suprà*, n° 575).
La pensée de la loi paraît être que les successeurs,
dont il s'agit, doivent subir un tarif supérieur à celui
des collatéraux qui les auraient exclus (l'un en partie,
l'autre en totalité) des biens du défunt. Dans tous les
autres cas, l'enfant naturel n'est assujetti qu'au tarif
modéré, de la ligne directe, et les dispositions entre
époux ont leur tarif particulier.

654. Le droit proportionnel, en cette matière, est
par excellence un droit de *mutation* (*suprà*, n° 13).
Indépendamment de ce droit, les donations éventuelles
et les testaments encourent un droit fixe particulier,
qui est un pur droit d'*acte* (*cinq francs*, L. 1816,
art. 45, n° 4; joignez L. fr., art. 21, 54, 68, § 3,
n° 5). Pour le moment, en traitant de l'impôt des
successions, j'ai seulement en vue le droit proportionnel de mutation par décès.

655. La mort naturelle est aujourd'hui la seule
cause d'ouverture des successions et, par suite, le seul
fait qui fasse encourir définitivement les droits de mutation dont il s'agit.

Le Code Napoléon (art. 25, 718) attribuait la même
efficacité à la *mort civile*. Mais la mort civile a été abolie par la loi du 31 mai 1854 (I. G. 2021).

Quant à l'*absence* (C. N., art. 112 et suiv.), de
même qu'elle amène l'envoi en possession provisoire
des héritiers présomptifs et autres ayant-droit, de
même elle entraîne la perception *provisoire* des droits
de mutation (v. L. 1816, art. 40; *infrà*, n° 680).

656. A partir du moment de l'ouverture de la
succession, tout héritier, légataire ou donataire du

défunt, est tenu, *sous certaines peines* (L. fr., art. 39)
d'acquitter l'impôt *dans le délai légal* (six mois, en
général, L. fr., art. 24). Pour servir de base à la perception, lesdits successeurs, leurs tuteurs ou curateurs
sont tenus de se rendre, en personne ou par représentant, au bureau du *receveur compétent* (L. fr.,
art. 27), et là ils doivent *passer déclaration détaillée*
des mutations de propriété ou d'usufruit, opérée par
le décès de leur auteur.

657. La déclaration de succession étant le fait
capital de la matière, c'est à cette formalité qu'on a
l'habitude de rattacher les développements qu'elle
comporte. Je suivrai cette marche, en traitant d'abord
des personnes qui doivent faire la déclaration, puis
des biens qui doivent être déclarés.

Il sera traité ensuite du partage des successions et,
à ce propos, du partage des sociétés (V. *suprà,* n° 329).
Enfin, nous étudierons, dans un paragraphe spécial,
tout ce qui concerne certaines successions d'une nature
particulière, et notamment les substitutions, les majorats, les clauses de réversibilité.

§ 1er.

Des personnes qui doivent faire la déclaration de succession.

658. Portée de la question. — Division du sujet.

658. En général, toute formalité d'enregistrement
doit être accompagnée du payement des droits qui lui
sont afférents. Examiner qui doit faire la déclaration
de succession, c'est examiner quels sont sont les débiteurs de l'impôt, par suite, déterminer l'étendue de
leurs obligations et les actions diverses qui appartien-

nent à l'Administration pour le recouvrement des droits. Tel est l'objet de la présente recherche qui comporte les deux divisions suivantes :

1° Principes généraux ;

2° Complications diverses, résultant de circonstances postérieures au décès, etc.

§ 1er. — DIVISION Ire.

659. Texte détaché. — Sous-division du sujet.

659. Le texte fondamental, en cette matière, est l'art. 32, L. fr., ainsi conçu :

« Les droits des déclarations des mutations par décès seront payés par les héritiers donataires ou légataires. — *Les cohéritiers seront solidaires.*

« La Nation aura action sur les revenus des biens à déclarer, en quelque mains qu'ils se trouvent, pour le payement des droits dont il faudrait poursuivre le recouvrement. »

Cet article accorde à l'Administration deux actions tout-à-fait distinctes :

1° Action *personnelle* contre les débiteurs de l'impôt ;

2° Action *réelle* sur les revenus des biens à déclarer, *en quelques mains qu'ils se trouvent.*

De là ressort une double sous-division.

SOUS-DIVISION Ire.

De l'action personnelle de l'Administration contre les débiteurs de l'impôt.

660. L'action personnelle, dont il s'agit, est :
— Solidaire contre chacun des *cohéritiers ;*
— Divisée contre chacun des autres successeurs.

661. Définition de la qualité d'*héritier :*
I. Des héritiers légitimes ;
II. Des légataires *universels ;*
III. *Quid* des légataires de quotité ?

660. A la première lecture du texte précité, on aperçoit que l'action personnelle, dont il s'agit, est différemment organisée contre les *héritiers* et contre les autres successeurs du défunt.

Les héritiers sont tenus *solidairement*, c'est-à-dire un seul pour le tout, de la dette *de leurs cohéritiers.* Rien même ici n'autorise à restreindre les effets de cette solidarité en deçà des règles tracées par le Code civil pour la solidarité parfaite et proprement dite (v. C. N., et suiv.) (1). Donc, chaque héritier n'est pas seulement tenu d'acquitter les droits *in solidum*, comme s'il était héritier unique ; chacun est tenu des droits encourus par ses cohéritiers, en raison de la parenté de ceux-ci avec le défunt. Soit, par exemple, un ascendant en concours avec un collatéral du cinquième degré, cet ascendant sera tenu, non pas seulement du droit de

---

(1) Sur la distinction de la solidarité parfaite et de la solidarité imparfaite, appelée aussi obligation purement *in solidum,* voyez M. Rodière, *De la solidarité et de l'indivisibilité,* n°s 168 à 175.

1 p. 100 sur le tout, mais bien du droit de 1 p. 100 sur sa part et du droit de 8 p. 100 sur celle de son cohéritier.

Au contraire, quant aux autres successeurs, chacun est tenu seulement de l'impôt, en proportion de ce qu'il prend dans les biens du défunt.

661. Puisque la différence est telle entre les héritiers et les autres successeurs, il importe de déterminer exactement à qui appartient la qualité d'héritier.

I. D'après la nomenclature du Code Napoléon, la qualité d'héritier est expressément attribuée aux parents légitimes (descendants, ascendants ou collatéraux) appellés à la succcession *ab intestat*. Elle est, au contraire, expressément refusée aux enfants naturels (C. N., art. 756), et implicitement au conjoint survivant, appelé à la succession à défaut de parents (C. N., art. 723, 767).

II. Que décider relativement aux légataires soit *universels*, soit *à titre universel?* Le Droit coutumier ne reconnaissait pas d'*héritiers* testamentaires; mais, dans les pays de Droit écrit, l'institution d'héritier était essentielle au testament. Le Code Napoléon, qui a fondu ensemble toutes les traditions anciennes, permet indifféremment l'appellation d'*héritier institué* ou celle de *légataire universel* (art. 1002). En cet état, il me paraît qu'un légataire *universel*, appelé, au moins éventuellement, à recueillir la totalité du patrimoine, est un véritable héritier. Si donc le testament institue deux ou plusieurs légataires *universels* (C. N., art 1003), ces légataires doivent être considérés vis-à-vis l'un de l'autre comme de véritables *cohéritiers* ; à ce titre, ils sont tenus de la solidarité édictée par l'art. 32, L. fr.

Mais je ne puis envisager comme des *cohéritiers* le légataire *universel* et l'héritier légitime auquel une quotité de biens est réservée par la loi. La diversité du titre, auquel est appelé chacun d'eux, me paraît ici exclusive de la solidarité dont il s'agit; chacun desdits successeurs sera donc tenu seulement en proportion de la part qu'il recueille.

III. S'il y a deux ou plusieurs légataires de quotité (légataires *à titre universel*, dans le sens strict, d'après la nomenclature du Code Napoléon, art. 1010), ces légataires n'étant pas appelés au bénéfice de l'accroissement sur les portions vacantes, ne me paraissent pas non plus être *cohéritiers*, vis-à-vis les uns des autres, ni *à fortiori* vis-à-vis des héritiers légitimes. Je refuse donc, encore ici, d'appliquer le principe de la solidarité quant au payement de l'impôt (1).

662. C'est seulement à l'égard des successeurs *à titre universel* que peut s'élever la question de savoir s'ils sont héritiers et, par suite, s'ils sont tenus solidairement de l'impôt. Quant aux légataires *à titre particulier*, il est incontestable que chacun est tenu exclusivement à raison de l'objet qui lui est transmis. Même, pour éviter toute difficulté tirée de l'indivisibilité habi-

(1) Comp. R. G. 13333 à 13341. Remarquez que la controverse sur cette matière n'a qu'une corrélation éloignée avec celle qui s'agite, en Droit civil, sur les rapports des créanciers du défunt avec les différents successeurs. Sur cette question, v. *Cassat.* 13 août 1851 (R. G. 12384-1); **A.-M.** Demante, *Cours analytique de Code civil*, t. 3 n⁰ˢ 24-III et IV; la polémique entre M. Nicias-Gaillard et M. Félix Berriat (*Revue critique*, t. 2, p. 167 et 344), etc., etc.

tuelle de la formalité, le Code civil a statué en ces
termes (art. 1016) :

« .... Les droits d'enregistrement seront dûs par le légataire... Chaque legs pourra être enregistré séparément, sans
que cet enregistrement puisse profiter à aucun autre qu'au
légataire ou à ses ayant-cause. »

En disant que *les droits d'enregistrement seront dûs par
le légataire,* le Code civil a en vue le règlement des
rapports civils des parties entre elles. Cette disposition
ne nous dispense pas d'examiner quelle est, relativement aux legs particuliers, la position de l'héritier vis-à-
vis de l'Administration. L'examen doit être fait distinctement, suivant que les objets légués existent ou
n'existent pas en nature dans le patrimoine du défunt.

663. Si les objets légués existent en nature dans
le patrimoine du défunt, la transmission s'opère directement du défunt au légataire, la propriété n'a reposé
aucun instant sur la tête de l'héritier ; donc celui-ci
n'est pas tenu de comprendre ces objets dans sa déclaration (v. L. fr., art. 39), et si, en fait, il les y a
compris, lesdits objets « doivent être distraits de la
déclaration faite par l'héritier ou le légataire universel,
*qui n'est tenu au payement des droits de mutation que
sur les biens restants* (1). »

Dans cette hypothèse, il va sans difficulté qu'un seul
droit de mutation soit exigible à raison des objets légués,
puisque, en réalité, une seule mutation a été opérée
directement du défunt au légataire particulier.

(1) Déc. M. fin. 17 février 1807 (I. G. 366, § 9). « Ces règles de percep-
« tion n'ont éprouvé aucune modification, » disait en 1833 le Directeur
général (I. G. 1432). Joignez M. Garnier, 1330, 13326-2.

664. Il en est autrement quand les objets légués n'existent pas en nature dans le patrimoine du défunt. Dans ce cas, il y a, en réalité deux transmissions : — 1° La propriété de l'entier patrimoine va du défunt à l'héritier ; — 2° la propriété de la chose léguée va de l'héritier au légataire.

De là, l'Administration avait d'abord conclu qu'il y avait lieu à percevoir cumulativement un droit proportionnel de mutation : — 1° de l'héritier, sur l'entière valeur du patrimoine du défunt, *sans distraction des charges ;* — 2° des légataires particuliers, à raison de la créance contre l'héritier qu'ils tiennent du défunt, laquelle créance, dans l'espèce, constitue l'objet légué.

I. Cette prétention, a été repoussée tout d'abord par la Cour de cassation (1) et, en dernier lieu, par un célèbre Avis du Conseil d'Etat du 10 septembre 1808. Antérieurement à ce document, auquel on s'accorde à reconnaître une autorité d'interprétation quasi-législative, voici par quelles considérations, purement doctrinales, Merlin (*loc. cit.*) défendait la jurisprudence de de la Cour de cassation. Il commence par établir, ce qui va sans difficulté, que pour les legs particuliers, existant en nature, l'héritier ou le légataire universel n'est aucunement tenu de l'impôt. Il démontre ensuite qu'un seul droit encore est encouru sur la masse du patrimoine, en cas de legs de sommes d'argent, dont la succession présente au moins l'équivalent. A propos de ce second cas, il raisonne ainsi :

« En n'assujettissant *les délivrances de legs purs et simples*

(1) **V.** arrêts du 27 mai 1806 et du 12 avril 1808, rapportés par Merlin, *Répertoire,* v° Légataire, § VIII.

qu'au droit fixe d'un franc, la loi du 22 frimaire an 7 ne distingue pas entre les legs de deniers et les legs de corps certains.
Elle les comprend donc les uns comme les autres dans sa disposition. Mais par cela seul, elle décide nettement que la
somme de deniers léguée par le testateur, n'éprouve de mutation, ni du testateur au légataire universel, ni du légataire
universel au légataire particulier : elle décide nettement que
le légataire particulier est censé la recevoir directement du
testateur, ou du moins que le testateur n'emploie le légataire
universel, pour la faire passer au légataire particulier, que
comme un simple dépositaire ou entremetteur. »

La difficulté pour Merlin commence au cas où les
objets légués n'existent ni en nature, ni par équivalent,
dans le patrimoine du défunt :

« On ne peut pas dire que, dans cette espèce, le légataire
universel ne soit réellement que l'entremetteur, le dépositaire
des libéralités particulières du testateur; on ne peut pas dire
que, dans cette espèce, les deniers qu'il tire de sa propre
bourse pour payer les légataires particuliers, n'éprouvent
réellement, de lui à ceux-ci, aucune mutation. »

Toutefois l'objection n'arrête pas le jurisconsulte; il
ajoute aussitôt :

« Mais s'il est *dans l'esprit de la loi* du 22 frimaire an 7,
de feindre que, dans ce cas comme dans les deux précédens,
le légataire universel n'est pour le testateur qu'un dépositaire,
qu'un entremetteur, chargé de transmettre ses libéralités particulières; si, dans ce cas comme dans les deux précédens, la
loi du 22 frimaire an 7 suppose, *par une fiction bénévole*, qu'il
ne s'opère aucune mutation relativement aux deniers que le
légataire universel emploie au paiement des legs particuliers,
qu'aura-t-on à dire?

« Or, ces fictions que la loi du 22 frimaire an 7 pouvait certainement faire, ne les a-t-elle pas effectivement adoptées,
lorsque, par le n° 25 du § 1 de son 68e article, elle a dit
généralement, et sans distinction ni restriction quelconque,

qu'il ne serait perçu que le droit fixe d'un franc pour *les délivrances de legs purs et simples?* En disposant ainsi, le législateur savait parfaitement qu'il est une foule de legs qui ne peuvent pas être acquittés en nature d'effets provenans de la succession; pourquoi donc ne les a-t-il pas rangés dans une classe à part? Pourquoi n'a-t-il pas appliqué au paiement que le légataire universel en ferait de ses propres deniers, la règle établie par l'art. 69, § 2, n° 11, qu'il est dû un droit proportionnel de 50 centimes par 100 francs, pour *tous actes et écrits portant libération de somme* ou *valeur mobilière?* C'est évidemment parce qu'il a voulu les confondre dans la classe commune, parce qu'il a voulu les assimiler à tous égards aux legs qui se paient en effets héréditaires, parce qu'il a voulu qu'ils fussent censés payés de manière à n'opérer aucune mutation du légataire universel aux légataires particuliers.

« L'art. 1016 du Code civil nous présente absolument le même esprit. Après avoir dit que « les frais de la demande en « délivrance seront à la charge de la succession, » il ajoute : « Les droits d'enregistrement seront dus par les légataires...; « chaque legs pourra être enregistré séparément, sans que cet « enregistrement puisse profiter à aucun autre qu'au légataire « ou à ses ayant-cause. »

« Il résulte clairement de là que, pour toute espèce de legs, pour les legs payables des propres deniers du légataire universel, comme pour les legs payables des deniers de la succession, le droit proportionnel d'enregistrement doit être perçu, non sur l'acte par lequel le légataire universel les paie aux légataires particuliers, mais sur les articles du testament qui contiennent ces legs. Et cette conséquence en amène nécessairement une autre : c'est que le Législateur ne considère les légataires particuliers de sommes qui n'existent pas dans la succession, que comme recevant ces sommes de la main du testateur; c'est que le législateur ne considère ces sommes que comme transmises directement par le testateur au légataire particulier; c'est que le Législateur fait abstraction de la mutation qui se fait du légataire universel au légataire particulier, relativement à ces sommes.

« Mais dès que ces sommes, quoique payées des propres deniers du légataire universel, sont, aux yeux de la loi, censées provenir des propres deniers du testateur, dès qu'elles sont aux yeux de la loi censées prises dans la succession, bien évidemment elles ne peuvent pas supporter un double droit proportionnel d'enregistrement; elles ne peuvent pas être soumises à un premier droit de la part du légataire universel, et à un second droit de la part des légataires particuliers.

« Il faut donc de deux choses l'une : ou que le légataire universel, lorsqu'il paie le droit pour la succession entière, en déduise ce que les légataires particuliers ont déjà payé pour les legs ; ou si les légataires particuliers ne l'ont pas encore payé pour leurs legs, qu'il soit censé le payer pour eux en le payant pour la succession entière, sauf à chacun d'eux à lui tenir compte de sa part contributoire. »

II. Tout ce système est consacré par l'Avis du conseil d'Etat du 10 septembre 1808; dans la rédaction officielle on retrouve la trace manifeste de l'argumentation du magistrat-jurisconsulte. Ce document est ainsi conçu :

« Le Conseil d'Etat, qui, en exécution du renvoi ordonné par S. M. l'Empereur et Roi, a entendu le rapport des sections des finances et de législation sur celui du ministre des finances, présentant la question de savoir si, lorsqu'un légataire universel est grevé de legs particuliers de sommes d'argent qui ne se trouvent pas dans la succession, le droit proportionnel dû par lui sur la valeur entière des biens qui la composent, doit être perçu indépendamment des droits dus pour chacun de ces legs particuliers ;

« Vu les art. 14, 15, 29 et 32 de la loi du 22 frimaire an 7; les art. 1016 et 1017 du Code civil ;

« Considérant que la déclaration des héritiers ou légataires à titre universel devant comprendre l'universalité des biens de la succession, le droit proportionnel qui est perçu d'après cette déclaration, remplit le vœu de la loi, puisqu'il porte sur la totalité de la succession ;

« Que la délivrance des legs particuliers, soit qu'ils consistent en effets réellement existans dans la succession, soit que
les légataires universels ou les héritiers doivent les payer de
leurs propres deniers, n'opère point de mutation de ces deniers aux légataires particuliers ; que, dans les deux cas, la
loi ne regarde les héritiers ou légataires universels que comme
de simples intermédiaires entre le testateur qui est censé
donner lui-même, et les légataires particuliers qui reçoivent ;
« Que du système contraire il résulterait que le même objet
serait, en définitive, assujetti à deux droits de mutation ; ce
qui n'est ni dans le texte ni dans l'esprit de la loi ; qu'enfin
on ne doit pas assimiler les legs particuliers payés d'après la
volonté du testateur, à une dette de sa succession ;

« Est d'avis que, lorsque des héritiers ou légataires universels sont grevés de legs particuliers de sommes d'argent non
existantes dans la succession, et qu'ils ont acquitté le droit proportionnel sur l'intégralité des biens de cette même succession,
le même droit n'est pas dû pour ces legs ; conséquemment,
que les droits déjà payés par les légataires particuliers doivent s'imputer sur ceux dus par les héritiers ou légataires
universels. »

Ainsi, il est aujourd'hui hors de doute qu'il n'y a
pas lieu, dans l'espèce, à la perception cumulative du
droit proportionnel, et sur la masse du patrimoine, et
sur la valeur des legs particuliers. Sur ce point seulement, l'Avis du Conseil d'Etat est formel et explicite.
Reste une difficulté grave sur le mode de calculer le
droit proportionnel dont il s'agit.

III. Trois systèmes sont en présence. Nous devons
les résumer et les discuter brièvement.

Premier système (1). L'impôt doit être fixé suivant
le degré de parenté de l'héritier avec le défunt, et

(1) Système de MM. Championnière et Rigaud, nos 2468 et suiv.

liquidé d'après la nature des objets existant en nature dans la succession. Quant à la transmission du legs, qui procède de l'héritier, c'est une disposition dépendante de la transmission héréditaire ; elle n'encourt, par suite, aucun droit particulier.

Ce système n'a aucune chance d'être accueilli dans la pratique, et c'est avec raison. Il méconnaît le principe fondamental de la loi, en cette matière, la graduation de l'impôt suivant la parenté de chacun des successeurs. D'ailleurs, il n'est pas vrai de dire, d'une manière absolue, que la transmission des legs particuliers procède uniquement de l'héritier aux légataires ; sans doute, c'est l'héritier qui tire de sa propre bourse les deniers avec lesquels il se libère ; mais c'est le défunt qui a transmis aux légataires le droit de contraindre l'héritier au payement, le *jus ad rem,* en un mot, la créance qui est la valeur transmise et à raison de laquelle l'impôt doit être assis.

Deuxième système (2). Les droits dus par les légataires particuliers sont *imputés* sur ceux que doit l'héritier ; mais dans tous les cas, la perception a lieu au taux le plus élevé, à raison de la qualité des successeurs.

Ce système qui est encore aujourd'hui défendu par l'Administration a pour lui l'autorité de Merlin, dont la doctrine a si fort influé sur la rédaction de l'Avis du Conseil d'Etat, relatif à la matière. Après avoir développé, dans les passages précités, tous les arguments propres à repousser la perception cumulative du droit proportionnel, Merlin ajoutait :

(1) Système de l'Administration. Voir I. G. 1432, et M. Garnier, 13309.

« Faut-il conclure de là, comme le soutenait l'Administration de l'enregistrement, lors de l'arrêt du 27 mai 1806 « que, dans une succession dont l'auteur aurait fait 150,000 fr. de legs, et qui ne consisterait que dans un immeuble de 200,000 fr., sans aucuns deniers comptans, le droit de l'immeuble ne pourrait, contre le vœu de la loi, être perçu de l'héritier que sur 50,000 fr. seulement, au moyen de la déduction qu'il faudrait faire des 150,000 fr. de legs ? »

« Sans doute, si telle était la conséquence du jugement confirmé par l'arrêt du 27 mai 1806, on ne pourrait voir dans ce jugement, comme le disait la Régie, qu'un *système subversif de la loi et de la contribution.*

« Mais ce n'est point ce qui a décidé ce jugement, et il s'en faut beaucoup qu'il conduise à un pareil résultat.

« Les héritiers Lioud prétendaient-ils ne payer le droit de mutation que sur les 246,360 francs qui leur restaient de bénéfice, déduction faite des 52,400 francs qu'ils avaient payés aux légataires particuliers de leur propre argent ? Non. Ils demandaient seulement que, sur le droit de deux pour cent qu'ils devaient à raison des meubles, et sur celui de quatre pour cent qu'ils devaient à raison des immeubles de la succession qu'ils conservaient, il leur fût tenu compte par la régie de 1 fr. 25 centimes par 100 francs que les légataires particuliers avaient déjà payés pour leurs legs. Et le jugement dont il s'agit n'a fait, comme l'arrêt qui l'a maintenu, que déclarer cette demande bien fondée.

« Par cette manière de juger, toutes les dispositions de la loi sont parfaitement respectées, toutes ses vues sont exactement remplies. D'un côté, le droit proportionnel est perçu sur la valeur entière des biens meubles et immeubles que le défunt a transmis au légataire universel, et que celui-ci conserve; de l'autre, comme les sommes léguées à titre particulier sont censées prises sur ces biens, et que les mêmes biens ne peuvent pas être grevés des droits de deux mutations, alors qu'ils n'en subissent qu'une, les droits payés par les légataires particuliers, *s'imputent* sur ceux que paie le légataire universel. »

Troisième système (1). La valeur des legs qui n'existent pas en nature dans la succession doit être *déduite* de la valeur totale du patrimoine transmis à l'héritier. L'impôt doit être établi : — 1° à raison de la qualité des légataires particuliers, sur le montant de leurs legs; — 2° et à raison de la qualité de l'héritier, sur le montant du patrimoine du défunt, *déduction faite de la valeur des legs particuliers* (2).

Malgré l'autorité contraire de Merlin, ce système me paraît avoir pour lui le véritable esprit de la décision interprétative du Conseil d'Etat, qui a été d'assimiler le plus possible toutes les espèces de legs, soit que les objets existent ou non en nature dans le patrimoine du défunt. Ce procédé, il est vrai, va directement contre le principe de la non-distraction des charges, mais ce principe a été établi en vue des dettes du défunt

(1) En ce sens, *Cassat.* 30 mars 1858 (*Rép. pér.* 997).

(2) Un exemple, pris parmi les plus saillants, fera comprendre la différence des deux derniers procédés :

Soit un patrimoine de 200 ; un légataire universel non-parent, et un frère du défunt, légataire d'une somme de 100, n'existant pas en nature dans la succession.

Si l'on procède par *imputation des droits*, le légataire universel doit, à raison de 9 p. 100, sur l'entier patrimoine 18,00

A déduire les droits payés par le légataire particulier. . 6,50

Reste à payer par le légataire universel. . . . . . . 11,50 ci. 11,50

Le frère du défunt ayant, par hypothèse, déjà acquitté 6,50; ci à reporter.. 6,50

L'Administration perçoit au total.. 18,00

Si l'on procède par *déduction des valeurs*, le légataire universel doit. 9,00

Le frère du défunt. 6,50

Total pour le Trésor. 15,50

et précisément le Conseil d'Etat a voulu l'écarter ici en statuant : « Qu'on ne doit point assimiler le legs particulier payé d'après la volonté du testateur, à une dette de la succession. » Ce système, en outre, a pour lui une souveraine équité. Chacun des successeurs, en définitive, paye l'impôt, suivant son rapport de parenté avec le défunt et en proportion des valeurs qu'il recueille effectivement.

Toutefois, il se présentait une objection fort spécieuse, alors que les meubles étaient soumis à un tarif inférieur à celui des immeubles. Soit, par exemple, une succession purement immobilière d'un revenu de cinq mille francs et le legs d'une somme de cent mille francs. Par le procédé de la déduction des valeurs, le lot de l'héritier se trouve réduit à zéro; par suite, les droits de mutation portent exclusivement sur le legs, valeur mobilière, et ainsi la transmission immobilière s'opère au profit de l'héritier, sans qu'aucun impôt soit acquitté de ce chef. Depuis la loi du 18 mai 1850, qui, dans les mutations gratuites, a soumis au même tarif les meubles et les immeubles, l'objection a perdu beaucoup de son poids. Dans l'espèce, le défunt laisse un patrimoine, qui d'après l'évaluation légale est de cent mille francs. Ces cent mille francs appartiennent au légataire particulier, l'impôt est déterminé par le degré de parenté de ce légataire; si ce légataire, d'après le tarif, est à un degré de parenté plus proche que l'héritier, l'impôt est moins élevé, mais ce résultat est en harmonie avec tout l'ensemble de notre législation fiscale. Ajoutons à ce propos que, pour justifier l'énorme aggravation d'impôt qui résulte de l'assimilation des meubles et des immeubles, on a allégué, entre autre motifs, l'avantage de simplifier la perception, en coupant court à de nombreuses controverses. La théorie des legs de sommes me paraît être une des principales parmi ces controverses, et c'est ainsi que je me permets de tirer un argument indirect de la loi du 18 mai 1850 pour l'interprétation de la loi de l'an 7 et de la décision de 1808.

Je pense donc, en résumé, qu'il faut, avec la Cour de cassation, s'attacher au système de la *déduction des valeurs*.

665. I. L'Avis du Conseil d'Etat statue expressément sur les legs *de sommes d'argent;* mais l'Administration en a facilement concédé l'application aux valeurs, et même, en général, à tous les objets mobiliers, corporels ou incorporels, que l'héritier peut être obligé, par le testament, de faire avoir aux légataires particuliers (1). Les meubles, en effet, quelle qu'en soit la nature, doivent, au point de vue de l'impôt, s'estimer comme des valeurs ou quantités représentatives et, par suite, se suppléer aisément les uns par les autres.

II. Mais, quant aux immeubles, ce sont par excellence des objets existant *in specie,* ayant une individualité propre et irréductible. Que déciderons-nous, si l'héritier a été condamné par le testament à transmettre tel de ses immeubles au légataire particulier. Ici la lettre de l'Avis du Conseil d'Etat fait défaut; mais il ne

_(1) Comp. *Civ.-rej.* 17 mars 1812 (Dall. 4130); Déc. M. fin. 14 avril 1812 (I. G. 574); Merlin, *Question de Droit,* v° Enregistrement, § 22; M. Garnier, 13316.

faut pas perdre de vue le caractère purement interprétatif de cette décision, et je pense que son esprit doit dominer encore la question proposée.

J'exclurai donc même ici la perception cumulative du droit proportionnel. Puis, considérant que c'est du testament que procède, pour le légataire particulier, le droit de réclamer l'immeuble propre de l'héritier, je déclare exigible le droit de donation sur la valeur de cet immeuble au taux déterminé par la parenté du légataire particulier avec le défunt (1).

La conséquence de ce procédé est d'amener sur l'ensemble du patrimoine héréditaire, la déduction de la valeur de l'immeuble légué à titre particulier, et, en somme, de régler entièrement notre hypothèse, comme celle des legs de sommes d'argent.

666. Je crois même pouvoir appliquer le même système aux *donations secondaires* (V. *suprà*, n° 598-II). Toutes les fois que l'acquisition secondaire découle du même titre que l'acquisition principale (2), un seul droit proportionnel est exigible ; bien plus, je pense qu'on peut, même par voie d'interprétation doctrinale, s'inspirer de l'esprit de la décision du Conseil d'Etat sur les legs de sommes, et dans tous ces cas, déduire de la valeur de l'objet principal la valeur de l'objet de la transmission secondaire.

667. En résumé, l'Administration a une *action personnelle* contre chacun des successeurs, pour sa part, et, en outre, une action personnelle *solidaire* contre

(1) V., en sens contraire, C. R. 2381.
(2) *Nec obstat* Cassat. 21 mars 1860 (I. G. 2174, § 9 ; *Rép. pér.* 1298). Dans l'espèce de cet arrêt, il y avait diversité dans les titres d'acquisition.

chacun des *héritiers,* jusqu'à concurrence des droits
encourus par ses *cohéritiers.* Dans ces limites, chacun
des successeurs peut être poursuivi, non-seulement
sur les biens qu'il recueille, mais sur tous ses biens
présents et à venir, de quelque part qu'ils proviennent.
Ce sont là les effets ordinaires de l'action *personnelle.*
Passons à l'action *réelle.*

SOUS-DIVISION II.

De l'action réelle *sur les revenus des biens à déclarer.*

668. Après avoir délimité les obligations personnelles des héritiers et autres successeurs du défunt, la
loi ajoute (art. 32, *in fine*) :

« La Nation aura action sur les *revenus* des biens à déclarer, *en quelques mains qu'ils se trouvent,* pour le payement
des droits dont il faudrait poursuivre le recouvrement. »

Cet article reproduit la disposition suivante de la
coutume de Paris (art. 24) :

« Le Seigneur féodal se peut prendre à la chose pour les profits de son fief. » — « *Se prendre à la chose*, dit un commentateur (1), c'est-à-dire qu'il a droit de saisir le fief pour lequel droits féodaux luy sont dûs, car saisir et se prendre à la chose sont la mesme chose. »

Par l'effet de la saisie féodale, et pendant toute sa durée, le seigneur faisait les fruits siens, et était préféré à tous les créanciers du vassal. En outre, le seigneur avait l'action hypothécaire contre tout tiers-acquéreur du fief (2).

669. Ainsi s'explique, par l'histoire, l'économie de la disposition dont il s'agit. L'Administration a une action *sur les revenus*, c'est-à-dire, une action *réelle*. Action *réelle*, cela implique droit de préférence sur les créanciers, et droit de suite contre les tiers-acquéreurs, en d'autres termes, un véritable privilége, mais privilége limité *aux revenus* des biens à déclarer.

Veut-on pénétrer plus avant dans la pensée des auteurs de la loi de frimaire, il faut se rappeler que, dans le projet de la commission des finances, le maximum de l'impôt des successions était de 4 p. 100, et que dans la loi elle-même, il ne dépassait pas 5 p. 100. Duchâtel disait à ce propos, dans son rapport au Conseil des Cinq-Cents :

« Un droit pour le payement duquel il faudrait vendre une partie de la propriété ou sacrifier plus d'une année de revenu, ou emprunter à gros intérêts la somme nécessaire pour l'acquitter, si toutefois encore on la trouvait, ne pourrait qu'être

---

(1) Claude de Ferrière, *Corps et Compilation de tous les commentateurs sur la Coutume de Paris* (art. 24, n° 1).

(2) Claude de Ferrière, sur l'art. 28 de la Coutume de Paris, n°s 1 et 2, *ibid.*, art. 24 n° 2.

fatal à la prospérité publique elle-même, tout en ruinant le redevable. »

Bornant au revenu présumé d'une année le maximum de l'impôt, le Législateur faisait assez pour la garantie du Trésor en lui affectant les revenus des biens. Cela posé, en présence du texte et de l'esprit de la loi, je n'hésiterais pas à reconnaître à l'Administration, *sur les revenus des biens à déclarer*, droit de préférence contre tous créanciers et droit de suite contre tous acquéreurs, c'est-à-dire, *sur lesdits revenus* un véritable privilége.

670. Mais la question se complique d'un Avis du Conseil d'Etat, approuvé le 21 septembre 1810. Cette décision porte, en son dispositif :

« Que ni pour le droit principal dû à cause d'une mutation par décès, ni conséquemment pour le droit et le demi-droit en sus, dont la peine est prononcée par l'article 39 de la loi du 22 frimaire an 7, l'action accordée par l'article 32 de cette loi ne peut être exercée au préjudice des *tiers acquéreurs*. »

On lit dans les motifs de la même décision :

« Que l'article 32 précité ne concerne que les personnes dénommées au paragraphe 1er, c'est-à-dire les héritiers, donataires et légataires. — Que les deux paragraphes suivants n'ont pour objet que d'expliquer les obligations qui résultent de la disposition principale pour chacune de ces mêmes personnes, savoir : pour les cohéritiers, la solidarité, et pour tous, même pour les donataires ou légataires à titre particulier, l'affectation des revenus au payement du droit, et que cet article ne peut concerner en rien les tiers acquéreurs. »

Il est inutile de discuter l'exactitude de ces motifs, puisqu'on s'accorde à reconnaître l'autorité d'une loi interprétative aux décisions, rendues après Avis du

Conseil d'Etat, antérieurement à la Charte de 1814.
De ce document, ainsi apprécié, résulte une restriction
considérable dans les effets du privilége de l'Administration ; mais cette restriction étant uniquement relative au droit *de suite*, le texte de la loi de frimaire
conserve toute son énergie, quant au droit *de préférence*.

671. Etudions-le sur ce terrain, et déterminons
l'étendue de ce privilége :

Quant à la chose affectée ;

Quant aux personnes auxquelles il est opposable.

I. *La chose affectée*, ce sont les revenus des biens à
déclarer, mais seulement les revenus postérieurs au
décès. C'est le décès qui est la cause de l'obligation,
et, en général, le nantissement ne précède pas la
créance garantie.

Pour reconnaître ce qui, dans les revenus, est antérieur ou postérieur au décès, appliquez, par analogie,
les règles tracées par le Code civil (art. 585, 586), au
titre de l'usufruit, sur les fruits *civils*, d'une part, les
fruits *naturels* et *industriels*, d'autre part.

Le privilége affecte les revenus de tous les biens,
meubles et immeubles. Il n'est assujetti à aucune condition de publicité, mais le décès a une notoriété suffisante. D'ailleurs, jusqu'à la loi du 23 mars 1855,
l'antichrèse s'établissait d'une manière occulte; et le
privilége dont il s'agit est une espèce d'antichrèse
légale. L'article 32 de la loi de frimaire était donc en
harmonie avec l'état du Droit civil, antérieur à la loi
de 1855. Cette dernière loi n'ayant rien statué à son
égard, il demeure *in statu quo ante*.

II. A l'égard des *personnes auxquelles le privilége est opposable*, il faut distinguer les créanciers du défunt et ceux de l'héritier.

1º Quant à ceux-ci, l'Administration doit les primer tous, sans difficulté. Le patrimoine héréditaire n'arrive à leur débiteur et ne devient leur gage, que moyennant le payement de l'impôt.

2º Quant aux créanciers du défunt, on peut se demander si le privilége de l'Administration est opposable à ceux qui, avant l'ouverture de la succession, ont acquis un droit spécial sur les revenus. Tels seraient, par exemple :

Sur les revenus des immeubles, l'antichrésiste, et les créanciers hypothécaires, relativement aux loyers et fermages *immobilisés* (C. pr., art. 685);

Et, sur les revenus des biens mobiliers, le créancier, auquel une créance a été donnée en gage (C. N., art. 2081).

Dans tous ces cas et autres semblables, je pense qu'il faut appliquer la doctrine ancienne (1). Durant la saisie féodale, « le seigneur, dit Claude de Ferrière (sur Paris, art. 28, nº 1), est préféré à tous les créanciers du vassal.... *sur quelques priviléges qu'ils soient fondez.* » Il est vrai que le commentateur appuie cette solution sur ce que le droit du seigneur procède de la *première et originaire concession* du fief, et ce motif est inapplicable aux relations des citoyens avec l'État. Mais il n'est pas rare qu'une disposition législative survive aux raisons doctrinales qui l'ont fait introduire; et

(1) En sens contraire, et *in mitius*, I. G. 2114, § 8, page 35 ; *Req.* 24 juin 1857 (*Rép. pér.* 872.)

puisque le texte de la loi de frimaire est moulé sur celui de la Coutume de Paris, il faut appliquer le système ancien avec toutes ses déductions.

3° *A fortiori*, l'Administration est préférable aux créanciers chirographaires du défunt, même à ceux qui ont demandé la séparation des patrimoines; la séparation des patrimoines constitue un privilége général, et, à mon avis, la spécialité du privilége de l'Administration lui assurerait ici la priorité, même si on la lui refusait dans les cas qui précèdent.

Une raison semblable nous amène à maintenir le privilége de l'Administration sur les revenus des biens, dans le cas de faillite du défunt (1).

672. Il est intéressant de suivre, en cette matière, l'élaboration de la jurisprudence des arrêts.

Je ne reprendrai pas en détail les premières phases de ce développement. Disons seulement que, faute d'avoir éclairé la loi par ses origines, la controverse s'est jetée dans les extrémités contraires. Mille distinctions arbitraires ont été proposées. Par exemple, on respectait le droit des créanciers hypothécaires sur les immeubles, mais on prétendait étendre aux capitaux mobiliers le privilége établi par la loi, déterminément sur les revenus des biens (2). Cependant le privilége gagnait chaque jour du terrain et tendait à s'établir sourdement au-delà des limites légales. L'opinion restait indifférente; elle n'a pas accoutumé de prendre

_____

(1) V., au surplus, nos observations sur un arrêt de la Cour d'Orléans, du 9 juin 1860 (*J. Pal.* 1860, p. 1187).

(2) V. les arrêts du 3 décembre 1839 (Dall. 4034), et du 28 juillet 1851 (I. G. 1900, § 8).

souci des questions de Droit fiscal. Mais il faut tôt ou
tard que la logique se fasse jour; tel système passe
inaperçu dans ses principes, qui s'explique par ses
conséquences. Grande fut l'émotion, lorsqu'on entendit
proclamer, par l'organe du Ministère public, devant
la Cour impériale de Paris (1) :

« Que le droit de mutation est le prélèvement d'une fraction du capital au profit de l'État, qui assure à chacun le
droit de disposer des biens dont l'État a été le propriétaire
primitif;... — Que cette origine évidente du droit de mutation, connu de tout temps sous des dénominations diverses,
ne permet pas d'admettre que le possesseur puisse, par son
fait, créer des charges qui fassent obstacle au prélèvement du
droit qui a été la condition de sa première investiture; —
Que le privilége, attaché à un tel droit par son origine, est
de la même nature que celui attribué au vendeur par le Droit
commun, » etc.

L'énergique franchise de ce réquisitoire posait bien
la question. Il fallait choisir : — Attribuer à l'État un
prélèvement de l'hérédité, à titre de propriétaire; —
Ou revenir aux limites légales du privilége sur les
revenus. Réduite à ce dilemme, la controverse était
tranchée. Considérer le Prince comme l'auteur de la
concession primitive des biens, c'est une vieille idée,
souvent produite en France, et toujours repoussée.
Malgré la prudence du style des arrêts de la Cour de
Paris, malgré les efforts de plusieurs jurisconsultes (2)
pour circonscrire le débat et le dégager d'arguments

(1) Voy. *Rép. pér.* 348, ce réquisitoire et l'arrêt de la Cour de Paris,
du 13 mars 1855, qui en a adjugé les conclusions, mais par d'autres motifs.
V. *ibid.,* un autre arrêt du même jour.

(2) MM. Garnier, Vente, Serrigny (*Rép. pér.* 348, 672, 777), et M. Rodière, *Journal du Palais,* janvier 1856.

trop dangereux, la question arriva devant la Cour de cassation dans toute son étendue. A la suite d'un rapport mémorable, la Cour décida, par quatre arrêts du même jour (1), que le privilége de l'Administration ne pouvait excéder les revenus des biens. La solennité de la discussion, l'attente des esprits, le travail consciencieux du rapporteur, le soin apporté à la rédaction des motifs, tout donne à ces arrêts une autorité morale d'un caractère particulier. C'est ce que reconnaît l'Administration :

« En présence des discussions qui ont précédé les quatre arrêts du 23 juin 1857, dit M. le Directeur général (I. G. 2114, § 8), l'Administration a cru devoir ne pas prolonger les débats. »

Ainsi le Trésor, en cette matière, n'est privilégié que sur les revenus. Voilà un point réglé.

673. Mais en voici un autre, sur lequel on est encore loin de s'entendre, et sur lequel les arrêts du 23 juin sont peu explicites (2) :

Quant aux capitaux de la succession, l'Administration peut-elle venir par contribution avec les créanciers du défunt ?

La question revient à savoir si elle est créancière de la succession ou créancière de l'héritier personnellement. Créancière de l'héritier, elle l'est incontestablement, et en maintes circonstances, elle se prévaut

_____

(1) 23 juin 1857. Voyez l'un de ces arrêts et le rapport de M. le conseiller Laborie (*Rép. pér.* 856, 857).

(2) On lit bien dans les motifs que l'impôt dont il s'agit constitue vis-à-vis de l'État une *dette personnelle des héritiers ;* mais ensuite la rédaction devient fort évasive quant aux effets de la séparation des patrimoines, matière sur laquelle la Cour n'avait point à statuer.

à bon droit de cette qualité. Mais à quel titre serait elle créancière de la succession? Pour moi, je ne puis concevoir que la succession soit grevée d'une dette, dont l'auteur de ladite succession n'a jamais été tenu de son vivant, et qui n'a pas sa cause, comme la créance des frais funéraires (1), dans un dernier devoir rendu à la personne du défunt. L'Administration est donc créancière de l'héritier, et de l'héritier exclusivement. S'il en est ainsi, elle ne doit pas même être admise par contribution sur les capitaux de la succession, à l'encontre des créanciers du défunt, dans tous les cas où il y a obstacle à la *confusion* du patrimoine du défunt et de celui de l'héritier. C'est ce qui arrive par l'effet de la demande en séparation des patrimoines, de l'acceptation sous bénéfice d'inventaire, de la faillite du défunt. Les créanciers du défunt, qui ont été vigilants, conservent leur position vis-à-vis de l'Administration, comme à l'encontre de tout autre créancier de l'héritier, par cela seul qu'aucun texte des lois fiscales ne déroge, en ces circonstances, aux principes ordinaires du Droit civil.

Mais en même temps, pour ne pas rendre illusoire le privilége de l'Administration, j'admets qu'elle peut saisir-arrêter les capitaux, jusqu'à parfait payement des droits de mutation au moyen des revenus.

Tel est le système dans son ensemble. Il procède des anciens principes de la saisie féodale. Comme tel, il semble bien suranné. Mais la loi de frimaire a cédé à

---

(1) « Qui propter funus aliquid impendit, cum defuncto contrahere creditur, non cum herede, » dit Ulpien (loi 1, *de Religiosis; Dig.* XI, 7) Belle pensée, qu'un chrétien peut avouer !

l'empire de la tradition. En ce point, jusqu'aujourd'hui cette loi subsiste. Si l'on méconnaît son esprit, on tombe dans l'arbitraire des appréciations individuelles. Or, ce qu'il faut chercher dans la jurisprudence, ce n'est pas tant le bien absolu, que la fixité, l'ordre et la règle.

§ 1er — DIVISION II.

Complications diverses, résultant de circonstances postérieures au décès, etc.

674. Le délai fatal pour la déclaration court à partir du décès. — Les droits peuvent être exigés du successible pendant les délais *pour faire inventaire et délibérer.*

675. Des trois partis que peut prendre le successible, et de leur influence sur la perception.

I. Acceptation pure.

II. Acceptation sous bénéfice d'inventaire :

  1° Rapports de l'héritier avec l'Administration ;

  2° Rapports de l'héritier avec les créanciers de la succession ;

  3° Du cas où l'héritier se rend adjudicataire des biens de la succession.

III. Renonciation :

  1° Diminution des droits (L. fr., art. 60).

  2° Augmentation des droits. — De quel jour part le délai fatal pour le payement du supplément ?

676. Renonciation *pour un prix ;* renonciation *in favorem* (C. N., art. 780).

677. Succession *vacante.* Comment concilier le fait de la *vacance* avec le droit de l'État sur les successions *en deshérence.*

I. Les droits de mutation sont-ils encourus ? Oui, d'après la jurisprudence. — Discussion.

II. Comment en fixer le taux :

  1° Au cas où les héritiers connus ont renoncé ;

  2° Au cas où il n'y a pas d'héritiers connus.

III. Conciliation de la matière avec la jurisprudence qui a prévalu sur le *privilége* de l'Administration.

678. Contestations entre divers prétendants. — Pétition d'hérédité ; — Procès sur la validité du testament.

674. La propriété du patrimoine du défunt passe
à chacun des successeurs par le seul fait du décès.
Conséquemment, en règle générale, les droits de mutation sont rendus exigibles par le même fait qui opère
mutation de la propriété, c'est-à-dire par le décès. De
ce jour court le délai fatal, et aucune circonstance ne
peut exonérer le successeur de la peine encourue pour
défaut de déclaration dans ce délai. Si parfois il en
arrive autrement dans la pratique, c'est à cause du
pouvoir *gracieux* dont l'usage a investi l'Administration
supérieure, malgré la lettre de la loi (v. L. fr.,
art. 59).

Remarquez qu'il ne faut tenir aucun compte du
délai imparti par la loi civile aux successibles, pour
faire inventaire et délibérer (v. C. N., art. 795, 798,
800). Comme ce délai n'emporte pas déchéance et
peut d'ailleurs être indéfiniment prolongé par le juge, le
successible peut être contraint au payement des droits,
quand il est encore dans le délai utile pour délibérer.
Ce payement doit être considéré comme un acte conservatoire, que l'héritier désigné peut faire *en sa qualité d'habile à succéder, et sans qu'on puisse en induire de
sa part une acceptation* (v. C. N., art. 796). Mais
comme provisoirement la propriété repose sur sa tête,

les droits sont fixés en raison de son degré de parenté avec le défunt.

675. Après sa délibération, le successible a trois partis à prendre :

Accepter purement ;

Accepter sous bénéfice d'inventaire ;

Renoncer.

Examinons l'effet que peut avoir chacune de ces déterminations sur la perception, faite ou à faire, des droits de mutation par décès.

I. L'acceptation pure ne fait que confirmer l'effet de la vocation légale, contractuelle ou testamentaire. D'après ce que nous venons de dire, elle est sans influence sur la perception.

II. Il en est de même de l'acceptation sous bénéfice d'inventaire. L'héritier bénéficiaire acquiert la propriété des biens du défunt, nonobstant les règles tracées pour son administration. Ces règles, il en peut sortir quand bon lui semble, sous la seule sanction d'être déchu du bénéfice d'inventaire; mais les aliénations par lui consenties sont valables. Ainsi, quoiqu'elle modifie les effets de la qualité d'héritier, l'acceptation dont il s'agit opère, quant à la transmission de la propriété, tout comme l'acceptation pure (1); par suite, elle n'influe pas sur la perception des droits de mutation par décès.

1° Cela est constant dans les rapports de l'héritier bénéficiaire avec l'Administration, puisqu'il est tenu

(1) Ajoutons que l'acceptation bénéficiaire, comme l'acceptation pure, produit un effet définitif : *semel heres, semper heres*. V. Seine, 18 janvier 1861 (*Contr.* 12010).

personnellement d'acquitter les droits, *sans distraction des charges.*

2° Mais on se demande si l'héritier, dans le compte qu'il doit rendre aux créanciers de la succession, peut porter en dépense le montant intégral des droits de mutation. L'équité veut que l'héritier, vis-à-vis des créanciers, ait exactement la même position qu'aurait eue l'Administration elle-même, et qu'ainsi il soit admis à compenser le montant des droits avec les revenus, courus postérieurement au décès. Comment arriver à ce résultat? L'espèce ne rentre précisément dans aucun cas de subrogation légale. Il faut donc recourir à une subrogation expresse, que l'Administration, si elle en est requise, ne manquera pas d'accorder à l'héritier.

3° L'acceptation bénéficiaire intéresse la perception, sous un autre rapport que celui des droits de mutation par décès.

Il est reçu, en Droit civil, que l'héritier a qualité pour se rendre adjudicataire, en son nom personnel, des biens de l'hérédité, vendus judiciairement. Comme l'adjudication ne peut lui transférer la propriété qui est déjà sienne, le droit proportionnel d'enregistrement n'est pas encouru. Mais en ce qui concerne les immeubles, l'acte est *de nature à être transcrit*, à cause de la purge des hypothèques; par suite, on ajoute au doit fixe d'enregistrement le droit proportionnel de transcription. C'est un point constant dans la pratique. En prenant ce point pour accordé, en faisant toutes réserves quant à l'exactitude du système, dans ses *prémisses*, j'admets qu'on en tire une *conséquence* exacte, en disant que la loi du 23 mars 1855 n'a apporté aucun élément nouveau dans la question spéciale dont il s'agit (1).

III. Passons au cas de renonciation.

« L'héritier qui renonce, dit le Code civil, est censé n'avoir jamais été héritier. » (Art. 785.) — « La part du renonçant *accroît* à ses cohéritiers; s'il est seul, elle est *dévolue* au degré subséquent. » (Art. 786.)

Ni l'*accroissement*, ni la *dévolution* n'opère transmission du renonçant aux autres héritiers. Ceux-ci se trouvent rattachés immédiatement au défunt, de qui ils tiennent effectivement la propriété, c'est à raison de cette transmission que les droits sont désormais exigibles. Ces droits peuvent être inférieurs ou supérieurs à ceux qui étaient encourus par le renonçant.

Par exemple, 1° la renonciation du frère du défunt opère soit *accroissement* aux père et à la mère qui concouraient avec lui, soit *dévolution* aux aïeuls des deux lignes (C. N., art. 748, 753). Les droits désormais ne sont dûs qu'à raison de 1 au lieu de 6,50 p. 100.

Mais si les droits ont été payés au nom du frère, avant sa renonciation (*suprà*, n° 674), la perception a été régulière, la renonciation est un évènement ultérieur; nulle restitution (L. fr., art. 60) (2).

2° A l'inverse, le père et la mère renoncent; accroissement aux frères et sœurs. Des descendants ou des

_____

(1) En ce sens, Seine, 4 juillet 1857 et 12 janvier 1861 (*Rép. pér.* 895, 1468). En sens contraire, Dijon, 31 mars 1838 (*Rép. pér.* 1000); Limoges, 6 juin 1860 (*Contr.* 11925). Comp. *suprà*, n°s 142, 320-VII, 335, 629-2°.

(2) V. en ce sens, *Req.* 15 janvier 1850 (I. G. 1857, § 14) et l'I. G. 1946, § 5, page 25; M. Garnier, 11274-1.

ascendants renoncent; dévolution aux collatéraux, etc. Dans tous ces cas, la renonciation fait arriver à la succession des personnes tenues d'un impôt plus élevé que n'était le renonçant.

Si l'impôt a été acquitté du chef du renonçant avant la renonciation, c'est une mesure conservatoire profitable à tous les successibles, les plus forts droits ne sont dus que par supplément. L'imputation des droits perçus va sans conteste.

Mais de quel jour courra le délai fatal pour l'acquittement du supplément? Ce ne peut être du jour du décès, car jusqu'à l'acte de renonciation, ce supplément n'est pas encore dû. Sera-ce même du jour de la renonciation? On en peut douter, car aux termes de l'art. 790 C. N. :

« Tant que la prescription du droit d'accepter n'est pas acquise contre les héritiers qui ont renoncé, ils ont la faculté d'accepter encore la succession, si elle n'a pas été déjà acceptée par d'autres héritiers, » etc.

Régulièrement donc, c'est à partir du fait quelconque (v. C. N., art. 778) dont résulte l'acceptation de ces autres héritiers (1).

676. Dans tout ce qui précède sur la renonciation, j'ai supposé une renonciation *pure et simple*.

Que si la renonciation a lieu *pour un prix*, elle équipolle à une cession de droits successifs. Si elle a lieu gratuitement, mais *en faveur d'un* ou *de plusieurs* des cohéritiers, c'est une donation. Dans ces deux cas, l'opération présuppose l'acceptation de l'héritier pré-

(1) Seine, 25 mars 1852 (J. E. 15451; R. G. 13333-1); Brignoles, 1er juin 1858 (*Rép. pér.* 1112).

tendu renonçant. Elle produit donc deux transmissions :
— 1° Du défunt à cet héritier ; — 2° De cet héritier
aux personnes qui prennent les biens à sa place. Il y
a lieu de percevoir : — Pour la première transmission,
droit de mutation par décès, à raison de la parenté de
l'héritier, prétendu renonçant, avec le défunt ; — Pour
la seconde, ou le droit de transmission à titre onéreux,
ou le droit de donation entre-vifs à raison de la
parenté de cet héritier avec ses cohéritiers (1).

677. Enfin la succession peut être déclarée *vacante.*
C'est ce qui arrive, aux termes de l'art. 811 C. N.,
dans l'un des deux cas suivants :

1° « Lorsqu'après l'expiration des délais pour faire
inventaire et délibérer, il ne se présente personne qui
réclame une succession, qu'il n'y a pas d'héritier connu. »

2° Lorsque « les héritiers connus y ont renoncé. »
Ajoutons que, dans ce dernier cas, suivant l'opinion
généralement admise, il suffit de la renonciation des
héritiers premiers appelés ; celle des héritiers subsé-
quents est présumée jusqu'à preuve contraire.

Mais comment une succession peut-elle être réputée
vacante, puisqu'au dernier degré des successeurs, il y
a l'Etat qui ne manque jamais. C'est que l'Etat, comme
tout autre, peut invoquer la règle : *Il ne se porte héri-*
tier qui ne veut. Si donc la succession est obérée, les
préposés de l'Administration de l'enregistrement et des
domaines ont pour règle de s'en abstenir (2). En atten-

---

(1) Comp. Lyon, 27 mars 1858 (*Rép. pér.* 1109) ; et *suprà,* n° 334.

(2) Déc. M. fin. 13 août 1832 (I. G. 1407). Cette Décision abroge celles
des 5 mars et 8 juillet 1806, dont plusieurs interprètes du Code civil se
sont beaucoup trop préoccupés. Joignez M. Garnier, 12144, 12149, 12162.

dant, les parties intéressées preuvent provoquer la nomination d'un curateur.

I. Les droits de mutation sont-ils alors encourus?

La jurisprudence de la Cour de cassation est invariablement fixée pour l'affirmative. Dans la controverse relative au privilége (*suprà*, n° 672), il avait paru à plusieurs que cette jurisprudence présupposait l'existence d'un privilége sur les capitaux. Mais les arrêts du 23 juin 1857, dont j'ai signalé l'autorité toute particulière, ont pris soin, dans leurs motifs, de dégager ces deux questions l'une de l'autre, et avec grande raison.

Voyons donc sur quoi l'on peut fonder l'exigibilité du droit de mutation par décès contre une succession vacante,

On invoque d'abord l'autorité de la jurisprudence établie anciennement, tant en matière de droits seigneuriaux, qu'en matière de centième-denier (1). A cela on peut répondre qu'en venant de là jusqu'à nous, le curateur a bien changé sur la route. Jadis c'était *l'homme vivant et mourant*, qui *de son chef* payait relief; partant, à son décès, s'il était établi un nouveau curateur, il était dû une seconde fois relief *pour sa mutation* (2). Ces règles sont manifestement inapplicables au curateur moderne, simple administrateur, qui ne doit rien *de son chef*. Toutefois, il arrive souvent, en législation, qu'un effet survive à sa cause. L'induction historique conserve donc ici sa valeur.

(1) Merlin, *Questions de droit*, v° Succession vacante, § 2.

(2) Bacquet, *Traité des droits de justice*, chap. 14, n° 22, et Claude de Ferrière sur ce passage. — Joignez le même Cl. de Ferrière sur Paris, art. 34, n° 12. J'ai développé ce point dans la *Revue critique*, t. 6, p. 305 ; mais j'en avais tiré des conclusions trop absolues.

On invoque, en outre, les textes de la loi de frimaire, qui astreignent à la déclaration et au payement
des droits *les curateurs* (art. 27, 29, 39). Ces textes
sont tous relatifs aux curateurs *des héritiers*, c'est-à-dire
dans la pensée de cette loi, aux curateurs des héritiers
interdits (1), peut-être même encore aux curateurs
des mineurs émancipés (V. *infrà*, n° 843), mais il est
constant qu'ils ne concernent pas le curateur à succession vacante (2).

On dit enfin qu'il y a transmission du défunt à son
hérédité, considérée comme un *être moral*, une personne
juridique. Je suis peu touché de cet argument, présenté sous cette formule abstraite qui sonne aux
oreilles et ne parle pas à l'esprit. Je n'admets pas surtout qu'on l'appuie, comme l'a fait Merlin (3) sur ce
texte du Droit romain : « *Creditum est hereditatem domi-
nam esse et defuncti locum obtinere!* » (L. 31, § 2 Dig.,
De her. inst. XXVIII, 5.) Car si l'hérédité vacante tient
la place du défunt, on ne conçoit pas qu'il y ait matière à percevoir, dans l'espèce, un droit de *mutation.*
Ce qu'il y a à dire, et ce que dit beaucoup mieux
Merlin lui-même, c'est que le curateur est chargé d'agir
dans l'intérêt de l'héritier inconnu qui peut se présenter, et qu'ainsi il doit, par mesure conservatoire, ac-

(1) En l'an 7, l'interdit, pour cause de démence, était pourvu d'un curateur. L'article 108 du Code civil, dans ses deux premières éditions (1804 et
1807), porte encore la trace de ce système. Avant la réforme du Code pénal
en 1832, c'était aussi un curateur qui était nommé en cas d'*interdiction légale.* V. le Code pénal de 1810, art. 29.

(2) *Cassat.* 3 décembre 1839 (Dall. 4034); Seine, 11 mai 1861 (*Contr.*
12005).

(3) *Questions de droit,* v° *Succession vacante,* § 2.

quitter les droits de mutation du chef de cet héritier contre lequel, à son insu, court le délai fatal.

II. Mais alors comment fixer le taux des droits? Comment savoir le degré de parenté de cet héritier inconnu ?

1° Dans le cas où la succession est devenue vacante par la renonciation de l'héritier le plus proche, on perçoit les droits d'après la parenté de cet héritier (1). Cela est assez plausible, puisque cet héritier peut revenir sur la renonciation, tant que la succession n'a pas été acceptée par un autre (C. N., art. 790) et qu'ainsi *interim* on peut encore le considérer comme propriétaire du patrimoine.

2° La difficulté est plus grande, alors qu'il n'y a aucun héritier connu. Dans ce cas, il semble qu'il y aurait lieu de percevoir le droit le plus faible, *in dubiis quod minimum est sequimur*. Tout au contraire, l'Administration perçoit le droit de 8 p. 100, supposant que les parents, s'il en existe, sont au-delà du quatrième degré. Cette présomption est tout-à-fait arbitraire. Si donc il se présente un parent plus rapproché, la perception du droit de 8 p. 100, n'ayant pas été régulièrement faite, donnera lieu à restitution (L. fr., art. 60).

III. Tout cela doit être concilié avec les règles ci-dessus tracées sur le privilége du Trésor, limité aux revenus (*suprà,* n° 673). D'un autre côté, il est admis que le curateur, simple administrateur, n'est pas tenu personnellement de l'impôt (2). Si donc il y a des créanciers opposants (v. C. N., art. 808, 814), l'Admi-

(1) V. Seine, 4 juillet 1841 (Dall. 4031).
(2) V. la note 2 de la page précédente.

nistration ne peut obtenir payement que sur les revenus des biens héréditaires.

678. Les successeurs, apparents au moment du
décès, peuvent être évincés par une pétition d'hérédité
ou par un procès relatif à la validité du testament.

Tant que le litige est pendant, il faut décider que
les droits sont seulement exigibles du possesseur actuel,
suivant sa qualité, sauf à exiger un supplément du
nouveau possesseur, d'après l'évènement du litige.

A l'inverse, si le possesseur a payé les plus forts
droits, nulle restitution n'est admise (L. fr., art. 60),
car la perception a été régulièrement faite suivant la
qualité du possesseur, propriétaire présumé (1). Pour
pallier cette rigueur, l'Administration (nonobstant
art. 59, L. fr.) accorde parfois une prorogation du délai
légal, jusqu'à l'évènement du procès.

679. Il y avait jadis, en quelques Coutumes, une
règle ainsi formulée par Pothier (2) :

« Plusieurs mutations, qui arrivent par mort, en une année,
ne donnent lieu qu'à un seul *rachat* envers le même seigneur. »

Rien dans les lois modernes ne rappelle cette ancienne théorie du *rachat rencontré,* comme on l'appelait.
Il est donc certain que les droits de mutation par décès sont encourus à chaque mutation, quelque rap-
prochée qu'en soit l'époque.

Bien plus, si plusieurs personnes, *respectivement*

---

(1) En ce sens *Cassat.* 7 avril 1840 et 6 août 1849 (Dall. 5410).

(2) Pothier, *Introduct. à la Coutume d'Orléans,* n° 189; notes sur
l'art. 17 de ladite Coutume ; *Traité des fiefs,* partie 2, chap. 1, règle 12e.
— Joignez Guyot, *Institutes féodoles,* chap. 5, n° 7, *du Rachat rencontré.*
— La règle tendait à s'établir sous les Coutumes muettes, comme principe
de Droit commun.

appelées à la succession l'une de l'autre, périssent dans un même événement, *sans qu'on puisse reconnaître laquelle est décédée la première*, appliquez les présomptions établies par les art. 721 et 722 C. N. Ce n'est pas là étendre d'un cas à l'autre la présomption légale. La présomption de survie, édictée par la loi civile, opère effectivement la mutation, et c'est cette mutation effective qu'atteint la loi fiscale.

L'Administration supérieure a parfois reculé devant l'énormité des résultats (1). Ce sont là des concessions toutes *gracieuses*, et les agents administratifs ne les peuvent consentir que sous leur responsabilité personnelle (v. L. fr., art. 59).

680. Quand la vie d'une personne est incertaine, ses héritiers présomptifs peuvent faire déclarer judiciairement son *absence,* et obtenir l'envoi en possession provisoire de ses biens. La loi de frimaire étant peu explicite sur ce cas (V. art. 24), la matière avait donné lieu à une grande controverse (2).

I. Aujourd'hui la perception est réglée par l'art. 40 de la loi de 1816, en ces termes :

« Les héritiers, légataires et tous autres appelés à exercer des droits subordonnés au décès d'un individu dont l'absence est déclarée, sont tenus de faire, dans les six mois du jour de l'envoi en possession provisoire, la déclaration à laquelle ils seraient tenus s'ils étaient appelés par l'effet de la mort, et d'acquitter les droits sur la *valeur entière* des biens ou droits qu'ils recueillent. »

---

(1) Voyez, par exemple, un Arrêté du Directoire du 23 floréal an 11 (J. E. 137). Joignez cependant les observations de M. Garnier sur ce document (n° 12496 *bis*.)

(2) V. notamment *Req.* 14 février 1811 (Dall. 3986; R. G. 76).

Les héritiers dont il est ici question sont les héritiers *présomptifs au jour de la disparition* ou à la date des *dernières nouvelles* (C. N., art. 120). C'est de ce moment que commence l'incertitude sur la vie de l'absent. Logiquement donc, il faudrait appliquer le tarif en vigueur à ce moment. Mais la loi de 1816 paraît vouloir entièrement assimiler, pour la perception, le jugement au décès. Appliquez donc le tarif en vigueur au jour de ce jugement (1).

II. La perception dont il s'agit n'est que provisoire. Le même article ajoute :

« En cas de retour de l'absent, les droits payés seront restitués, sous la seule déduction de celui auquel aura donné lieu la *jouissance* des heritiers. »

La loi n'a tracé aucune règle pour la liquidation du droit à retenir à raison de la *jouissance* des héritiers présomptifs. Antérieurement, une Instruction du 3 fructidor an 13, n° 290, avait prescrit de liquider ce droit, comme s'il s'agissait d'un usufruit. Il est vraisemblable que le législateur de 1816, en consacrant les prétentions de l'Administration sur l'exigibilité des droits, au cas d'absence, a voulu consacrer également ses doctrines quant à la liquidation. Les héritiers présomptifs seront donc censés avoir eu l'usufruit du dixième, du cinquième ou de la totalité des biens, suivant les distinctions établies par l'art. 137 C. N., et le droit retenu sera liquidé en conséquence (2).

III. Aux termes de l'art. 124 du Code civil :

« L'époux commun en biens, s'il opte pour la continuation

_____

(1) En ce sens, *Req.* 8 décembre 1856 (I. G. 2096, § 8; *Rép. pér.* 840).
(2) V. MM. Championnière et Rigaud, n° 3968

de la communauté, pourra empêcher l'envoi en possession provisoire et l'exercice provisoire de tous les droits subordonnés à la condition du décès de l'absent, et *prendre* ou *conserver* par préférence l'administration des biens de l'absent. »

Cette prérogative de l'époux commun en biens est fondée sur la possibilité de la vie de l'absent. Ce cas ne rentre ni dans les termes, ni dans l'esprit de la loi de 1816 ; aucun droit de mutation n'est donc encouru, ni par le mari qui *conserve,* ni par la femme qui *prend* l'administration des biens de son conjoint (1).

681. Si l'héritier présomptif, en cette qualité, prend possession des biens, *de fait,* sans formalité de justice, le droit de mutation par décès est-il encouru ? Le cas n'a pas été réglé par la loi de 1816. Mais, dit très bien M. Garnier (2) :

« L'art. 40 de la loi du 28 avril 1816 a laissé dans toute leur vigueur les principes généraux posés par l'art. 12 de la loi du 22 frimaire an 7, d'après lesquels la mutation d'un immeuble est suffisamment prouvée, pour la demande du droit au nouveau possesseur, par les actes qui constatent sa propriété. Si donc les héritiers, négligeant de faire déclarer l'absence, *prennent possession,* de fait, des biens de l'absent, il y a lieu de se prévaloir des présomptions établies par l'article 12 L. fr., présomptions qui, si elles ne peuvent servir de *preuve légale* du décès de l'absent, sont suffisantes pour légitimer la perception des droits de mutation. »

Le texte de l'art. 12, il est vrai, n'est déterminant que pour les immeubles. Mais on ne peut admettre les possesseurs dont il s'agit, à se prévaloir de l'irrégularité de leur situation, et puisqu'ils possèdent

---

(1) En ce sens, J. E. 1451 ; C. R. 2484 ; Dall. 3988 ; R. G. 75.
(2) R. G. 80 ; V. conf., C. R. 2534 ; Dall. 3989.

comme héritiers, ils doivent payer l'impôt comme tels. Remarquons toutefois que l'impôt est seulement encouru à partir du moment où l'héritier est à même de se faire envoyer judiciairement en possession, c'est-à-dire, au plus tôt, après cinq années depuis la disparition ou les dernières nouvelles (v. C. N., art. 115, 119, 121; L. fr., art. 23).

Si les droits ont été perçus à raison de la possession *de fait* de l'héritier présomptif, ils doivent être restitués, en cas de retour de l'absent, sans aucune retenue (1). La raison en est que l'héritier présomptif, ayant possédé sans titre, et étant tenu de restituer tous les fruits (C. N., art. 549), n'a jamais eu, par événement, la *jouissance* des biens de l'absent.

§ 2.
Des biens qui doivent être déclarés.

682. **Portée de la question. — Principe dominant. — Division.**

682. Traiter des personnes qui doivent faire la déclaration, c'est dire quels sont les débiteurs de l'impôt. De même, traiter des biens qui doivent être déclarés, c'est dire les choses sur lesquelles porte l'impôt (*supra*, n° 657). L'objet de notre recherche étant défini, abordons le principe qui la domine.

Ce principe peut être ainsi formulé : L'impôt des mutations par décès atteint tout ce qui compose le patrimoine du défunt, *sans distraction des charges;* en d'autres termes, tout l'actif, sans diminution du passif; plus simplement encore, l'actif *brut* de l'hérédité.

Patrimoine, — Actif, — j'emploie à dessein ces mots

_____
(1) En ce sens, Sol. 9 février 1837 (M. Masson-Delongpré, 3968).

compréhensifs. Il n'y a plus à distinguer ici la propriété dans le sens exact du mot, et les titres obliga-
toires. Sauf les règles de liquidation, particulières à
chaque nature de biens, le même impôt, en règle
générale, atteint la transmission de la propriété, des
créances et autres titres. L'application de notre principe
revient donc à déterminer : 1° ce qui compose activement le patrimoine du défunt; 2° ce qu'il faut entendre par le mot *Charges* en cette matière. De là une
double division du sujet.

§ 2. — DIVISION Iʳᵉ.

Détermination de l'actif du défunt.

683. L'impôt atteint seulement les biens qui ont une consistance actuelle.
    I. Des droits conditionnels.
    II. Des droits litigieux.
    III. Des créances d'un recouvrement incertain; appréciation
        critique de la Décision ministérielle du 12 août 1806, et des
        arrêts du 24 avril 1861.
    IV. Des profits futurs, pouvant résulter de l'exécution d'un
        contrat; exemple tiré du contrat de louage.
    V. Du cas où le débiteur devient héritier du créancier.
684. Influence de la possession. — Équivoque de certains titres :
    I. Baux à durée illimitée; spécialement, du bail héréditaire
        d'Alsace.
    II. Emphytéose.
685. Développements sur les titres affectés d'une condition. Exemples :
    I. Vente à réméré;
    II. Résolution d'une vente pour défaut de payement du prix.
686. Jusqu'à quel moment la créance d'un prix de vente est-elle dans le
    patrimoine du vendeur ?
687. Des délégations.
688. Règles particulières de liquidation :
    I. Rentes sur particuliers;
    II. Effets qui se négocient à la Bourse.
689. Transmission des offices.

683. A l'actif du défunt doivent figurer exclusivement les biens qui ont une consistance actuelle et ne dépendent d'aucune éventualité.

I. Ce principe exclut la perception immédiate, relativement aux droits subordonnés à l'événement d'une condition suspensive (V. *infrà*, n° 685). Ces droits doivent être déclarés pour mémoire ; l'impôt ne les frappe qu'après l'évènement de la condition.

II. Il en est de même des droits litigieux ; la décision du procès doit être assimilée à l'évènement de la condition ; jusques-là ces droits n'ont pas encore de consistance actuelle, puisque leur existence est en question. Cependant on ne raisonne pas ainsi quant aux transmissions à titre onéreux ; mais entre les deux cas, il y a une grande différence. Pour les transmissions à titre onéreux des droits litigieux, dit à ce propos M. Garnier (1) :

« Il y a eu forfait. L'acquéreur est devenu propriétaire, moyennant un prix, d'un droit soumis à des éventualités, il est vrai, mais qui avait néanmoins *une valeur* représentée par le prix... Mais, en matière de succession, la question n'est plus la même. Les droits litigieux transmis n'auront une valeur pour les héritiers qu'autant qu'ils sortiront effet... Aucun forfait n'a existé entre eux et l'auteur de la succession. Ils prennent ces droits dans l'hérédité pour ce qu'ils sont, c'est-à-dire avec leur incertitude et leur éventualité, et l'Administration fausserait l'article 4 L. fr., *qui veut que les droits soient assis sur les valeurs*, si elle établissait une perception sur des titres sans valeur *actuelle*. »

III. Pour les créances d'un recouvrement incertain,

(1) R. G. 1025; V. dans le même sens, *ibid.* Déc. M. fin., 22 avril 1806, 28 août 1828 ; et *suprà*, n° 417.

les parties doivent encore être admises à les déclarer pour mémoire, en alléguant l'insolvabilité du débiteur. Si l'allégation est fausse, la déclaration à raison de son *insuffisance* constatée encourra un droit en sus (v. L. fr., art. 39). Mais, sauf la preuve contraire, réservée à l'Administration (V. *infrà,* n° 766), la valeur des créances, transmises à titre gratuit, soit entre vifs, soit par décès, doit être liquidée d'après la déclaration estimative des parties, en vertu de la disposition générale de la loi (art. 14, n° 8), concernant les transmissions mobilières.

C'est relativement aux actes constitutifs de créances, et à *leurs cessions et transports,* c'est-à-dire, aux transmissions à titre onéreux desdites créances (1), que l'art. 14, n° 2, ordonne de liquider l'impôt *sur le capital exprimé dans l'acte.* Mais pour les transmissions gratuites, les parties usent strictement de leur droit, quand elles déclarent pour mémoire la créance contre un débiteur entièrement insolvable, ou pour une valeur inférieure au capital nominal la créance d'un recouvrement plus ou moins incertain.

Les principes que nous venons de poser sont directement contredits par quatre arrêts de la Cour de cassation, en date du 24 avril 1861 (*Rép. pér.* 1488). En présence d'une aussi grave contradiction, il importe d'étudier la formation de la théorie, qui prévaut en ce moment dans la pratique.

(1) Un arrêt du 23 mai 1859 (*Rép. pér.* 1174 ; *suprà,* n° 522-II) établit que les transmissions gratuites ne sont pas comprises dans la catégorie des *cessions d'actions.* Malgré les précautions du style de cet arrêt, je maintiens qu'il y a même raison de décider, quant aux *cessions et transports* de créances.

Le *Journal de l'Enregistrement* analyse en ces termes une Décision du Ministre des finances, du 12 août 1806 :

« A l'égard des créances, plus ou moins certaines, c'est aux parties à faire leur déclaration comme elles le jugent convenable, sauf à l'Administration à en faire vérifier l'exactitude. On observe seulement que les créances comprises dans les inventaires sont dans le cas de la déclaration et même du payement du droit, *à moins que les héritiers ne déclarent expressément qu'ils renoncent à exiger* celles devenues caduques par la prescription ou l'insolvabilité des débiteurs. »

La Décision ne méconnaît pas notre principe fondamental, à savoir que c'est la déclaration des parties, non le capital nominal, qui sert de base à la liquidation des droits de mutation par décès, aussi bien pour les créances que pour le mobilier corporel. Mais, après avoir posé le principe général, on fait une observation particulière relativement aux créances comprises dans les inventaires. Cette observation s'appuie sur la disposition finale de l'art. 27 L. fr. :

« Les héritiers légataires ou donataires rapporteront, *à l'appui de leurs déclarations* de biens meubles, un inventaire ou état estimatif, article par article, par eux certifié, s'il n'a pas été fait par un officier public, » etc.

Pour le mobilier corporel, l'héritier ne serait pas reçu à faire une évaluation du mobilier, inférieure à la prisée de l'inventaire, car il se mettrait par là en contradiction avec les experts ou les officiers publics qui ont fait la prisée. Eh bien, dit-on, la créance, étant comprise dans l'inventaire pour sa valeur nominale, doit subir les droits d'après cette valeur que lui attribue l'inventaire (1). L'argument ne me paraît

(1) Cet argument que je développe à mes risques et périls, est en germe dans les motifs des arrêts du 24 avril 1861. Comp. C. R. 3629.

pas décisif, car l'inventaire ne contient pas la prisée des
meubles corporels; la valeur nominale de la créance y
figure comme une simple désignation, et l'héritier ne
se met pas en contradiction avec l'inventaire, quand il
déclare devant le receveur qu'une créance de 100, par
exemple, vaut seulement 25, ou même zéro. Tout au
moins, et subsidiairement il faudrait admettre que, si
la créance figure dans l'inventaire comme étant d'un
recouvrement incertain, l'héritier peut compléter dans
sa déclaration l'énonciation dudit inventaire. Ce faisant, l'héritier ne se met en contradiction ni avec lui-
même, ni avec les attestations d'aucun expert, d'aucun officier public. A plus forte raison, si la créance
est comprise dans l'inventaire comme représentant 10,
20 ou 30 p. 100 du capital, cette déclaration de l'inventaire devrait servir de base à la liquidation de
l'impôt. Donc, on ne peut poser en thèse que la règle
de liquidation soit radicalement différente, d'une part,
pour les créances en général, et, d'autre part, pour
les créances, comprises dans un inventaire.

Aussi n'a-t-on pas tardé à abandonner cette distinction. On a déplacé la base du système, et on a soutenu
que le principe de liquidation pour les transmissions
gratuites de créances était, non plus la déclaration
estimative des parties (art. 14, n° 8), mais bien le
capital exprimé dans l'acte constitutif de l'obligation
(art. 14, n° 2). Cela posé, on a considéré comme une
concession purement gracieuse de l'Administration (1)

---

(1) On lit dans les motifs d'un des arrêts du 24 avril 1861 : « Qu'à l'Ad-
« ministration seule appartient la faculté de modérer, selon les cas et dans
« la mesure de ses attributions, la rigueur des perceptions sur des créances
« reconnues par elles absolument irrecouvrables. »

l'immunité des créances irrecouvrables, et il a prévalu dans la pratique que la condition *sine qua non* de l'immunité est la déclaration expresse par le créancier *qu'il renonce à exiger les créances devenues caduques par la prescription ou l'insolvabilité des débiteurs.*

Quel est l'effet de cette renonciation vis-à-vis du débiteur ? D'abord il me paraît certain qu'étant faite hors la présence de celui-ci, elle est révocable par le créancier. Même, si l'on s'attache à l'intention du créancier, il faut refuser au débiteur la faculté de se prévaloir jamais de ladite renonciation. Au fond, tout se réduit à une soumission d'acquitter les droits, si jamais la créance devient recouvrable. La forme de la renonciation n'est qu'un épouvantail contre les déclarations téméraires. S'il en est ainsi, ce procédé n'est pas digne de nos mœurs, car il peut induire en erreur les citoyens inexpérimentés ; il présente d'ailleurs, en certains cas, des difficultés inextricables. Comment admettre la renonciation, au nom des incapables ou des successions bénéficiaires (1) ? En somme, on ne peut

---

(1) Une Solution du 4 octobre 1848 (R. G. 12789) porte : « Les héritiers « mineurs et les héritiers bénéficiaires doivent, comme les héritiers purs et « simples, *profiter du bénéfice de la Décision ministérielle* du 12 août 1806, « d'après laquelle *ils sont dispensés* de payer les droits de mutation par « décès sur des créances irrecouvrables de la succession, en énonçant dans « leur déclaration qu'ils y renoncent. » Cette Solution est loin de lever toute difficulté, au moins en ce qui concerne les héritiers sous bénéfice d'inventaire. En effet, il dépend bien de l'Administration de se contenter d'une renonciation telle quelle, émanée d'un tuteur. Mais, à l'égard des héritiers bénéficiaires, on oublie trop souvent qu'ils sont capables de toute espèce d'actes, sauf à encourir la déchéance du bénéfice d'inventaire. Or, si la renonciation dont il s'agit était sérieuse, elle pourrait entraîner cette déchéance et il ne dépendrait pas de l'Administration d'en relever l'héritier.

prendre une telle renonciation au sérieux, ce serait une spoliation; en la prenant pour ce qu'elle est, c'est un non-sens.

IV. Continuons d'étudier le principe, suivant lequel l'impôt frappe seulement les biens d'une consistance actuelle. En vertu de ce même principe, comprenez seulement dans les créances les obligations *de sommes et valeurs,* dont le résultat est pour le créancier un avantage certain.

N'y comprenez pas le profit incertain qui peut résulter, dans l'avenir, de l'exécution d'un contrat; par exemple, du contrat de louage. Ainsi, au décès du preneur à bail, aucun impôt n'est encouru par ses héritiers, à raison de la transmission du droit au bail (1). Outre que le profit du contrat est incertain, la continuation du bail requiert l'industrie propre de l'héritier. On ne rencontre pas ici la transmission d'une valeur actuelle.

V. *Qui paye ses dettes s'enrichit,* dit honnêtement le proverbe. Donc, le débiteur, qui succède à son créancier, acquiert une valeur égale au montant de la dette dont il se trouve libéré par la confusion. Voilà pour le cas où il est héritier pur et simple.

S'il est héritier bénéficiaire, la créance et la dette subsistent distinctement, il y a lieu d'appliquer les règles générales (*suprà,* n° III).

684. Quand il est reconnu qu'un bien a une con-

---

(1) Et cela, quand même le fermier viendrait à décéder après la maturité des récoltes, tant que lesdites récoltes ne sont pas séparées du sol. V. en sens contraire, Napoléon-Vendée, 22 décembre 1858; la doctrine de ce jugement est fortement combattue par M. Garnier (*Rép. pér.* 1347).

sistance actuelle, il importe d'examiner à quel titre possédait le défunt. La possession à titre de maître fait présumer la propriété. Tout ce que le défunt possédait à ce titre doit, jusqu'à preuve contraire, figurer à son actif.

I. Il est certains titres de possession dont le caractère est équivoque. Tels sont les baux à durée illimitée, antérieurs à loi du 29 décembre 1790, et non compris expressément dans les termes de cette loi (*suprà*, n° 349). La question est de savoir si le tenancier n'a que la jouissance à titre de louage, ou, au contraire, s'il a la propriété à titre de bail à rente. Cette question s'est présentée, à quinze années d'intervalle, devant la Cour de cassation, pour la tenure usitée en Alsace sous le nom de *bail héréditaire*.

En 1837, par arrêt des chambres réunies, rendu sur les conclusions conformes de M. le procureur-général Dupin, la Cour a décidé que le droit du tenancier consistait en jouissance; par suite, que la transmission aux héritiers du preneur « *du bénéfice du bail héréditaire,* » n'était point passible des droits de mutation par décès (1).

En 1852, la chambre civile de la même Cour a décidé qu'un bail héréditaire avait opéré « *transmission* « *du domaine utile* en faveur des preneurs et de leurs « héritiers, » que, par suite, les preneurs pouvaient invoquer le bénéfice des lois de 1789 et 1790, et con-

---

(1) Rejet, *chambres réunies*, 24 novembre 1837 (Dall. 3058). L'arrêt précédent rendu dans la même affaire était en sens opposé. V. *Cassat.*, 28 janvier 1833 (Dall. 3057).

firmer leur titre de propriété par l'amortissement de la redevance (1).

La question fiscale d'exigibilité des droits et la question civile d'amortissement de la redevance dépendent du même principe. La contradiction paraît donc manifeste entre l'arrêt de 1852 et celui de 1837. On peut même remarquer que la même chambre de la Cour, la chambre civile, persiste en 1852, dans le système consacré par elle-même en 1833, système qui avait succombé seulement devant les chambres réunies. On pourrait donc expliquer l'antimonie des arrêts par une dissidence persistante entre les diverses chambres de la Cour. Mais, en pesant les motifs du dernier arrêt, on doit repousser cette conjecture. On voit, en effet, que la chambre civile évite de se mettre en opposition avec l'arrêt solennel de 1837. Le rejet est fondé sur les circonstances particulières de la cause, c'est-à-dire, sur la teneur du titre de concession.

Je persiste donc à enseigner qu'aucun principe général ne peut être posé en ces questions, et que tout y peut varier, non pas seulement suivant les limites du territoire de nos anciennes Coutumes, mais selon les particularités de chaque affaire.

II. De grandes difficultés viennent encore à naître de la jurisprudence qui a prévalu sur le caractère des concessions emphytéotiques (2). Ces difficultés me confirment dans la pensée déjà émise, que la jurisprudence s'est développée sur ce point, en dehors des prévisions du Législateur, et que la loi de frimaire, comme le

(1) *Civ. rej.* 16 juin 1852 (R. G. 2024).
(2) Voir C. R. *supplément*, 841; Dall. 4623; R. G. 2082.

Code Napoléon, a fait de l'emphytéose un louage pur et simple (*suprà*, n° 362).

685. Quand un titre est affecté d'une condition, deux personnes ont un droit relatif à la chose. La condition pendante suspend le droit de l'un, la condition accomplie résout le droit de l'autre. La condition est donc *suspensive* à l'égard de l'un, *résolutoire* à l'égard de l'autre. *Interim* le propriétaire est celui à l'égard duquel la condition est résolutoire. Propriétaire, il l'est actuellement; il cessera de l'être, si l'évènement arrive.

Alors donc qu'une succession s'ouvre *pendente conditione*, tout revient à savoir si la condition est résolutoire ou suspensive à l'égard du titre du défunt. Si elle est résolutoire, l'impôt est exigible, et *une fois payé* il ne devient pas restituable par l'évènement ultérieur de la résolution (L. fr., art. 60). Si elle est suspensive, les droits ne sont pas exigibles, mais ils le deviennent à partir de l'évènement de cette condition.

I. Appliqué à la vente à réméré, ce principe amènerait les résultats suivants :

1° En supposant que l'acheteur décède pendant le délai du réméré, les héritiers doivent, dans leur déclaration, comprendre la chose vendue, dont ils sont actuellement propriétaires. Si le réméré est exercé contre eux, avant leur déclaration, ils payeront non plus sur la chose, mais sur le montant des sommes à rembourser par le vendeur (1).

---

(1) En sens contraire, Déc. M. fin. 13 frimaire an 13 (I. G. 290, § 34 ; R. G. 10659). Comp. *suprà*, n° 43.

2° Supposons maintenant le décès du vendeur. Ses héritiers recueillent la faculté d'exercer le réméré; mais cette faculté est laissée à leur libre arbitre, elle est d'ailleurs subordonnée à un remboursement onéreux. S'ils l'exercent et s'ils en tirent profit, ce profit est le résultat de leur spéculation personnelle; il n'y a pas lieu de percevoir les droits de mutation par décès sur une telle acquisition (1).

II. Passons à une autre cause de résolution, le non-payement d'un prix de vente.

1° La chose vendue étant dans le patrimoine de l'acheteur, les héritiers de celui-ci doivent l'impôt sur la valeur de cette chose, *sans distraction des charges*. Si, faute de payement, la résolution est prononcée au profit du vendeur, c'est là un *évènement ultérieur*, qui ne donne pas lieu à restitution (L. fr., art. 60).

2° La créance du prix est dans le patrimoine du vendeur. Incontestablement, ses héritiers doivent l'impôt sur la valeur de cette créance. S'ils exercent l'action en résolution, ils ne doivent pas le droit de mutation par décès sur la chose qu'il reprennent. Indépendamment des considérations que nous avons invoquées tout-à-l'heure pour le *retrait de réméré*, il y a, de plus, un motif spécial, c'est qu'en vertu de l'art. 12 de la loi du 27 ventôse an 9 (*suprà*, n°s 175, 179), ils encourent un droit de mutation à titre onéreux, comme s'ils reprenaient la chose *ex causa nova*.

686. Laissons le cas de résolution, et suivons les

(1) En ce sens, Délib. 15 juillet 1834 (R. G. 10659). Comp. *suprà*, n°s 296-II, 683-I, 683-IV.

déductions des principes, relativement à la créance
d'un prix de vente.

Même dans le cas où le prix de la vente d'un immeuble est entièrement absorbé par les hypothèques,
cette circonstance ne fait pas que la créance du prix
ne soit dans le patrimoine du vendeur. Cela a lieu
subtilitate juris, même après une adjudication sur saisie, même encore après l'ouverture de l'Ordre. Mais
du moins il faudrait s'arrêter au *règlement définitif* de
l'Ordre. Puisqu'à partir de ce moment les créanciers
ont directement un titre contre l'acheteur (1), c'est
à eux désormais que le prix appartient en première
ligne. Cette considération doit suffire pour admettre
que la créance de ce même prix n'est plus dans le
patrimoine du vendeur. Quelle que soit la controverse
qui règne entre les civilistes, sur cette matière, mais
à un autre point de vue (2), l'enchaînement des principes amène ici des conséquences déjà bien assez ri-
goureuses; ce n'est pas le cas d'en tirer des déductions
à outrance (3).

(1) Le titre, c'est le règlement définitif, non le bordereau de collocation,
lequel est seulement un extrait en forme exécutoire de ce règlement. —
Notons, en passant, que la loi du 21 mai 1858 ne change rien aux questions
dont il s'agit en ce moment. Je laisse donc subsister la rédaction de ma première édition.

(2) V. Merlin, Répertoire, v° *Subrogation de personne*, sect. 2, § 8, cité
par M. Garnier, n° 12787.

(3) Comp. *Civ.-rej.* 15 juillet 1856. (M. Garnier, *ibid.*) Apprécié dans
son dispositif, cet arrêt ne m'est nullement contraire, parce qu'il statue dans
le cas d'un *règlement provisoire.* Le Directeur général, en transmettant
cet arrêt, dit même expressément (I. G. 2096, § 7) : « *Comme* à l'époque du
« décès du sieur Bisson, *cet ordre n'était pas définitivement clos,* l'Admi-
« nistration a pensé que le prix non-distribué constituait une créance de la

687. Quant aux délégations, en général, soit de prix, soit de toute autre créance, il faut décider qu'elles dessaisissent le délégant, mais seulement après l'acceptation du délégataire (1). Ainsi, avant cette acceptation, la créance déléguée est dans le patrimoine du délégant; postérieurement, elle est dans le patrimoine du délégataire. Réglez en conséquence la perception des droits de mutation par décès.

688. Pour la détermination de l'actif du défunt, il convient de rappeler que la loi a tracé des règles pour établir la valeur des transmissions, relativement à la liquidation et au payement du droit proportionnel. Nous avons vu (*suprà,* n° 570) quelle est, à cet égard, la règle générale, soit pour les meubles, soit pour les immeubles. Nous avons enseigné tout-à-l'heure (n° 683-III) que la règle générale de liquidation, relative aux meubles, est applicable aux créances à terme, sur lesquelles il ne nous paraît pas que la loi ait rien statué de spécial, en ce qui concerne les transmissions gratuites.

Mais il est certains biens sur lesquels ont été édictées des règles particulières.

I. Ainsi, quant aux rentes sur particuliers, v. L. fr., art. 14, n° 9; L. 15 mai 1848, art. 75 (*suprà,* n°s 106, 345, 444, 447).

« succession, passible du droit de mutation par décès. » C'est le seul point que la Cour ait décidé en faveur de l'Administration. Ce qui est de plus n'est que dans les motifs de l'arrêt.

(1) En ce sens, *Req.* 17 février 1857 (I. G. 2096, § 7). Cet arrêt est en opposition flagrante avec les *motifs* de l'arrêt de *cassation* du 11 nov. 1822 (*suprà,* n° 428). Mais on peut concilier ces deux arrêts, en adoptant les motifs différents que j'ai proposés dans ce passage. Comp. M. Garnier, 12780.

II. Pour les effets, cotés à la Bourse, le capital servant à la liquidation est déterminé par le *cours moyen* de la Bourse, au jour de la transmission (v. L. 18 mai 1850, art. 7; *suprà*, nᵒˢ 451, 522-II).

689. La transmission des offices est soumise à des règles toutes spéciales par la loi du 25 juin 1841. Ces règles exceptionnelles ne concernent pas seulement la liquidation (V. art. 9, 10, 11), mais encore la fixation du droit. Ainsi, d'après l'article 8 :

« Si la transmission de l'office et des objets en dépendant s'opère par suite de disposition gratuite entre-vifs ou à cause de mort, les droits établis pour les donations de biens meubles par les lois existantes, seront perçus sur l'acte ou écrit constatant la libéralité d'après une évaluation en capital. — *Dans aucun cas, le droit ne pourra être au-dessous de 2 p. 100.* »

Ces derniers mots atteignent la ligne directe, que les lois fiscales n'osent guère attaquer de front (*suprà*, nᵒ 569). Remarquons, à ce propos, que le droit des titulaires sur les offices est d'une nature particulière, et que la propriété, en cette matière, peut être envisagée comme une concession de l'autorité publique. C'est ce qui explique la disposition exorbitante de la loi spéciale.

§ 2. — DIVISION II.

Définition des charges.

690. Retour sur le principe de la *non-distraction des charges*.

691. Charges. — Compréhension générique de ce mot.

    I. Charges *réelles* :
        Élimination de l'usufruit et des servitudes ;
        Contributions publiques.

    II. Charges *personnelles* :
        1ᵒ Élimination des legs ;
        2ᵒ Obligations du défunt ; Frais funéraires ;
        3ᵒ Anciennes rentes ou redevances *foncières*.

690. J'ai déjà mentionné, comme un principe commun à toutes les mutations gratuites, la disposition rigoureuse de la loi fiscale, suivant laquelle la valeur des biens est déterminée *sans distraction des charges* (*suprà,* n° 574). L'application de ce principe a été faite aux donations entre-vifs (*suprà,* n° 593). Il faut maintenant la faire aux mutations par décès.

Là le travail est plus délicat. Les donations entre-vifs ont pour objet un ou plusieurs objets certains ; c'est une cause d'acquisition *à titre particulier.* Si des charges y figurent, c'est en vertu de clauses accidentelles qui les fixent expressément. Après décès, il y a transmission du patrimoine entier. Les charges suivent de plein droit les héritiers et autres successeurs *à titre universel.* C'est donc ici le lieu de développer la matière.

691. Le mot *charges,* dans son acception générale, comprend les devoirs imposés à une personne, soit à raison des choses qu'elle possède, soit par l'effet d'engagements personnels.

Dans le premier cas, je dirai charges *réelles ;*

Dans le second, charges *personnelles.*

I. Parmi les charges *réelles* figurent l'usufruit et les

servitudes. Mais ce ne sont pas ces charges que la loi fiscale a en vue. En effet, l'usufruit a ses règles spéciales (*infrà*, n°ˢ 746-753). Quant aux servitudes, qualités positives ou négatives des fonds, elles en augmentent ou diminuent la valeur; par suite, elles augmentent ou diminuent d'autant l'impôt des mutations (V. *suprà*, n° 288).

Restent, parmi les charges *réelles*, les contributions publiques, attachées à la seule qualité de possesseur, par exemple, la contribution foncière. Là s'applique le principe; il n'en est pas fait distraction.

II. Les charges *personnelles* des héritiers résultent : — des obligations dont leur auteur était tenu; — des frais funéraires; — des legs.

1° Les legs ont leurs règles spéciales (V. *suprà*, n°ˢ 663-666). A l'égard des choses existant en nature dans la succession, le legs est une délibation du patrimoine, non une charge dans le sens de la loi fiscale. A l'égard des choses qui ne s'y trouvent pas en nature, c'est, en réalité, une charge personnelle de l'héritier; mais la fiction légale lui ôte ce caractère.

2° Restent les obligations du défunt et les frais funéraires. Encore ce dernier chef peut rentrer dans le précédent, puisque ces frais ne sont pas étrangers à la personne du défunt (*suprà*, n° 673).

3° Comprenez parmi les charges *personnelles* les anciennes rentes ou redevances foncières. Ce sont aujourd'hui de pures obligations, dont le possesseur est tenu comme d'un prix de vente non payé (v. C. N., art. 530; et *suprà*, n° 349); elles n'empêchent pas la transmission à son héritier de la propriété pleine; il n'en est pas fait distraction pour l'évaluation du fonds transmis.

692. Mais parmi les obligations du défunt il y a lieu de faire une distinction importante.

Celles qui procèdent du mandat ou d'un titre analogue, n'encourent, ni à leur naissance, ni à leur extinction, aucun droit proportionnel (*suprà*, nᵒˢ 410, 530). La raison en est que les objets livrés au mandataire n'ont pas cessé un seul instant d'appartenir au mandant. Cela va sans difficulté pour les corps certains. Mais cela même est étendu aux sommes ou valeurs, parce que ces sortes de choses s'apprécient dans leur quantité, non dans leur espèce. Puisque les sommes ou valeurs, reconnues par le mandataire, en cette qualité, *pendant toute la durée de ses pouvoirs,* sont propres au mandant, il s'ensuit qu'au décès du mandataire, ses héritiers ne recueillent pas lesdites valeurs; donc ils ne doivent de ce chef aucun droit de mutation.

693. La même doctrine s'applique sans difficulté aux « *dépôts de sommes et effets mobiliers chez les officiers publics* » (*suprà*, nᵒ 406). Au décès de ces officiers, le montant des dépôts sera donc distrait de l'actif de leur succession.

Quant au dépôt de sommes chez des particuliers, nous avons vu (*suprà*, nᵒ 406) que, par mesure préventive de la fraude, la loi fiscale le comprend parmi les obligations soumises à leur naissance, et par suite, à leur extinction, au droit proportionnel. Conséquemment, au décès d'un particulier, le titre de dépôt de sommes ne suffit pas, par lui seul, pour autoriser la distraction desdites sommes, et, en principe, les sommes déposées, comme les sommes prêtées, doivent être comprises dans la masse du patrimoine.

Mais, s'il est justifié d'un mandat ou d'un titre analogue, la distraction doit être admise. Par exemple, dans la succession d'un agent d'affaires, on ne peut argumenter des règles sur les dépôts faits *chez des officiers publics ;* l'agent d'affaires n'a pas cette qualité ; mais il est mandataire ; les effets qu'il possède à ce dernier titre, même les sommes ou valeurs, doivent être distraites de son actif (1).

694. Un exemple fort notable de *distraction* se produit encore dans le cas d'usufruit établi sur des sommes ou valeurs. L'usufruit, en ce cas, n'a lieu que par approximation. Les espèces métalliques, par exemple, deviennent la propriété de l'usufruitier de la somme, et le nu-propriétaire de ladite somme n'est en définitive qu'un pur créancier. De là le nom de *quasi-usufruit,* encore usité dans la doctrine (V. *suprà,* n° 584).

Cependant le Législateur, en statuant que l'usufruit peut être établi *sur toute espèce de biens* (C. N., art. 581), veut que, par le résultat pratique, le quasi-usufruit se rapproche autant que possible de l'usufruit véritable. Ainsi, pour les sommes ou valeurs, comme pour les corps certains, la réunion d'usufruit par voie d'extinction (*suprà,* n° 333-I) n'encourt aucun droit proportionnel. Conséquemment lesdites sommes ou valeurs ne sont pas transmises à l'héritier du quasi-usufruitier, elles ne doivent pas figurer parmi les charges de sa succession et la distraction en doit être admise.

---

(1) Comp. Rouen, 17 juillet 1855 (J. E. 16129 ; R. G. 13029-1).

L'énergie de ce principe est telle que, suivant la Cour de cassasion, la distraction des valeurs usufructuaires doit être admise, quelle que soit la composition du patrimoine de l'usufruitier. Dans une espèce où l'usufruitier d'une somme de 300,000 fr. laissait une succession presqu'entièrement immobilière, la Cour a décidé que c'était faire une fausse application de la loi que de refuser à l'héritier le droit de *faire distraction*, sur les valeurs laissées par l'usufruitier, de ladite *somme* de 300,000 francs, *appartenant au nu-propriétaire* (1).

695. Relativement aux reprises des époux, il faut distinguer la communauté de tous les autres régimes.

I. En cas de communauté, l'époux survivant prélève ses reprises, à titre de copropriétaire, par une opération préliminaire du partage. Il s'ensuit que les objets attribués au survivant pour ses reprises ne sont pas dans le patrimoine de l'époux prédécédé.

II. Sous tous les autres régimes, et aussi bien quand la communauté a été répudiée par la femme ou ses héritiers, les reprises du survivant constituent, dit-on, une pure créance contre la succession du prédécédé, et cette créance rentre dans la catégorie générale des charges dont il n'est pas fait distraction (2).

696. Tel est le principe général qui sert de base à la pratique, aujourd'hui en vigueur. En souscrivant à ce principe, je crois cependant devoir y apporter les deux limitations suivantes :

(1) *Cassat.*, 6 décembre 1858 (*Rép. pér.* 1126). Comp. *suprà*, n° 530. V. en sens contraire, M. Garnier, 13259-2.

(2) Sol. 5 août 1828 (I. G. 1263, § 3; R. G. 13258-3). V. toutefois C. R. 3415.

I. D'abord s'il existe dans la succession du prédécédé des sommes ou valeurs, ou des titres au porteur, on peut admettre que ces choses sont la représentation des reprises de l'époux survivant et qu'ainsi elles ne sont pas dans le patrimoine du prédécédé (V. *suprà.*, nos 530, 641).

II. Quand le contrat de mariage autorise le mari à recevoir la dot sans remploi, ou à opérer ce remploi au moyen d'une reconnaissance sur ses immeubles propres, le mari est plutôt usufruitier que débiteur des sommes ou valeurs; si, avec la Cour de cassation, on admet la distraction dans le cas du *quasi-usufruit* (*suprà*, n° 694), il faut l'admettre aussi bien dans l'espèce.

697. De tout ce qui précède apparaît l'extrême difficulté qu'on rencontre à limiter doctrinalement le principe de la *non-distraction des charges*. Une longue et célèbre controverse s'est produite à cet égard, relativement aux donations de sommes, payables au décès du donateur (V. *suprà*, nos 585, 610). Si l'on remonte aux origines, une telle donation n'était valable, en Droit civil, que par l'insertion expresse d'une clause de *constitut et de précaire* ou de rétention d'usufruit. Encore cela n'allait-il pas sans de grandes difficultés (1). Le Code Napoléon fait allusion à cette controverse, lorsqu'il dit, avec une précision particulière, dans l'art. 949 :

(1) V. Sallé, sur l'art. 15 de l'Ordonnance de 1731 ; Cochin, 103ᵉ cause. — J'ai développé cet aperçu dans la *Revue critique*, t. 2 (1852), p. 558; je reconnais volontiers aujourd'hui, avec M. le conseiller Bonnet, en son *Traité des Dispositions par contrat de mariage,* etc., que mon point de vue historique a pu m'entraîner à quelques-unes de ces exagérations systématiques, trop chères à la jeunesse.

« Il est permis au donateur de faire la réserve à son profit, ou de disposer au profit d'un autre, de la jouissance ou de l'usufruit des biens *meubles ou immeubles* donnés. »

Et comme au surplus, le Code, en toutes matières, a supprimé l'antique subtilité des traditions feintes (*suprà*, n° 84), il est reçu aujourd'hui que directement une donation peut consister en une pure créance contre le donateur.

Cependant, quand il s'est agi d'imposer le droit proportionnel sur une telle donation à sa naissance, la Cour de cassation s'est fondée expressément sur ce qu'elle « *forme une transmission actuelle de la propriété*, » ou encore sur ce qu'elle « constitue *une transmission actuelle, effective, irrévocable de la somme donnée* (1). » Il fallait bien raisonner ainsi pour motiver la perception, puisque, dans les opérations gratuites, la loi fiscale impose seulement les transmissions *en propriété ou en usufruit*, non les obligations (V. *suprà*, n°s 392, 574). Réciproquement, au décès du donateur, la Cour a d'abord décidé que la somme donnée n'est plus dans son patrimoine, et que par suite, il doit en être fait distraction, dans la liquidation des droits de mutation par décès (2). Aujourd'hui la Cour maintient la première proposition; mais elle nie la réciproque. Il est intéressant de suivre les phases diverses de ce revirement.

Les arrêts, qui avaient admis la distraction, avaient statué sur des donations faites à des héritiers présomptifs, qui ensuite étaient effectivement venus à la suc-

(1) *Cassat.* 8 juillet 1822 et 15 mars 1825 (Dall. 3796).
(2) *Req.* 18 février 1829 et *Civ. rej.* 1er avril 1829 (Dall. 3805).

cession des donateurs. Dans l'une des espèces (18 février 1829), le donataire était un fils ; dans l'autre (1er avril 1829), c'étaient des neveux. Bien que cette circonstance ne fût pas relevée dans les motifs des arrêts, l'Administration la considéra comme déterminante, et elle fit prévaloir la non-distraction, dans un cas où les donataires n'étaient ni héritiers ni légataires du donateur décédé (1). Puis le principe de non-distraction gagnant chaque jour du terrain, il se trouva que les héritiers en ligne directe furent seuls admis, soit à *distraire les sommes* données du patrimoine héréditaire, soit à *imputer*, sur le montant des droits de mutation par décès, *les droits* payés sur la donation entre-vifs. La faveur de la ligne directe l'emporta ainsi pendant quelques années. La Cour de cassation décidait, en Droit, d'une manière générale, que la donation de somme constitue une simple créance, et par conséquent une charge de la succession du donateur, de laquelle il ne doit pas être fait distraction pour le règlement des droits de mutation par décès (2). Cependant, en fait, l'Administration n'étendait pas encore à la ligne directe les conséquences de cette doctrine. Ce tempérament, outre sa grande équité, pouvait se justifier par des considérations de Droit, particulières à la situation. En effet, les héritiers en ligne directe sont les seuls qui, à proprement parler, reçoivent des donations à titre d'*avancement d'hoirie*,

(1) V. *Req.* 2 avril 1839 (Dall. 3806) et l'I. G. 1562, § 17.

(2) V. *Cassat.* 20 novembre 1849, et une série d'arrêts identiques notamment *Cassat.* 31 janvier 1854, et *Req.* 19 juin 1855 (I. G. 2010, § 9 et 2054, § 7).

puisqu'ils sont les seuls héritiers *à réserve*, les seuls
auxquels la qualité d'héritier soit assurée par la loi
contre la dernière volonté de leur auteur. Je ne sais
si cet argument fut produit; dans tous les cas, la jurisprudence ne l'a pas consacré. La généralité des motifs
des arrêts précédents entraîna, en dernier lieu, la
Cour de cassation à faire à la ligne directe l'application
du principe de la non-distraction des charges (1).

Désormais donc, sans distinction aucune, ce principe régit la perception quant aux donations de sommes. Les pères de famille sont avertis. C'est à eux
d'aviser. Une rédaction attentive des actes d'avancement d'hoirie permet, en toute loyauté, d'éviter ou
d'atténuer la lourde contribution, que cette nouvelle
jurisprudence fait peser sur les familles (V. *suprà*;
n° 610).

698. Quand un héritier a été grevé par son auteur
de legs de sommes n'existant pas en nature dans la
succession, et qu'il meurt avant de les avoir acquittés,
on se demande si le montant desdits legs doit être
distrait du patrimoine propre de cet héritier. Je pense
que cette distraction doit être admise, soit que le legs
de somme fût pur, soit qu'il fût payable ou à un
terme certain ou au décès de l'héritier-débiteur. Cette
solution découle du principe exposé ci-dessus (n° 664),
suivant lequel les legs de sommes doivent être entièrement assimilés pour la perception aux legs de corps
certains. Mais la distraction devrait être refusée dans
le cas où, par l'effet d'une convention expresse, le

(1) *Req.* 6 mai 1857 (I. G. 2114, § 10 ; *Rép. pér.* 841). **V.** dans le même
sens, *Civ.-rej.* 13 novembre 1860 (*Rép. pér.* 1415).

légataire de la somme en aurait fait le placement entre les mains de l'héritier. Dans ce cas, *res in creditum abiit,* il faut appliquer les règles ordinaires sur les dettes. Telle est, à mon avis, la seule limitation du principe posé. La jurisprudence des arrêts introduit sur ce point mille distinctions arbitraires. Ces distinctions ne sont, à mes yeux, qu'un prolongement des controverses relatives aux legs de sommes ; les arrêts rendus sur la question particulière dont il s'agit portent la trace de systèmes divergents ; on chercherait vainement à les concilier (1).

§ 3.

Des Partages.

699. Textes détachés. — Division du sujet.

699. *Textes détachés.* Art. 68, § 3, n° 2. *Droit fixe* (porté à cinq francs par l'art. 45, n° 2, L. 1816) :

« Les partages de biens meubles et immeubles entre copropriétaires, à quelque titre que ce soit, pourvu qu'il en soit justifié. — *S'il y a retour, le droit, sur ce qui en sera l'objet, sera perçu aux taux réglés pour les ventes* (2). »

Art. 69, § 5, n°s 6 et 7. *Deux francs par cent francs :*

« Les parts et portions acquises par licitation de biens meubles indivis.

« Les retours de partages de biens meubles. »

Art. 69, § 7, n°s 4 et 5. *Quatre francs par cent francs :*

(1) Comp. *Civ.-rej.* 17 février 1857 ; *Cassat.* 16 août 1859 ; *Civ.-rej.* 22 août 1859 (*Rép. pér.* 781, 1223, 1224); et nos observations sur ces arrêts (*Rép. pér.* 1248 ; J. *Pal.* 1860, p. 374, 375).

(2) Le Bulletin des lois porte : « Aux taux réglés *par* les ventes. » C'est une faute d'impression, dont les éditions non-officielles n'ont pas tenu compte.

« Les parts et portions indivises de biens immeubles acquises par licitation.

« Les retours d'échanges et de partages de biens immeubles. »

L'explication de ces textes comporte les divisions suivantes :

1° Partage des successions ;

2° Partage des sociétés et communautés.

Conformément à l'ordre historique de la matière, je poserai les principes généraux à propos du partage des successions (V. *suprà,* n° 329).

§ 3. — DIVISION Ire.

Partage des successions.

700. Le partage des successions peut résulter d'actes civils ou judiciaires, passés entre les cohéritiers et autres successeurs du défunt ; il peut encore être opéré, entre descendants, par dispositions du père, de la mère et des autres ascendants.

De là une double sous-division du sujet (1).

SOUS-DIVISION Ire.

Partage entre cohéritiers et autres successeurs du défunt.

701. Notion de la propriété *par indivis.* — Définition du partage. Rationnellement, le partage est un *acte translatif.*

702. Par la fiction de la loi, le partage est un *acte déclaratif.*

703. I. Motifs et conséquences de cette fiction, en Droit civil.

---

(1) Sur ces deux branches du sujet, j'ai consulté avec fruit les thèses de deux de mes anciens élèves et amis, tous deux docteurs et lauréats de la Faculté de Droit de Toulouse. Voir : 1° Dissertation sur les *effets du Partage,* en général (1852), par M. Henri Devina, aujourd'hui vérificateur de l'Enregistrement et des Domaines ; 2° Dissertation sur les *partages d'ascendants* (1856), par M. Paul Chalvet fils, premier commis de la Direction à Toulouse. J'ai d'ailleurs, envers ces Messieurs, beaucoup d'autres obligations.

701. Deux ou plusieurs personnes peuvent avoir en commun la propriété d'une même chose. Dans ce cas, le droit de chacun des copropriétaires porte sur chacune des parcelles de la chose; chacun d'eux possède la chose entière, mais par *indivis*. L'indivision est un état essentiellement temporaire. Elle cesse par le partage. Le partage est exactement défini par M. Félix Berriat (1), dans les termes suivants :

« Acte par lequel on attribue à un copropriétaire un droit exclusif sur certains biens en échange du droit indivis qu'il avait sur tous les biens à partager. »

En réalité, cette attribution exclusive est une transmission de propriété qui procède, entre les copartageants, de l'un à l'autre. Tel est le résultat de l'analyse rationnelle.

702. Mais la raison pratique a modifié sur ce point les déductions de la raison pure. Il a paru bon de faire remonter l'effet du partage jusqu'au jour de l'ouverture de la succession. Cet effet rétroactif, en rattachant chaque successeur immédiatement au défunt, détruit par la fiction de la loi les conséquences de l'état d'indivision. Le partage opère comme s'il était purement déclaratif des droits de chacun des héritiers. C'est ce que l'on appelle la *fiction du partage déclaratif.*

Cette fiction a de graves conséquences en Droit civil et en Droit fiscal. Etudions-la sur ce double terrain.

703. I. Et d'abord, en Droit civil, de ce que le partage est une aliénation réciproque, il s'ensuivrait logiquement que chacun prendrait son lot affecté de tous les droits *réels*, qui auraient pu s'y asseoir du chef des autres copartageants. Par exemple, si un fils de famille a par avance dévoré son patrimoine, toutes les hypothèques judiciaires qui frappent ses biens présents et à venir, auraient effet, après le partage, contre ses cohéritiers, considérés comme des tiers

_____

(1) Notes élémentaires sur le Code civil, n° 586.

acquéreurs. Cet exemple, pris entre mille, fait toucher du doigt le danger qu'offre pour la famille le résultat de l'analyse purement logique, dans son application au partage.

On évite ce danger en faisant remonter fictivement l'effet du partage, jusqu'au jour où l'indivision a commencé. De cette façon, les actes d'aliénation ou d'hypothèque, procédant de l'un des copartageants, se trouvent résolus par le partage, quant aux choses qui ne tombent pas dans son lot.

On assure ainsi l'intérêt de la famille; mais on risque l'intérêt des tiers, la sainteté du crédit. La législation ne peut éviter cette alternative : ce qu'elle donne de garantie à la famille, elle l'enlève aux tiers, et réciproquement. Le tout est de discerner, suivant les cas, lequel doit prédominer de ces deux intérêts, tous deux respectables. C'est un passage entre deux écueils.

704. La théorie de l'effet rétroactif du partage a été entrevue des jurisconsultes romains. Un des plus anciens et des plus célèbres d'entre eux, Trebatius, l'a proposée. Elle n'a pas prévalu auprès d'eux (1). Est-ce, comme on l'a dit, à cause de l'inflexibilité logique du génie romain? Je ne le pense pas. Cette inflexibilité prétendue savait s'accommoder aux besoins de l'utilité pratique (2). C'est plutôt l'intérêt des tiers qui l'aura

---

(1) V. au Digeste, L. 31, *de usu et usufr.* (33, 2); L. 6, § 8, *comm. divid.* (10, 3); L. 7, § 4, *quib. mod. pign.* (20, 6), etc.

(2) Cet aperçu a été accueilli et savamment développé par M. **Théophile Huc**, dans son *Etude sur le prétendu formalisme romain*, extraite du *Recueil de l'Académie de législation* (1861).

emporté sur celui de la famille. Dans le système primitif du Droit romain, l'intérêt des tiers est toujours prépondérant; la famille, d'ailleurs, a d'autres garanties.

705. Le Droit français, au contraire, a depuis longtemps consacré cette théorie. Elle est aujourd'hui formulée en ces termes, par l'art. 883 C. N. :

« Chaque cohéritier est *censé* avoir succédé seul et immédiatement à tous les effets compris dans son lot, ou à lui échus sur licitation, et n'avoir jamais eu la propriété des autres effets de la succession. »

En matière civile, la fiction règne avec une entière énergie, et la loi n'a pas reculé devant cette déduction extrême : Si les effets compris dans le lot d'un des cohéritiers, dépassent ses droits dans la masse indivise, il acquiert néanmoins ces effets à titre héréditaire. La *soulte,* qu'il paye à ses cohéritiers, ne fait pas de lui un acheteur pour partie (v. C. N., art. 2109). L'opération pour le tout demeure un partage, c'est-à-dire un pacte de famille, où l'esprit de fraternité et de convenance exclut toute idée de trafic et de spéculation.

706. II. Passons à l'étude de la question sur le terrain du Droit fiscal.

Si l'on s'en tenait à l'analyse purement logique, on arriverait au résultat suivant :

1° Les biens vont du défunt collectivement à la masse des héritiers; — droit de mutation par décès.

2° Les biens vont de la masse à chacun des cohéritiers individuellement; — droit de transmission entre-vifs.

Le bon sens se soulève contre un pareil résultat.

L'indivision est un état provisoire qui aboutit forcément au partage. Quand l'acquisition par indivis a subi l'impôt, il serait trop dur de frapper encore l'acquisition individuelle, qui en est le complément nécessaire. L'équité du correctif est manifeste. Elle ne provoque pas les objections que fait naître, en Droit civil, la rétroactivité du partage. Ici, d'ailleurs, plus qu'en matière civile, l'intérêt pratique, pour la foule des citoyens, est saisissant et d'une application quotidienne. Il est, Dieu merci, plus d'une famille qui n'a pas son enfant prodigue! Il n'en est pas une seule qui ne soit atteinte par l'impôt des mutations.

707. Aussi, c'est vraisemblablement l'intérêt fiscal de la controverse qui a fait triompher le principe de rétroactivité du partage, et l'a définitivement implanté dans la législation française (1). La jurisprudence des Parlements fit triompher contre les droits seigneuriaux l'immunité du partage, soit parce que le partage était une aliénation *nécessaire*, ainsi qu'il avait paru d'abord aux maîtres du Droit féodal (2), soit en le considérant fictivement comme une opération purement *déclarative*, ainsi que cela prévalut dans les derniers temps. La jurisprudence du Conseil respecta, à l'encontre des droits du Roi, cette même immunité. L'antagonisme

(1) V. sur ce point, deux dissertations de Championnière, devenues classiques (*Revue de Législation*, années 1837 et 1838, t. 7. p. 405, et t. 8, p. 151). Il est à regretter qu'en ce qui concerne le Droit romain, de graves incorrections déparent ce beau travail. V. au tome 7 de la *Revue*, la p. 412. Il faut consulter encore les récentes études de M. Aubépin (*Revue critique*, 1860, t. 17, p. 536).

(2) Dumoulin, § 33, glose 1, n° 69; D'Argentré, sur l'art. 73 de la Coutume de Bretagne, note 4, n° 3.

des deux jurisprudences ne se révéla que sur ce que j'ai appelé la *déduction extrême* de la fiction légale (*suprà,* n° 705). Cette déduction extrême prévalut, dans le Droit commun de la France, contre les droits seigneuriaux; elle s'arrêta devant les droits du Roi. C'est ce qu'explique très bien Bosquet, avec sa fermeté habituelle :

« Un partage, dit-il (v° *Partage,* § 3), n'est point attributif, mais seulement déclaratif de propriété de la portion échue à chacun des copartageans; ainsi le partage n'est point *par lui-même* sujet au droit de centième-denier... Mais s'il est échu à l'un des cohéritiers ou autres copartageans des immeubles au-delà de ce qui doit composer sa part, et qu'il soit tenu de faire raison de l'excédant à ceux qui sont moins partagés, soit en leur faisant une rente, soit en leur payant une somme en deniers, c'est ce qu'on appelle *soulte,* ou *retour de lot;* le droit de centième-denier en est dû..., *parce que la somme payée par l'un des copartageans à l'autre, ou la rente dans laquelle il se constitue, est le prix d'une acquisition qu'il fait jusqu'à cette concurrence.* Il y a même *quelques Coutumes* qui, dans ce cas, accordent lods et ventes... Mais, *en général,* on favorise les *premiers actes* qui sont faits entre cohéritiers et copropriétaires pour faire cesser l'indivis des biens qu'ils possèdent en commun.

« Cette faveur, *relative aux droits seigneuriaux,* n'empêche pas que, dans toute Coutume indistinctement, le droit de centième-denier ne soit dû... *Il faut néanmoins excepter... lorsque cette soulte est payée en effets provenans de la succession commune;* alors, celui auquel elle est donnée, n'est pas censé la recevoir de son copartageant à titre de payement; l'on considère qu'il la prend dans la succession même, jusqu'à concurrence de ce qui lui revient pour son partage. »

708. La loi de frimaire a suivi, comme d'habitude, les errements de la jurisprudence du centième-denier.

En principe, elle soumet le partage au droit fixe; en cela, elle reconnaît la fiction légale qui en fait un acte purement déclaratif. Mais elle frappe du droit proportionnel les soultes ou retours de lot; en cela, elle restreint la fiction et rentre dans la vérité de la situation.

Il n'est donc pas exact de dire, comme on le fait trop souvent, que le principe, formulé par l'art. 883 du Code civil, est étranger au Droit fiscal. Ce principe, en toute matière, domine la théorie du partage; seulement, en Droit fiscal, il reçoit, quant aux soultes ou retours de lots, une importante limitation.

709. De cette limitation résulte l'exigibilité d'un droit proportionnel d'enregistrement sur le retour de lot. Que ce retour consiste en argent, auquel cas il y a *soulte* proprement dite, ou qu'il consiste en une autre chose quelconque, « le droit, sur ce qui en sera l'objet, sera perçu aux taux réglés pour les ventes. » (Art. 68, § 3, n° 2.)

Sans difficulté, pour les meubles, ce droit est de 2 p. 100.

Mais, pour les immeubles, on s'est demandé si, depuis la loi de 1816, le droit devait être porté à 5,50 p. 100. La négative a prévalu (1), et avec raison. En effet, la transmission, dont la soulte est le prix, n'est pas une vente, d'où l'art. 52 de cette loi est inapplicable (V. *suprà*, n° 140). D'autre part, l'acte n'est pas *de nature à être transcrit* (V. art. 54, L. 1816, *suprà*, nos 141 et 329-VI). A quoi servirait à l'héritier, loti

_____

(1) V. *Civ. rej.* 27 juillet 1819 (Dall. 6021); Déc. M. fin. 8 octobre 1819 (I. G. 903); M. Garnier, *Rép. gén.* 9493 et *Rép. pér.* 782.

moyennant soulte, la transcription de l'acte de partage ?
Les hypothèques, procédant du chef de ses cohéritiers,
sont évanouies de plein droit (C. N., art. 883, 2125) ;
il n'a donc pas besoin de les purger. Quant aux créanciers du défunt, il est tenu envers eux *hypothécaire-
ment pour le tout* (C. N., art. 873, 1221), et, même
après qu'il a payé sa portion héréditaire, il est douteux
qu'il puisse être admis, en qualité de tiers-détenteur,
au bénéfice de la purge (1). (Comp. art. 1, n° 4,
L. 23 mars 1855, *suprà*, nos 119, 142.)

Ainsi, en matière d'immeubles, les soultes ou
retours subissent le seul droit de 4 p. 100. L'opération
est translative aux yeux de la loi fiscale, d'où l'exigibilité du droit proportionnel d'enregistrement. Elle est
déclarative aux yeux de la loi civile, d'où la non-exigibilité du droit de transcription. Appliquez ici les
réflexions produites dans un cas analogue (*suprà*,
n° 182).

710. Si les biens indivis ne sont pas commodément partageables en nature, il y a lieu à *licitation*.
La licitation est la vente aux enchères d'une chose
indivise. Quand l'adjudication est prononcée au profit
d'un des copropriétaires, l'opération n'a pas le caractère d'un trafic, mais celui d'un partage.

« La licitation, dit Guyot (2), n'est point une vente, mais
une manière de partager. »

Cette théorie du Droit romain, fondée sur l'analyse

---

(1) Sur ce dernier point, qui est plus délicat, voir C. R. 2668, et M. Garnier, 9493.

(2) Répertoire de Merlin, v° *Licitation*, § 1, n° 1. — Joignez la dissertation du même Guyot, au tome 1 de son *Traité des fiefs*.

de la volonté des parties, ne s'était pas implantée facilement dans le Droit féodal. On contesta d'abord, dans
l'intérêt des seigneurs, l'assimilation de la licitation au
partage ; puis, quand ce premier point eut été gagné
par les vassaux, les seigneurs firent insérer dans les
Coutumes des restrictions à la faculté de liciter. La
Coutume de Paris disait à ce propos (art. 80) :

« Si l'héritage *ne se peut partir* entre cohéritiers, et se licite
par justice sans fraude, ne sont dues aucunes ventes par l'adjudication faite à un d'entre eux. Mais s'il est adjugé à un
étranger, l'acquéreur doit ventes. »

Il était d'ailleurs reçu, tant pour le centième-
denier (1), que pour les droits seigneuriaux, que la
licitation, *faite sans fraude,* équipolle à partage. Quant
aux conditions restrictives de la faculté de liciter, la
doctrine et la jurisprudence les amoindrissaient de
jour en jour.

« Il n'est pas nécessaire, disait-on (2), qu'il y ait impossibilité de partager les biens : il suffit que les propriétaires
trouvent de la difficulté à le faire commodément et convenablement. »

711. Aujourd'hui l'intervention de la justice n'est
plus requise que dans l'intérêt de copropriétaires
incapables. Si, au contraire, les copropriétaires sont
tous majeurs et maîtres de leurs droits, il suffit, pour
qu'il y ait licitation, qu'aucun d'entre eux « ne puisse
ou ne veuille prendre » les objets indivis en nature
(v. C. N., art. 1686). Peu importe que la licitation
soit volontaire ou forcée. Pourvu que l'adjudication

(1) Là aussi, après controverse. V. Bosquet, vᵒ *Licitation*, nᵒ 3, et
M. Garnier, 8180.

(2) Bosquet, vᵒ *licitation,* nᵒ 1.

soit prononcée *au profit d'un des copropriétaires,* l'opération a le caractère d'un partage. Si elle donne lieu au droit proportionnel, c'est seulement sur la *portion acquise,* en tant que cette portion excède les droits de l'acquéreur dans la masse du patrimoine commun. La loi fait, de tous points, l'application des principes, établis en matière de centième-denier et ainsi résumés par Bosquet (v° *Licitation* n° 3) :

« Si les biens sont adjugés à un copropriétaire, il faut distraire sa portion, parce qu'il ne se fait de mutation à son égard que du surplus. — Si le cohéritier adjudicataire par licitation... *n'est tenu de rien débourser,* et qu'il soit seulement dit qu'il prendra d'autant moins, jusqu'à concurrence du prix de la licitation, dans les autres biens de la succession, il ne doit aucun droit de centième-denier, parce qu'il n'acquiert rien et que ses cohéritiers se rempliront jusqu'à la même concurrence dans les biens communs. »

712. Voici seulement en quoi la jurisprudence moderne se montre plus exigeante que l'ancienne :

Pour prouver que le cohéritier adjudicataire *n'est tenu de rien débourser,* on exige aujourd'hui la production d'un partage définitif, réglant les droits de toutes les parties dans la masse. Il faut que ce partage soit présenté au receveur, au plus tard, lors de l'enregistrement de l'acte d'adjudication. Sinon, on considère comme *portion acquise* tout ce qui excède les droits antérieurs du colicitant adjudicataire *dans l'immeuble adjugé.*

Exemple. — Soient Pierre et Paul cohéritiers ; un patrimoine de deux mille francs, dont un immeuble adjugé à Paul, pour mille francs.

Il n'est pas justifié du partage. Paul est considéré

comme ayant acquis, à titre nouveau, la moitié de
l'immeuble ; droit proportionnel sur cinq cents francs.

Il est justifié du partage ; nul droit proportionnel.

Que s'il est justifié du partage, postérieurement à
l'enregistrement de l'acte d'adjudication, c'est là un
événement ultérieur, qui ne donne lieu à aucune restitution (L. fr., art. 60) (1).

En définitive, la jurisprudence moderne ne nie pas
le principe ancien, suivant lequel le cohéritier adjudicataire n'encourt aucun droit proportionnel, *s'il n'est
tenu de rien débourser.* Mais pour l'établissement de ce
fait, elle n'admet pas d'autre mode de preuve que la
production d'un partage définitif. Là est le point délicat, longtemps controversé, aujourd'hui tranché.

713. Ainsi, la jurisprudence s'inspire, dans l'intérêt du Trésor, de l'esprit jaloux des seigneurs contre
l'immunité de la licitation. Cette immunité apparaît
comme un principe exorbitant, dont il faut restreindre
les déductions.

Le même esprit se manifeste dans la théorie suivante,
relative au droit de transcription. En général, le droit
proportionnel sur les *portions de biens immeubles acquises par licitation* est le seul droit d'enregistrement
(4 p. 100) ; il y a même raison que pour les *soultes.*
ou *retours de partage (suprà,* n° 709).

_____

(1) V., sur ce point, une vive critique de la jurisprudence par Champion-
nière, dans la *Revue du Droit français et étranger,* année 1850, t. 7, p. 18.
Mais la jurisprudence a persévéré. V. notamment *Cassat. Chambres réunies,*
6 novembre 1851 (I. G. 1912, § 3) ; *Cassat.* 5 mars 1855 (I. G. 2042, § 5 ;
Rép. pér. 334) ; M. Garnier, 8186-8202. Joignez *Cassat.* 31 janvier 1860
(*Rép. pér.* 1281).

Mais la Cour de cassation, soit en matière civile, soit en matière fiscale, décide avec persévérance que le caractère essentiel du partage est de faire cesser l'indivision *entre toutes les parties*. Si l'indivision ne cesse pas d'une manière complète quant aux personnes, l'acte, d'après la jurisprudence, n'est plus déclaratif, mais translatif. Faisant l'application de cette règle à la licitation, la Cour a maintes fois décidé que si deux ou plusieurs colicitants se rendent adjudicataires conjointement, le droit proportionnel sur la portion acquise doit être augmenté du droit proportionnel de transcription (1).

La théorie de la Cour de cassation est diamétralement opposée à toutes les traditions historiques. Il était constant, en toutes matières, qu'il fallait considérer comme partages les *premiers actes* faits entre cohéritiers, pour faire cesser l'indivision (2). Rien dans les lois fiscales modernes n'indique une dérogation à ce système. Le Code civil (art. 888) le consacre expressément. On ne peut expliquer la théorie de la Cour que par l'idée de restreindre le plus possible, en matière civile, l'effet rétroactif, et, en matière fiscale, l'immunité des partages et des licitations.

714. Bien plus ! tandis que, sur les licitations, le droit proportionnel d'enregistrement se calcule seulement sur la *portion acquise*, le droit proportionnel de

---

(1) V. les documents cités, R. G. 8228 *bis ;* et *Req.* 18 mai 1858 (*Rép. pér.* 1015).

(2) V. encore, sur ce point, une vive protestation de Championnière contre la jurisprudence établie (*Revue de Droit français et étranger*, année 1844, t. 1, p. 260).

transcription est perçu sur la totalité du prix ! Le motif
de cette rigueur, c'est, dit un arrêt (1) :

« Que *la formalité* de la transcription, qui a son but propre et ses effets spéciaux, *est indivisible* et ne peut être assimilée au droit d'enregistrement. »

D'après la doctrine que nous avons adoptée (*suprà*,
n° 329-VII), cette solution est en opposition directe
avec la loi organique du droit de transcription (L. 21
ventôse an 7), portant (art. 25) :

« Le droit sur la transcription des actes emportant mutation
de propriétés immobilières, sera d'un et demi pour cent du
prix intégral des dites mutations, *suivant qu'il aura été réglé
à l'enregistrement.* »

L'arrêt précité répond :

« Que du texte dudit art. 25 il résulte seulement que la loi
a voulu fixer la base sur laquelle le droit de transcription
serait perçu ; et que cette base est le prix intégral de mutation, tel qu'il devrait être évalué et composé à l'enregistrement,
s'il se fût agi de la perception des droits de mutation pour le
tout ; mais il n'en résulte nullement qu'on ne puisse exiger le
droit de transcription qu'autant que celui d'enregistrement
serait perçu et dans les mêmes proportions. »

715. L'Administration n'applique pas aux retours
de partage la théorie sur l'exigibilité du droit proportionnel de transcription. Dans une espèce, où un lot
était attribué indivisément à deux cohéritiers, à charge
de soulte, une Délibération du 22 décembre 1856
(*Rép. pér.* 782), porte que *les arrêts rendus en matière
de licitation ne sont pas applicables.*

---

(1) *Cassat.* 2 décembre 1851 (I. G. 1912, § 2) et les autres arrêts, en
grand nombre, cités par M. Garnier, n° 8212-2, le dernier en date 23 novembre 1853 (I. G. 1999, § 6).

« Il existé, dit ce document, une grande différence entre un partage avec soulte, à la charge de plusieurs copartageants indivisément, et une adjudication sur licitation. L'adjudication faisant connaître la valeur *totale* des biens adjugés, la transcription d'un tel acte peut produire un effet, puisqu'elle a pour résultat de fixer *le prix*, à l'égard des créances hypothécaires, et d'arriver à la purge des immeubles. Dans le cas, au contraire, où, comme dans l'espèce, il s'agit d'une soulte représentant une *partie indéterminée* des immeubles partagés, la transcription du contrat serait absolument sans effet, puisque l'offre d'une partie de la valeur des biens aux créanciers hypothécaires ne pourrait avoir pour résultat de purger ces immeubles des hypothèques dont ils sont grevés. »

En conséquence, l'Administration a ordonné l'entière restitution du droit proportionnel de transcription.

716. Un important développement de jurisprudence s'est produit, avec moins de difficulté, relativement aux cessionnaires de portions indivises (1). Tant que dure l'indivision, le cessionnaire ne peut purger les hypothèques assises, du chef de son cédant, car il ne peut forcer les créanciers de celui-ci à surenchérir une portion indivise (v. C. N., art. 2205). Donc, après le partage ou la licitation, le cessionnaire a intérêt à faire transcrire son titre, non pas à l'encontre des créanciers des copartageants (v. C. N., art. 883, 2125), mais à l'encontre des créanciers de son cédant. Le cessionnaire, dans tous les cas, encourt donc le droit de transcription, à raison des immeubles compris dans son lot (Comp. *suprà*, n° 299).

717. L'intervention au partage du cessionnaire

(1) V. les nombreux arrêts cités, R. G. 8218 ; *Req.* 21 juillet 1858 (*Rép. pér.* 1075).

d'un cohéritier peut être empêchée par l'exercice du *retrait successoral*. Aux termes de l'art. 841 C. N. :

« Toute personne, même parente du défunt, qui n'est pas son successible, et à laquelle un cohéritier aurait cédé son droit à la succession, peut être écartée du partage, soit par tous les cohéritiers, soit par un seul, en lui remboursant le prix de la cession. »

Le retrait n'opère pas transmission du cessionnaire au retrayant ; il efface les droits du cessionnaire par voie de résolution, *ex causa primœva et antiqua ;* par suite, il donne lieu seulement au droit de libération sur les sommes remboursées (1), ou au droit d'obligation sur celles que le retrayant s'oblige de payer. Ce résultat découle des principes généraux du Droit fiscal, non des textes de la loi relatifs aux retraits de réméré. Aucun délai préfix n'est assigné à l'exercice du retrait successoral : il suffit qu'il ait lieu avant le partage (Comp. *suprà,* n° 172).

718. Parmi les opérations de partage figure le *rapport* des choses données par l'auteur de la succession à un des cohéritiers. Ces choses ne rentrent pas, de plein droit, dans la succession ; il n'est donc pas nécessaire qu'elles soient comprises dans la déclaration des héritiers.

Si le rapport se fait en *moins prenant* (v. C. N., art. 858), la chose donnée ne change pas de maître ; aucun droit de mutation par décès n'est encouru. Cela va sans difficulté.

Mais si, le rapport étant effectué *en nature*, la chose

(1) En ce sens, Déc. M. fin. 8 ventôse et 11 floréal an 12 ; M. Garnier 11391, 11307, 12954, 13066 ; M. Demolombe, sur l'art. 841 C. N.

donnée entre dans le lot d'un autre héritier, la question est délicate. Il faut cependant, décider, que même dans ce cas, le droit de mutation par décès n'est pas encouru. En effet, le cohéritier du donataire n'acquiert pas à titre nouveau. En ne dispensant pas le donataire du rapport, l'auteur de la succession a associé virtuellement ses cohéritiers au bénéfice de la donation. Le titre de donation leur est communiqué, et les droits de donation entre-vifs, payés sur ce titre, leur doivent profiter. Mais, du moins, cela peut donner lieu à une perception supplémentaire. Par exemple, si les cohéritiers sont à des degrés de parenté inégaux, il serait dû un droit *par supplément*, dans le cas où la chose donnée arriverait à un héritier tenu d'un droit plus fort que n'est le donataire (*suprà*, n° 575).

719. Appliquez la même doctrine à la *réduction* des donations (C. N., art. 920), mais alors seulement que la donation réduite ayant été faite à un des héritiers, la réduction peut être considérée comme une opération de partage.

Si, au contraire, la réduction s'exerce contre un étranger, il n'existe plus aucune connexité entre le titre de la donation résolue et celui des héritiers à réserve; dans ce cas, il a prévalu que le droit de mutation par décès est encouru par les héritiers sur les biens rentrés dans la masse par l'effet de l'action en réduction, sans aucune imputation des droits payés précédemment par le donataire (1).

Notez toutefois que le receveur ne peut soulever

(1) Comp. C. R. 2523; R. G. 9445, 13055; Bagnères, 18 avril 1852 (*Rép.pér.* 1203).

d'office la question de *réduction* pour excès de la quotité disponible. Tant que la réduction n'est pas demandée par les héritiers, le receveur doit liquider les droits de mutation conformément à l'état de la possession des parties (1).

720. La rétroactivité du partage est opposable à l'Administration, comme à tous les tiers. Par conséquent, si le partage précède la déclaration, les droits de mutation par décès doivent être fixés et liquidés en conformité dudit partage.

Ce principe était de grande conséquence, alors qu'un tarif différent atteignait les meubles et les immeubles. Si, par exemple, dans un partage entre un ascendant et un collatéral, tous les immeubles étaient attribués à l'ascendant, celui-ci était censé avoir succédé seul et immédiatement à ces biens, qui ne subissaient ainsi que le droit de 1 p. 100. Aujourd'hui, l'intérêt pratique du principe dont il s'agit est fort amoindri. Il subsiste pourtant encore, dans une certaine mesure, car la loi du 18 mai 1850, en assimilant les meubles et les immeubles, quant à la *fixation* des droits, a laissé subsister la différence quant au mode de *liquidation* (V. *suprà*, n° 108).

SOUS-DIVISON II.

Partage opéré par un Ascendant.

721. Textes détachés.
722. Les partages d'ascendants correspondent aux anciennes *démissions de biens.*

Observation sur le partage testamentaire.

Raisons pour dégrever le partage entre-vifs.

---

(1) En ce sens, *Req.* 10 juillet 1860 (*Rép. pér.* 1355).

721. *Textes détachés.* Loi du 16 juin 1824, art. 3 :

« Le droit d'enregistrement, fixé par les §§ 4 et 6 de l'art. 69 de la loi du 22 frimaire an 7, pour les donations entre-vifs en ligne directe, à 1 franc 25 centimes par 100 francs sur les biens meubles, et à 2 francs 50 centimes sur les immeubles, est réduit en ce qui concerne les *donations portant partage,* faites par actes entre-vifs, *conformément aux art.* 1075 *et* 1076 *du Code civil,* par les père et mère ou autre ascendans, entre leurs enfans et descendans, au droit de [25 centimes sur les biens meubles, et] de 1 franc par 100 francs [sur les immeubles (1),] ainsi qu'il est réglé pour les successions en ligne directe.

« Le droit de 1 franc 1/2 p. 100, ajouté au droit d'enregistrement par l'art. 54 de la loi du 28 avril 1816, ne sera perçu, pour lesdites donations, que lorsque la transcription en sera requise au bureau des hypothèques. »

Loi du 18 mai 1850, art. 5 :

(1) Aujourd'hui 1 p. 100, sans distinction de meubles ou d'immeubles (L. 18 mai 1850, art. 10).

« Conformément à l'art. 3 de la loi du 16 juin 1824, les donations portant partage, *faites par actes entre-vifs* par les père et mère ou autres ascendans, ne donneront ouverture qu'aux droits établis pour les successions en ligne directe ; mais les règles de perception concernant les soultes de partage leur seront applicables, *ainsi qu'aux partages testamentaires* également autorisés par les art. 1075 et 1076 du Code civil. »

722. On connaissait jadis, sous le nom de *Démission de biens,* un acte par lequel les parents abandonnaient leurs biens à leurs enfants, comme par une ouverture anticipée de leur succession. Sous la plupart des Coutumes, on considérait que cet acte était révocable par le parent démissionnaire ; par suite, la translation de la propriété n'était rendue définitive que par son décès.

La loi de frimaire n'avait rien établi de spécial sur cette espèce de disposition ; mais la loi du 27 ventôse an 9 (art. 10) soumit expressément *les démissions de biens en ligne directe* au tarif des donations entre-vifs. Peu après, le Code Napoléon, en réglant la matière au point de vue civil (art. 1075 et suiv.), évita de consacrer la dénomination ancienne de *démission de biens* et il assujettit expressément les partages d'ascendants aux *formalités, conditions et règles, prescrites pour les donations entre-vifs et les testaments.*

Aujourd'hui, au point de vue fiscal, le partage testamentaire ne présente aucun caractère particulier. Comme, entre toutes personnes, la succession testamentaire subit les mêmes droits que la succession légitime, il importe peu de savoir si le testament opère transmission, ou s'il vient seulement confirmer et régler la vocation des héritiers légitimes.

Mais, en ce qui concerne la ligne directe, le tarif des donations entre-vifs, étant plus élevé que celui des mutations par décès (*suprà*, n° 575), il a paru bon de dégrever le partage fait entre-vifs en l'assimilant, pour la perception, à l'ouverture anticipée de la succession du donateur. La raison en est que cet acte n'a pas la seule libéralité pour cause, qu'il vient au secours du père de famille chargé d'années; enfin, il est surtout usité par une classe intéressante et déjà fortement imposée, les propriétaires ruraux. C'est cette réforme qu'a accomplie la loi du 16 juin 1824. A cette époque, les finances étaient assez prospères pour qu'il fût permis au Gouvernement de compenser, par des adoucissements partiels, l'élévation considérable, introduite dans les tarifs par la loi du 28 avril 1816. La loi de 1824, dans toutes ses parties, est une loi de dégrèvement (V. *suprà*, n°ˢ 304, 307, 345).

723. La modération du tarif concerne seulement « les donations portant partage, faites par actes entre-vifs, *conformément aux art.* 1075 *et* 1076 *du Code civil.* » Le principe qui domine toute la matière, c'est que la *donation-partage* a pour caractère propre d'être faite à des enfants ou descendants, *héritiers présomptifs* du donateur. Sinon, ce n'est plus un partage, c'est une donation pure (1). On disait de même autrefois (2) :

« Lorsque la démission est faite suivant l'ordre des successions, ce n'est qu'une délation d'hérédité anticipée..... Mais, si la démission *intervertit l'ordre des successions*, elle ne peut valoir *que comme donation.* ».

(1) Jurisprudence constante. Voir R. G. 9511.
(2) Bosquet, v° *Démission*, § *de l'insinuation.*

Ce principe est raisonnable et doit être maintenu.

724. N'allez pas cependant jusqu'à refuser le caractère de partage à la disposition par préciput au profit de l'un des enfants. Faite à un héritier présomptif, l'attribution de la quotité disponible ne change pas l'assiette de l'impôt. Cette considération est ici déterminante. Reconnaissons donc, qu'au regard de la loi fiscale, la disposition préciputaire *n'intervertit pas l'ordre des successions;* par suite, elle encourt le tarif de la loi de 1824 (1).

725. Est-il nécessaire que la *donation-partage* contienne la division matérielle des choses données ? La négative a prévalu dans la pratique (2), et avec raison. Il suffit d'une attribution collective aux enfants héritiers présomptifs, pour que l'opération soit une ouverture anticipée de la succession de l'ascendant. Cela était reconnu jadis pour les *Démissions de biens.* Si la loi moderne parle des donations *portant partage,* c'est d'une façon tout énonciative, faute d'un autre mot, celui de *Démission* ayant été écarté à dessein (*suprà,* n° 722).

Je dois dire cependant que la jurisprudence ne s'est pas développée avec cette franchise. On a fort entortillé le style des actes, pour donner à l'attribution collective *pro indiviso* les apparences d'un partage, c'est-à-dire, en d'autres termes, d'une division ! Il suffit, a-t-on dit, d'une attribution à chacun des enfants d'une *quotité* du patrimoine. Même, à défaut d'attribution

---

(1) En ce sens, *Req.* 29 mars 1831 (I. G. 1370, § 3; R. G. 9520-6).

(2) V. les documents cités par M. Garnier, n° 9520.

expresse, il suffit que l'ascendant s'en réfère tacitement aux dispositions de la loi sur le partage des successions. Il attribue à chacun de ses enfants une portion égale, par cela seul qu'il ne dispose pas en sens contraire (1).

726. Cette interprétation bienveillante n'a pas été étendue à l'abandon de biens fait au profit de l'enfant unique (2). Pour en arriver là, il faudrait remanier tout le tarif, et étendre à la ligne directe le système général, qui frappe du même droit d'enregistrement les donations entre-vifs et les mutations par décès (V. suprà, n° 575). Mais cela est affaire du Législateur. Judiciairement, la faveur de la situation n'a pas dû produire un tel résultat.

727. La loi de 1824 exige encore que les donations, portant partage, soient faites *en conformité des art.* 1075 *et* 1076 *du Code civil.*

L'art. 1076 assujettit les partages aux *formalités, conditions et règles* prescrites pour les donations entre-vifs ou testamentaires. Il s'ensuit notamment, pour les partages entre-vifs, que régulièrement ils doivent être passés devant notaires (C. N., art. 894, 931), et avec la stricte observance des règles tracées par la loi du 21 juin 1843, relativement aux donations entre-vifs. L'Aministration a d'abord conclu de là, que le bénéfice

---

(1) Sur ce point extrême, v. Délib. 6 janvier 1837 (R. G. 9520-5).

(2) V. *Req.* 13 août 1838 (I. G. 1577, § 8). Comp. *Cassat.* 20 janvier 1840 (I. G. 1618, § 1), et les autres documents cités, R. G. n° 9512. Remarquez toutefois que, dans l'espèce des deux arrêts, il y avait donation d'un *seul immeuble.* Mais cette circonstance, relevée dans les motifs du premier arrêt, n'est qu'accessoire (V. *infrà,* n° 728). — Joignez *Solut.* 16 mai 1861 (*Rép. pér.* 1509).

de la loi de 1824 devait être refusé aux partages entre-vifs, passés sous seing-privé. Mais, comme l'observe très bien M. Garnier (n° 9523) :

« Il y avait au fond de ce système une inconséquence très grave. Du moment, en effet, que l'Administration écartait le bénéfice de la loi de l'acte fait en toute autre forme qu'en la forme authentique, sous prétexte de *nullité,* on était en droit de lui répondre que si l'acte ne constituait pas un partage d'ascendant, il ne constituait pas davantage une donation ordinaire, puisque la forme authentique est impérieusement exigée pour ces deux sortes de contrats, d'où il fallait arriver à conclure que ce n'était pas le droit de donation ordinaire qui devait être appliqué au partage, mais le droit des actes innomés. »

Cette inconséquence ne pouvait longtemps prévaloir. Après quelques incertitudes, la Cour de cassation a reconnu, pour le partage sous seing-privé, et, ce qui revient au même, pour le partage fait verbalement, que l'impôt doit être perçu conformément au titre allégué par les nouveaux possesseurs (1). Cette jurisprudence, aujourd'hui, sert de règle à la perception. Elle est conforme à la théorie des *mutations secrètes* et doit être approuvée (*suprà,* n°s 50-V, 95, 578).

728. De même, aux termes de l'art. 1078 C. N. :

« Si le partage n'est pas fait entre tous les enfants *qui existeront à l'époque du décès et les descendants de ceux prédécédés,* le partage sera nul pour le tout. Il en pourra être provoqué un nouveau dans la forme légale, soit par les enfants ou descendants qui n'y auront reçu aucune part, *soit même par ceux entre qui le partage aura été fait.* »

(1) V. arrêts, 9 août 1836, 13 décembre 1837 (I. G. 1562, § 9 ; R. G. 9525).

L'Administration, encore ici, a voulu se prévaloir
de la nullité du partage, pour percevoir les droits
ordinaires de donation entre-vifs. Mais la nullité peut
être invoquée seulement par les enfants ou descendants, et cela après le décès de l'ascendant. *Interim*
l'acte doit être exécuté suivant sa teneur (1).

Remarquez, en outre, qu'aujourd'hui, à la différence
des Coutumes (2), le Code civil (art. 1077) n'exige
plus que le partage entre-vifs comprenne la totalité
des biens de l'ascendant. Conséquemment, il suffit,
pour l'application de la loi de 1824, qu'une donation en
avancement d'hoirie soit faite *simultanément* à deux
enfants, tout au moins.

729. Par une dérogation notable à l'art. 54 de la
loi de 1816, la loi de 1824 porte que le droit de transcription ne doit pas, en cette matière, être ajouté
d'office au droit d'enregistrement (*suprà*, n° 724). Ce
n'est pas assurément que la donation-partage ne soit
un acte *de nature à être transcrit*. En Droit, la transcription est de première nécessité pour les enfants copar-
tagés (v. C. N., art. 941, 1076; L. 23 mars 1855,
art. 11, *in fine*). Mais, en fait, vu les rapports d'étroite
parenté des contractants, les enfants peuvent avoir
assez de confiance en leur père, pour négliger l'emploi
des garanties légales. La loi de 1824 a été fidèle à son
esprit général de dégrèvement, en décidant que le

---

(1) En ce sens, arrêts, 26 avril 1836, 15 avril 1850 (I. G. 1875, § 3;
R. G. 9513). Joignez *Civ.-rej.* 30 décembre 1839 (Dall. 3919 ; R. G. 9515).

(2) V. Taisand, sur *Bourgogne*, tit. 7, art. 6, note 7; Basnage, sur
Normandie, art. 448; Lebrun, *Des successions*, liv. 1, chap. 1, sect. 5
n° 8. — Ces documents sont bien mis dans leur jour par M. Paul Chalvet,
dans sa dissertation précitée (*suprà*, n° 700).

droit proportionnel de transcription ne serait perçu que si la formalité était requise au bureau des hypothèques.

730. Il arrive souvent que la donation-partage est faite par le survivant des père et mère, à la charge par les enfants de concéder à celui-ci l'usufruit de la succession de son conjoint prédécédé. En principe, à mon avis, la constitution d'usufruit est une *disposition dépendante* de la donation-partage, et comme telle, elle ne doit encourir aucun droit particulier. Le caractère perpétuel du titre des enfants lui confère, à mes yeux, la prévalence sur le titre viager de l'ascendant. L'Administration ne conteste pas la dépendance réciproque des deux donations ; elle admet qu'un seul droit droit est encouru. Mais, suivant qu'il y a plus grand avantage pour le Trésor (*suprà,* n° 72), elle veut que l'acte subisse l'impôt comme donation d'usufruit (2,50+1,50=4 p. 100 sur *dix fois* le revenu de la succession du conjoint prédécédé), non comme donation-partage de la propriété (1 p. 100 sur *vingt fois* le revenu du patrimoine de l'ascendant donateur).

La Cour de cassation a, une fois, donné gain de cause à l'Administration, mais en se fondant expressément sur ce qu'il résultait *des constatations de fait du jugement attaqué,* que la donation d'usufruit faite à la mère par ses enfants, était par son importance la *disposition principale* du contrat (1). Dans l'espèce, le patrimoine de la mère, objet de la donation-partage,

(1) *Civ.-rej.* 13 décembre 1853 (I. G. 1999, § 3 ; R. G. 9534).— Comp., dans une espèce différente, *Cassat.* 24 janvier 1860 (I. G. 2174, § 8 ; *Rép. pér.* 1280).

était de 42,446 francs ; la succession du père prédécédé était de 262,972 francs. Voilà la circonstance
déterminante de l'arrêt, qui n'a d'ailleurs nullement
consacré, en thèse générale, la théorie de la *perception
la plus avantageuse au Trésor.* Cet arrêt est donc un
arrêt d'espèce.

Pour moi, je maintiens le principe ci-dessus posé,
et, par exemple, en cas d'égalité des deux patrimoines, je n'hésiterais pas à régler la perception sur celui
de l'ascendant donateur, ce qui réduirait l'impôt de
moitié.

731. C'était un principe ancien en cette matière,
que les soultes n'y donnaient pas lieu au droit proportionnel. Le motif en est bien indiqué par Bosquet
(v° *Démission de biens*), en ces termes :

« Si, par le partage, *fait par le même acte que la démission,* il y a des retours de lots payables par l'un des démissionnaires à l'autre, où qu'au lieu de faire un partage on
licite les biens qui demeurent à l'un, en payant en argent la
portion des autres, le droit de centième-denier n'est dû que
pour raison de la démission, *pourvu que le tout soit renfermé
dans un seul acte;* parce qu'il n'y a effectivement qu'une
seule mutation, *puisque les démissionnaires n'ont point eu de
propriétaire intermédiaire.* »

Sous l'empire des lois modernes, antérieurement à
1850, ce principe, par identité de motifs, était applicable au partage, opéré par donation entre-vifs, et
aussi bien au partage testamentaire. Ce n'était plus
par une fiction de la loi civile, limitée par la loi
fiscale, c'était par la vérité des choses que chacun des
copartageants succédait *seul* et *immédiatement* à tous
les effets compris dans son lot. (Comp. C. N., art. 883

et *suprà*, n°s 705, 708.) Après de longues controverses, ce principe avait été reconnu par l'Administration (1).

732. Mais la loi du 18 mai 1850 a décidé *contra rationem juris* que les règles de perception, concernant les soultes de partage, seraient désormais applicables aux partages opérés par les ascendants, soit par donations entre-vifs, soit par testaments.

Immédiatement, des combinaisons ont été imaginées par les contribuables pour tourner ces dispositions nouvelles. Ainsi, on cherche à déguiser la soulte en une donation de somme, émanée *in continenti* de l'ascendant, ou en un *rapport* de somme précédemment donnée (*suprà*, n° 718). Si ces combinaisons sont *simulées* en vue d'éluder l'impôt, elles sont frauduleuses et doivent être annulées. C'est le seul principe général qu'on puisse formuler ; le reste est à apprécier par la teneur des actes et les circonstances des affaires (2).

§ 3. — DIVISION II.

Partage des sociétés et communautés (3).

733. Ancienne jurisprudence.
734. Explication historique des termes de l'art. 68, § 3, n° 2, L. fr. :
        Partages entre copropriétaires, *à quelque titre que ce soit, pourvu qu'il en soit justifié.*

(1) V. l'I. G. 1532, citée par M. Garnier, n° 9950.
(2) Comparez *Civ.-rej.* 11 décembre 1855 et *Req.* 24 décembre 1856 (*Rép. pér.* 565 et 826). Sur le premier de ces arrêts, voyez une dissertation de M. le président Nicias-Gaillard, et n'omettez pas la rectification que l'auteur, avec un goût parfait, a apportée à ce travail (*Revue critique*, t. 7, p. 498, et t. 10, p. 496). — Joignez *Délib.* 4 avril 1851 (R. G. 9556); *Civ.-rej.* 27 avril 1858 (I. G. 2137, § 10; *Rép. pér.* 1012); Péronne, 17 août 1860 (*Rép. pér.* 1476); R. G. 9527.
(3) Relativement à la place qu'occupe ici cette étude, V. *suprà*, n° 329.

733. La théorie du partage ne s'est établie que
par une série de luttes successives : luttes pour l'immunité du partage; lutte pour la licitation; lutte
contre les seigneurs; lutte contre le roi. Quand un
point était conquis, il fallait encore emporter la position voisine. Ainsi, tout ce qui avait prévalu pour le
partage, *entre cohéritiers,* ne fut pas étendu de prime
abord aux partages entre tous autres copropriétaires.
Puis quand l'assimilation eût été faite, on distingua
encore entre les copropriétaires *à titre commun* et les
acquéreurs intermédiaires. Ce dernier point requiert
quelque explication.

On se rappelle que l'art. 80 de la Coutume de Paris
(*suprà,* n° 710) appliquait le principe de l'immunité
du partage aux licitations, faites sans fraude, *entre
cohéritiers.* La jurisprudence étendait ce bénéfice à la
licitation entre associés, et généralement entre « tous
ceux qui possèdent par indivis un même héritage, *à
quelque titre particulier que ce soit* (1). » Mais, dit
Guyot (2) :

« Pour jouir de la faveur de l'art. 80, *étendu aux copro-*

---

(1) Claude de Ferrière, *Corps et compilation,* etc., sur l'art. 80, glose
unique, n° 32.

(2) Traité des fiefs, *Sur les licitations,* chap. 3, § 8.

priétaires, que les Loix appelent communs, *cum societate,* il faut que le copropriétaire adjudicataire soit acquéreur, *primariò, ab initio,* et non copropriétaire *acquéreur intermédiaire,* c'est-à-dire qu'il faut que l'adjudicataire soit celui qui par lui-même a commencé la société. Si c'est un homme qui ait acquis d'un des cohéritiers, colégataires, codonataires (ou de copropriétaires, c'est-à-dire, *qui pariter eamdem rem emerant,* qui ont par leur acquisition formé la société), voilà l'acquéreur intermédiaire ; et s'il est adjudicataire..., il doit les droits des portions qu'il acquiert par licitation ; *on présume la fraude. Un homme acquerroit un dixième d'une copropriété, où il n'auroit rien, et ensuite liciteroit, et par là ne payeroit les droits que du dixième. »*

734. Ce passage d'un traité, devenu classique, nous donne le sens de l'art. 68, § 3, n° 2, L. fr. Le droit fixe atteint : « Les partages *entre copropriétaires, à quelque titre que ce soit,* » mais ajoute la loi : « *Pourvu qu'il en soit justifié ;* » c'est-à-dire, pourvu qu'il soit justifié d'un *titre commun,* ce qui implique un titre sérieux de communauté. Si, au contraire, l'acquisition d'une fraction indivise n'a été faite qu'en vue de liciter et d'acquérir le tout, l'adjudicataire, malgré sa part de copropriété, doit, en fin de compte, payer sur la valeur intégrale des objets acquis tous les droits d'enregistrement et de transcription que payerait un adjudicataire étranger.

735. La jurisprudence moderne va même plus loin. Elle établit une différence radicale entre le partage des successions et le partage des sociétés. Voici la raison de cette différence : les héritiers et autres successeurs d'un défunt ont payé les droits pour l'acquisition de la propriété par indivis. Au contraire, en principe général, la mise en société n'encourt aucun droit proportionnel (*suprà*, n° 329). Lors donc que les objets apportés dans la société par Pierre, sont attribués par le partage à Paul, celui-ci, qui acquiert ces objets pour la première fois, doit payer les droits de transmission en conséquence.

I. Ce système est développé, dans les termes suivants, par un arrêt des Chambres réunies, du 16 juin 1842 (1. G. 1683, § 8 ; 1967, § 8 ; R. G. 11827) :

« Vu l'art. 4, les nᵒˢ 2 et 4 du § 3 de l'art. 68 et le nᵒ 1 du § 7 de l'art. 69 de la loi du 22 frimaire an 7 ; — Attendu, en droit, que toute mutation de propriété d'immeubles est soumise au droit proportionnel ; — Attendu que c'est par une faveur spéciale que la loi de l'enregistrement, en cas de société, comme en quelques autres cas exceptionnels, permet que, lorsqu'un associé apporte dans la société, comme mise sociale, la propriété d'un immeuble, il ne soit perçu qu'un droit fixe ; — Attendu, que si à la suite de la dissolution et de la liquidation de la société, la propriété de cet immeuble est attribuée à un associé autre que l'ancien propriétaire, la mutation définitive arrivant, et nul droit proportionnel n'ayant été encore payé, on doit le payer à l'occasion de cette mutation, » etc.

II. Contre cette théorie on fait l'objection suivante : L'apport en société, dit-on (1), opère une transmission actuelle ; si cette transmission ne subit pas le droit proportionnel, c'est qu'elle en est exemptée par une faveur spéciale de la loi ; une exemption légale est équipollente au payement effectif de l'impôt ; donc, continue-t-on, ce n'est plus le cas d'invoquer le principe général de l'art. 4, puisque la loi y fait ici une exception formelle ; la transmission a été opérée par

_____

(1) Comp. C. R. 2789 ; Dall. 3589 ; C. cass. belge, 28 novembre 1844 (R. G. 11827).

l'apport en société ; le partage conserve son caractère habituel d'acte purement déclaratif ; ce n'est pas lui qui est le titre de la transmission, c'est l'apport en société, lequel encore une fois est exceptionnellement exempté du droit proportionnel. La jurisprudence de la Cour de cassation reprend aux contribuables le bénéfice que la loi leur a conféré.

III. Ces objections sont fort graves, voici, pourtant, ce qu'on peut y répondre : Il n'est pas vrai que dans le système de la loi de frimaire, l'apport en société constitue une transmission actuelle, exemptée par faveur du droit proportionnel. D'après la théorie de Pothier, suivie par les auteurs de la loi de frimaire (*suprà*, n° 329-I, III), l'apport en société n'opère mutation que sauf l'évènement ultérieur du partage ; dans ce système, la transmission étant provisoirement suspendue par une condition, il est conforme aux principes généraux de suspendre aussi la perception du droit proportionnel. Quand le partage m'attribue le fonds apporté par vous dans la société, la condition s'accomplit, la mutation s'opère alors rétroactivement ; le droit proportionnel est encouru en vertu du principe, formulé par l'art. 4 de la loi de frimaire, et conformément aux dispositions générales de l'art. 69, § 5, n° 1, et § 7, n° 1, concernant tous actes translatifs de biens meubles ou immeubles. En motivant ainsi la perception du droit proportionnel, on échappe à la plus grave objection des adversaires, à savoir, que l'exemption légale est équipollente au payement effectif de l'impôt ; on appuie aussi la jurisprudence établie sur une base plus solide que ne fait l'arrêt précité.

736. Comme on voit, le système dont il s'agit ne s'appuie pas sur la théorie des *mutations secrètes*, spéciale aux immeubles. Il a pour base le principe général d'exigibilité, formulé par l'art. 4 L. fr. :

« Le droit proportionnel est établi... pour toute transmission de propriété, d'usufruit ou de jouissance de biens meubles et immeubles. »

Si l'on veut être conséquent, il faut donc l'appliquer à tous les objets dont l'individualité peut être constatée, et notamment aux meubles à l'égard desquels le partage *fait titre* de la transmission (V. *suprà*, nᵒˢ 13, 24, 260) (1).

737. De même, le principe, entendu avec cette généralité, n'a rien de commun avec la théorie des *actes correspectifs*, qui suppose la fraude (*suprà*, nᵒ 276). Il faut alors l'appliquer à la communauté conjugale, comme à toute autre société ou communauté. L'application en sera surtout fréquente dans les cas d'ameublissement et de communauté universelle (2).

738. J'ai dû insister sur la différence radicale qui sépare le partage des sociétés du partage des successions ; quant aux règles sur la *licitation*, sur les *soultes* ou *retours de lots*, elles sont communes aux deux matières (V. *suprà*, nᵒˢ 709 et suivants).

§ 4.

De quelques successions particulières.

739. Objet de la présente recherche.
740. Principe général.

_____

(1) En ce sens, Toulouse, 14 mai 1844 (C. R. *supplément*, 693).
(2) Comp. C. R. 2893, et *supplément*, 730 ; Dall. 3414 ; MM. Rodière et Pont, t. 2, nᵒ 180 ; M. Garnier, 1830.

739. Dans les *mutations par décès*, proprement dites, le décès du propriétaire est la cause de la transmission de son patrimoine. Mais il peut arriver que le décès d'une personne soit ou le *terme* (C. N., art. 1185), ou la *condition* (C. N., art. 1168) apposée à un titre antérieur.

Nous avons déjà étudié le décès, considéré comme *terme* de l'exécution d'un titre (V. *suprà*, n̛os 585, 640, 697). Il nous reste à l'envisager comme *condition*.

740. L'effet le plus notable de la condition, c'est la rétroactivité (V. *suprà*, n̛os 30, 607). Quand la personne, appelée par l'évènement du décès, prend les biens comme successeur du défunt, reconnaît en celui-ci son auteur, par suite est tenue de respecter ses actes, il y a, suivant le langage habituel, *succession* proprement dite, ou, suivant la nomenclature de la loi fiscale, *mutation par décès*. Lors, au contraire, qu'à l'événement du décès, la personne appelée prend la chose, affranchie rétroactivement de toutes charges et hypothèques procédant du défunt, le décès est l'accomplissement d'une *condition* ordinaire, validant un titre antérieur.

Tel est le principe général; mais il reçoit en matière de substitutions et de majorats, une exception considérable. Nous y reviendrons tout à l'heure.

741. Le caractère conditionnel appartient certainement au droit de retour *conventionnel*, stipulé dans une donation (*suprà*, n° 592). Le donateur, *s'il survit*, reprend sa chose *ex causa primæva et antiqua* ; il n'est tenu du droit proportionnel à aucun titre (1).

742. Au contraire, le droit de mutation par décès est encouru à raison de certaines successions, qualifiées parfois, en doctrine, du nom *retour légal* (2). Les personnes qui recueillent les biens à ce titre, sont :

L'ascendant donateur (C. N., art. 747);

L'adoptant (art. 351 et 352);

Les descendants de l'adoptant (art. 351);

Les frères et sœurs de l'enfant naturel, enfants légitimes de l'auteur commun (art. 766).

Il manque à toutes ces successions le caractère distinctif du retour proprement dit, la rétroactivité. Le droit de mutation par décès est encouru à leur ouverture.

I-II. Il n'y a pas de difficulté pour en fixer le taux, quant à l'ascendant donateur, ni même quant à l'adoptant; la succession est en ligne directe.

III. Pour les *frères et sœurs légitimes* de l'enfant naturel, comme ils succèdent exclusivement aux choses

---

(1) En ce sens, Circulaire du 23 brumaire an 8. — Comp. Seine 27 avril 1861 (*Rép. pér.* 1506).

(2) V. notamment, sur l'art. 747 C. N., une dissertation de M. Coin-Delisle, *Revue critique*, t. 10, p. 208, et t. 11, p. 207.

qui proviennent de l'auteur commun, on peut se demander s'ils ne viennent pas comme héritiers en ligne directe de celui-ci, plutôt que comme successeurs en ligne collatérale de leur frère naturel. Mais cette opinion ne peut être admise. Les biens dont il s'agit, ils les recueillent seulement s'ils se retrouvent en nature (C. N., art. 766), et conséquemment aussi, sous l'affectation des charges et hypothèques procédant de leur frère. Bien plus, quoique successeurs *in re certa*, ils viennent cependant comme les héritiers et autres successeurs universels, à charge de contribuer aux dettes. Il faut donc appliquer le tarif de la ligne collatérale, relatif aux frères et sœurs, neveux et nièces (6,50 p. 100).

IV. Même question pour les descendants de l'adoptant. Ici encore, le tarif de la ligne directe est écarté (1). Peut-on même considérer les descendants de l'adoptant comme frères et sœurs, neveux et frères de l'adopté? Oui, telle est l'énergie de cette institution de la loi, qui crée dans l'ordre civil des rapports de famille (Comp. C. N., art. 348 ; *suprà, n° 568 bis*).

743. L'ordre de notre recherche nous amène à traiter des *substitutions fidéicommissaires* (C. N., art. 896, 1048, 1049) (2). On appelle ainsi une disposition par laquelle une personne est chargée de conserver et de rendre, lors de son décès, à un tiers, les biens

---

(1) V. *Cassat.* 28 décembre 1829 (I. G. 1307, § 11 ; Dall. 4043 ; R. G. 1289, 3097).

(2) Ces articles, profondément modifiés par la loi du 17 mai 1826, ont été remis en vigueur par la loi du 7 mai 1849. La date de ces deux lois en est le commentaire.

recueillis par elle à titre de donation ou par testament. La personne, gratifiée sous cette charge, se nomme le *grevé ;* le tiers, destiné à recueillir le bénéfice de la restitution, *s'il survit au grevé,* se nomme *l'appelé.*

Pour la perception, la matière doit être envisagée : 1° Au moment de la donation entre vifs ou au décès de l'auteur de la disposition ; — 2° au décès du *grevé.*

I. *Au moment de la donation entre-vifs ou au décès du disposant,* l'*appelé* ne doit aucuns droits, puisqu'actuellement il ne recueille rien. Quant au *grevé,* il doit l'impôt à titre de propriété, non d'usufruit (1). Il est propriétaire sous condition résolutoire, et la condition résolutoire ne fait pas obstacle à la perception du droit entier. Jusques-là, c'est l'application des principes ordinaires. Mais voici qui est spécial à la matière :

Non seulement la donation entre-vifs, ce qui va sans dire, mais ici le testament est un *acte de nature à être transcrit* (C. N., art. 1069). D'où il suit que le droit proportionnel de transcription doit être ajouté d'office au droit fixe d'enregistrement encouru par le testament (*suprà,* n° 654) (2).

Ce point toutefois comporte une distinction : Quand la substitution est faite en ligne directe (C. N., art. 1048), le droit de transcription augmente la somme de l'impôt; car, en ligne directe, le droit d'enregistrement est

---

(1) Voir M. Garnier, nos 11983, 12040, 12046. — Comp. loi du 7 mai 1849, art. 7.

(2) V. *Cassat.* 10 août 1852 (I. G. 1946, § 5) et les autres documents, cités par M. Garnier, 12049-2. Si la charge de rendre est apposée à une *institution contractuelle,* appliquez au contrat de mariage ce qui est dit du testament.

distinct du droit de transcription. Mais, en ligne collatérale, il est admis que les droits, établis par la loi
du 21 avril 1832, *comprennent le droit de transcription*
(I. G. 1399, *suprà*, n° 601). Alors donc que la charge
de conserver et de rendre est imposée par le testateur
à son frère, au profit du fils de ce frère (C. N., art. 1049),
j'admets bien que le droit de transcription doit être
ajouté d'office au droit fixe d'enregistrement exigible
sur le testament ; mais, quand ensuite le frère, *grevé,*
payera les droits de mutation, il faudra imputer ce
droit de transcription sur le droit de 6,50 p. 100.
A plus forte raison, si le payement des droits de mu
tation précède l'enregistrement du testament, le droit
de transcription *étant compris dans ces droits,* ne doit
pas être ajouté au droit fixe. *Non bis in idem !*

II. *Au décès du grevé,* le principe ci-dessus posé
amènerait à décider que *l'appelé* succède rétroactivement comme héritier de l'auteur de la disposition, non
comme héritier du *grevé ;* telle serait la conséquence
de l'adage : *Substitutus capit a gravante, non a gravato.*
Cet adage résume exactement les effets civils de la
substitution ; mais il avait été écarté par l'ancienne
jurisprudence, pour le payement des droits. Par l'effet
de ce genre de disposition, dit Bosquet (v° *substitution*):

« Il s'est formé comme un nouveau genre de succession, où
la volonté de l'homme prend la place de la loi. Les mêmes
droits seigneuriaux et de centième denier, qui sont dus lors
de l'ouverture des successions, sont également dus lorsque les
biens substitués passent des mains de celui qui étoit grevé,
en celles de l'appelé à la substitution. »

Le Code civil, en autorisant dans une certaine mesure

ce même genre de disposition, lui a laissé le caractère qu'il avait jadis. Il s'ensuit qu'au cas de l'art. 1049 C. N., l'appelé, qui est nécessairement fils du grevé, doit l'impôt suivant le tarif de la ligne directe, quoiqu'il recueille francs et quittes les biens du donateur ou testateur, son oncle (1).

744. Les *majorats* sont des substitutions perpétuelles, transmissibles de mâle en mâle par ordre de primogéniture. Cette institution, rétablie par l'empereur Napoléon Ier, en 1806, a été abolie, *pour l'avenir*, par la loi du 12 mai 1835 (2). Mais les majorats constitués antérieurement à cette loi, conservent un effet *transitoire* plus ou moins étendu. A cet égard, il faut distinguer les majorats *de biens particuliers* et les majorats dits *de propre mouvement*, c'est-à-dire ceux qui ont été constitués spontanément par le Souverain, à titre de récompense nationale, sur les biens du domaine public.

I. Aux termes de la loi du 7 mai 1849 (art. 1-2) (3), les majorats *de biens particuliers* conservent leur effet, au *maximum*, pour deux transmissions à partir du premier titulaire, et cela seulement au profit des appelés nés ou conçus lors de la promulgation de ladite loi.

---

(1) En ce sens, C. R. 2455 ; M. Garnier 12046. — Comp. *Cassat.* 11 décembre 1860 (*Rép pér.* 1455).

(2) Cette abolition subsiste toujours. Aussi, il a fallu une loi spéciale pour constituer un véritable majorat au profit du maréchal duc de Malakoff, « en récompense des services éminents qu'il a rendus à la France, comme commandant en chef de l'armée d'Orient, pendant la glorieuse et mémorable campagne de Crimée. » (Loi du 18 mars 1857.)

(3) Sur cette loi, due à l'initiative parlementaire de M. de Parieu, il faut consulter le rapport présenté à l'Assemblée nationale par M. Valette. C'est un monument d'histoire et de doctrine.

En ce qui concerne notre matière, l'art. 7 statue en ces termes :

« La mutation par décès d'un majorat de biens particuliers donnera ouverture au droit de transmission de *propriété* en ligne directe. »

Cette disposition abroge l'art. 6 du décret du 24 juin 1808, suivant lequel cette mutation ne donnait ouverture qu'à un droit égal à celui qui est perçu pour les transmissions de simple usufruit en ligne directe.

II. Quant aux majorats *de propre mouvement,* constitués avant la loi du 12 mai 1835, ils conservent leur plein et entier effet. La perception, en ce qui les concerne, est encore régie par la disposition précitée du décret du 24 juin 1808. Le droit est donc encouru, comme pour usufruit. Et remarquez que, dans tous les cas, la mutation par décès d'un majorat encourt seulement l'impôt de la ligne directe, alors même que la transmission s'opère au profit du frère, du neveu, ou du gendre du titulaire décédé (1).

745. Les règles de perception, concernant les majorats, résultent de la disposition expresse des lois spéciales de la matière ; elles ne tirent pas à conséquence. Mais, en matière de substitution, les principes que j'ai résumés sont unanimement admis par le seul accord de la doctrine et de la jurisprudence. Ces principes se fondent sur le caractère toujours reconnu à ce genre de disposition, en vertu duquel il se forme « *comme un nouveau genre de succession.* » (Bosquet, *loc. cit., suprà,* n° 743-II.) L'Administration a souvent

_____

(1) Voir Délib. 6 décembre 1831 ; M. Garnier, 8382.

prétendu appliquer ces principes à toutes les clauses de *réversibilité*, c'est-à-dire aux stipulations d'un contrat, en vertu desquelles une transmission s'opère au profit d'une personne, *si elle survit à une autre*. Par exemple, plusieurs personnes achètent un immeuble en commun, et il est stipulé que la part des prémourants accroîtra aux survivants. L'Administration, dans une espèce de ce genre, avait vu dans l'accroissement de la part des personnes prémourantes, une mutation par décès. Mais la Cour de cassation, partant d'un point contraire, a décidé :

« Que le droit d'accroissement stipulé dans l'acte des parts des prédécédées au profit de la dernière survivante, n'est qu'une clause aléatoire qui, établie par toutes également constituait pour chacune d'elles, relativement aux autres, un acte commutatif, et qu'ainsi le droit à percevoir était celui d'une mutation à titre onéreux et non celui d'une mutation à titre gratuit (1). »

Cette décision est juridique. Les substitutions sont des dispositions exorbitantes du Droit commun, dont les principes ne doivent être étendus à aucune autre matière.

Opérations à titre gratuit. — Chef unique d'exigibilité du droit proportionnel (suite) : 2. *Transmission d'usufruit.*

746. Textes détachés. — Plan.
747. Droits encourus sur la *transmission* à titre gratuit de l'usufruit.
748. Usufruit légal du père ou de la mère (C. N., art. 384 et 754). — Distinction.
749. De l'usufruit constitué au profit de plusieurs personnes, soit successivement, soit conjointement.

(1) *Cassat.* 9 avril 1856 (*Rép. pér.* 706). Comp. L. 11, Dig., *de reb. dub.* (XXXIV, 5); *Cassat.* 8 août 1848 (*Dev.* 48, 1, 665); Caen 2 avril 1857 (*Rép. pér.* 922); *Cassat.* 1er juin 1858 (*Rép. pér.* 1009); *supra* n° 614.

746. *Textes détachés.* Aux termes de l'art. 14, n° 11, L. fr., relativement aux *meubles :*

« L'usufruit, transmis à titre gratuit, s'évalue à la moitié de la valeur entière de l'objet. »

Aux termes de l'art. 15, n° 8, le droit proportionnel est liquidé, en fait d'*immeubles :*

« Pour les transmissions d'usufruit seulement, soit entre-vifs, soit par décès, *par l'évaluation qui en sera portée à dix fois le produit des biens, ou le prix des baux courans..., sans distinction des charges.* — Lorsque l'usufruitier qui aura acquitté le droit d'enregistrement pour son usufruit, acquerra la nue propriété, il paiera le droit d'enregistrement sur sa valeur, sans qu'il y ait lieu de joindre celle de l'usufruit. »

D'après l'art. 15, n° 7, *in fine :*

« Il ne sera rien dû pour la réunion de l'usufruit à la propriété, lorsque le droit d'enregistrement aura été acquitté sur la valeur entière de la propriété.

En matière d'usufruit, il faut s'attacher à deux épo-

ques : 1° Au jour de la transmission de l'usufruit (1);
2° Au jour de la réunion de l'usufruit à la propriété.

La transmission peut avoir lieu soit à titre onéreux,
soit à titre gratuit. La réunion peut se produire, soit
par voie d'extinction, soit d'une manière anticipée,
par la volonté de l'homme. Ce dernier cas comporte
une distinction, suivant que la volonté de l'homme
procède, soit par renonciation pure et simple, soit par
donation formelle ou par acte de cession.

De là plusieurs combinaisons : L'usufruit, transmis
à titre onéreux, peut se réunir à la propriété, soit par
voie d'extinction, soit par renonciation pure et simple,
soit par donation formelle ou par acte de cession. -

Nous avons abordé cette partie du sujet, au siége de
la matière des opérations à titre onéreux (*suprà*, n°ˢ 334
et 335).

L'usufruit, transmis à titre gratuit, peut aussi bien
se réunir par l'un de ces trois mêmes procédés. C'est
ce qui nous reste à étudier.

747. La transmission d'usufruit à titre gratuit a
lieu par donation entre-vifs ou par décès. Le taux du
droit proportionnel est le même que pour les transmissions gratuites de la propriété. Mais, par l'effet des
règles de liquidation, l'impôt, en matière d'usufruit,
se trouve effectivement réduit à moitié de ce qu'il est
en matière de propriété (V. *suprà*, n°ˢ 350 et 448).

748. Aux termes de l'art. 384 C. N. :

« Le père, durant le mariage, et, après la dissolution du
mariage, le survivant des père et mère, auront la jouissance

---

(1) J'ai expliqué ci-dessus (n° 332) comment le mot *transmission* embrasse même la *constitution* d'usufruit. Joignez la loi 1, § 6, Cod. Just., *de
ead. toll.* (VI, 51).

des biens de leurs enfants jusqu'à l'âge de dix-huit ans accomplis, ou jusqu'à l'émancipation qui pourrait avoir lieu avant l'âge de dix-huit ans. »

Cette jouissance est qualifiée, dans l'usage, du nom d'*usufruit légal*. Mais comme l'acquisition du père ou de la mère ne rentre dans aucune catégorie du tarif, elle n'encourt aucun impôt.

Il n'en est pas de même d'un autre usufruit légal, établi par l'art. 754 C. N., au profit du père ou de la mère, dans la succession de leur enfant décédé. Cette espèce d'usufruit est un véritable droit d'hérédité légitime qui subit le droit proportionnel à ce titre.

749. L'usufruit d'une même chose peut être donné ou laissé à deux ou plusieurs personnes successivement, pourvu que tous les usufruitiers soient au moins conçus au jour de la donation ou au décès du testateur (C. N., art. 906). L'usufruitier en sous-ordre, n'étant appelé que *s'il survit au premier,* ne doit aucun impôt tant que cette condition est pendante. A l'évènement, c'est-à-dire, s'il survit, il est alors tenu des droits, en raison de sa parenté propre avec le donateur ou le testateur.

Même principe, si l'usufruit est donné ou laissé conjointement à plusieurs, avec accroissement de la part des prémourants au profit des survivants. Le décès de chacun des prémourants donnera occasion de percevoir des survivants, à raison de la part qui leur accroît (1).

750. Passons aux différents modes de réunion de l'usufruit à la propriété.

(1) Comp. M. Garnier, 12643 et 13225.

Nous avons vu ci-dessus (n° 333) que la réunion de l'usufruit, par voie d'*extinction*, n'encourt aucun droit proportionnel. L'art. 15, n° 7, fait l'application expresse de ce principe : « Il ne sera rien dû pour la réunion de l'usufruit à la propriété... » Cela va sans difficulté; c'est une déduction de la nature de l'usufruit. Mais notre article ajoute : « *Lorsque le droit d'enregistrement aura été acquitté sur la valeur entière de la propriété.* » En règle générale, l'acquéreur à titre gratuit de la nue-propriété paye les mêmes droits que celui de la propriété pleine (*suprà*, n° 583). Cette règle concerne les mutations par décès, comme les donations entre-vifs. Comment donc peut-il se faire que le droit d'enregistrement n'ait pas été acquitté sur la valeur entière de la propriété? La réponse est que si, par erreur ou omission, la perception du droit entier n'a pas été faite, le recouvrement du droit entier ou du supplément pourra être exigé de l'acquéreur de la nue-propriété, « sans que l'on puisse opposer de prescription, quelque long qu'ait été l'usufruit.» (Bosquet, v° *Rachat ou Relief.*) Le délai de la prescription commencera à courir seulement du jour de la réunion (1).

751. D'après la jurisprudence de la Cour de cassation (V. *suprà*, n° 583), il peut bien arriver encore qu'un acquéreur à titre gratuit de la nue-propriété n'ait payé l'impôt que sur la moitié de la valeur de la propriété pleine. Par exemple, A. recueille une nue-propriété et la transmet à B., soit par donation entre-vifs, soit par décès, avant là réunion de l'usu-

(1) V. pourtant *Cassat.* 31 juillet 1818 (Dall. 5641 ; R. G. 13917).

fruit. B. n'aura payé les droits que sur un capital formé de *dix* fois le revenu des biens. Devra-t-il un droit par supplément, au moment de la réunion? Non. A. a payé, une fois pour toutes, les droits afférents à l'expectative de l'usufruit. Au moyen de cette perception anticipée, l'expectative de l'usufruit circule en franchise, et aucun droit n'est encouru, même au moment où elle se réalise.

752. Venons aux cas où l'usufruit, constitué à titre gratuit, se réunit à la propriété par anticipation.

I. Quand la réunion anticipée résulte d'une renonciation *pure et simple*, percevez le droit fixe de 2 fr. pour enregistrement (1).

Pour ce qui est du droit proportionnel de transcription, je ne pense pas qu'il soit jamais exigible dans ce cas. Cependant, au point de vue de la pratique, il y a lieu de faire certaines distinctions. (A cet égard, V. *suprà*, n° 335. Joignez I. G. 1710, § 1; I. G. 2188.)

La non-exigibilité du droit proportionnel d'enregistrement va sans difficulté dans ce cas, car le nu-propriétaire acquiert l'usufruit par l'énergie de son titre primitif.

II. Mais quand la réunion se produit, soit par l'effet d'une donation formelle de l'usufruitier, soit par un acte de cession, ou ce qui revient au même, par une renonciation onéreuse, la question est délicate. La donation ou la cession, qui procède de l'usufruitier, est, pour le nu-propriétaire, un titre distinct de son titre

_____

(1) Je dis 2 fr., à titre de *renonciation pure et simple* (**L.** fr., art. 68, § 1, n° 1 ; **L.** 1850, art. 8). Ce n'est pas le cas prévu par l'art. 44, n° 4, **L.** 1816. Voir, en sens contraire, **I. G.** 2188.

primitif; jusqu'à l'époque marquée dans ce titre, pour l'extinction de l'usufruit, le nu-propriétaire n'exerce ce droit que comme ayant-cause de l'usufruitier. En acquittant l'impôt sur la propriété entière, à l'origine, il a, il est vrai, payé pour l'expectative de l'usufruit; mais la réunion dont il s'agit ne s'est pas produite en vertu de l'expectative prévue. Par exemple, le fils du testateur recueille une nue-propriété, dont l'usufruit est légué à une personne non parente. Cet héritier paye l'impôt de 1 p. 100 sur la valeur de la propriété entière; ce faisant, il acquitte l'impôt par avance sur la valeur de l'usufruit qui lui fera retour, en vertu de son titre héréditaire. La transmission de la propriété entière va du père au fils et subit seulement le droit de 1 p. 100. Mais si le nu-propriétaire est nanti formellement par l'usufruitier, soit par une donation expresse, soit un acte de cession; à la rigueur, il y a une transmission de l'usufruitier au nu-propriétaire, transmission entièrement distincte de la première et passible d'un droit particulier.

Cependant, la Cour de cassation ne s'arrête pas à cette argumentation rigoureuse, elle applique, même dans ce cas, la disposition de l'art. 15, n° 7. Pourvu que l'impôt ait été acquitté sur la valeur de la propriété entière, le nu-propriétaire n'est plus tenu d'aucun droit proportionnel d'enregistrement pour la réunion de l'usufruit, de quelque façon que cette réunion s'opère, par extinction, par renonciation pure et simple, par donation formelle, par acte de cession ou par renonciation onéreuse.

« Attendu, porte l'arrêt (1), que quel que soit le nombre des mutations subies par la nue-propriété d'un immeuble, il ne peut être perçu qu'un seul droit pour la réunion de l'usufruit à cette nue-propriété, *cette réunion formant la seule mutation réelle quant audit usufruit;* d'où il suit que, si ce droit a été perçu d'avance, il n'y a plus lieu de l'exiger de nouveau, et que le § 7, 2° al., de l'art. 15, L. fr., reçoit ici son application, » etc.

Cette jurisprudence doit être suivie comme plus humaine. Si la loi procède autrement, en cas d'usufruit *réservé par le vendeur*, c'est parce que l'acte de cession d'usufruit est présumé *correspectif* à la vente de la nue-propriété. Cette présomption n'ayant pas lieu dans cette espèce, il ne faut pas analyser avec tant de rigueur la cause de réunion d'usufruit.

753. Si l'acquisition de la nue-propriété subit les mêmes droits que celle de la propriété pleine, c'est qu'une telle acquisition contient virtuellement, pour un temps plus ou moins éloigné, celle de l'usufruit.

Mais lorsque l'usufruitier acquiert la nue-propriété, ce motif n'est plus applicable. Cette considération a dicté la disposition finale de l'article 15, n° 8 :

« Lorsque l'usufruitier *qui aura acquitté le droit d'enregistrement pour son usufruit*, acquerra *la nue-propriété*, il paiera le droit d'enregistrement sur *sa valeur*, sans qu'il y ait lieu de joindre celle de l'usufruit. »

Remarquez que d'après l'économie des textes, l'acquisition dont il s'agit doit être supposée à titre gratuit. Dans ce cas, la valeur de la nue-propriété, c'est celle

_____

(1) *Civ.-rej.* 18 mai 1848 (Devill. 48, 1, 339; Dall. 4552; R. G. 10936-1) Cet arrêt n'a été notifié aux préposés qu'après treize ans par l'I. G. 2188 (V. *Rép. pér.* 1454).

de la propriété pleine, moins celle de l'usufruit, et puisque l'usufruit est évalué à moitié de la propriété pleine, il faut également fixer à moitié la valeur de la nue-propriété. Si l'acquisition est à titre onéreux, le texte précité est inapplicable, mais les principes généraux conduisent au même résultat, et il faut décider que l'usufruitier doit payer l'impôt en proportion du prix de son acquisition (*suprà*, nº 340).

754. La loi n'a aucune disposition expresse quant aux transmissions de *jouissance* à titre gratuit. Mais, d'après une pratique invinciblement établie, toute transmission d'un droit quelconque sur les biens encourt l'impôt. De ce que le droit transmis ne rentre dans aucune catégorie particulière du tarif, il s'ensuit seulement, dit-on, que les règles de liquidation, tracées par la loi, sont inapplicables et qu'il faut recourir à la déclaration estimative des parties (L. fr., art. 16). On applique ce procédé à la constitution à titre gratuit de l'usage, de l'habitation, et généralement de tout droit, qui ne rentre dans la définition exacte ni de la propriété ni de l'usufruit (Comparez *suprà*, nº 21 *bis*, 289, 343).

755. Ici se termine le traité sommaire, dans lequel j'ai dû fondre l'explication des art. 14, 15 et 69 (*suprà*, nº 110). Je rentre désormais dans les conditions habituelles d'un commentaire. Grâce aux principes qui viennent d'être posés, l'explication des articles suivants se bornera le plus souvent à de brèves annotations.

Commentaire de la loi du 22 frimaire an 7 (suite).

ARTICLE 16.

Si les sommes et valeurs ne sont pas déterminées dans un acte ou un jugement donnant lieu au droit proportionnel, les parties seront tenues d'y suppléer, avant l'enregistrement, par une déclaration estimative, certifiée et signée au pied de l'acte.

ARTICLE 17.

Si le prix énoncé dans un acte translatif de propriété ou d'usufruit de biens immeubles à titre onéreux, paraît inférieur à leur valeur vénale à l'époque de l'aliénation, par comparaison avec les fonds voisins de même nature, la régie pourra requérir une expertise, pourvu qu'elle en fasse la demande dans l'année, à compter du jour de l'enregistrement du contrat.

ARTICLE 18.

La demande en expertise sera faite, au tribunal civil du département (1) dans l'étendue duquel les biens sont situés, par une pétition portant nomination de l'expert de la nation.

L'expertise sera ordonnée dans la décade de la demande.

En cas de refus par la partie de nommer son expert sur la sommation qui lui aura été faite d'y satisfaire dans les trois jours, il lui en sera nommé un d'office par le tribunal.

Les experts, en cas de partage, appelleront un tiers expert : s'ils ne peuvent en convenir, le juge de paix du canton de la situation des biens y pourvoira.

Le procès-verbal d'expertise sera rapporté, au plus tard, dans le mois qui suivra la remise qui aura été faite aux experts de l'ordonnance du tribunal, ou dans le mois après l'appel d'un tiers expert.

Les frais de l'expertise seront à la charge de l'acquéreur,

(1) Du *département...* Lisez : de l'*arrondissement*. Loi du 27 ventôse an 9, art. 6 : « Les dispositions de la loi du 22 frimaire relatives aux « administrations civiles et aux tribunaux alors existans, sont applicables « aux fonctionnaires civils et aux tribunaux qui les remplacent. »

mais seulement lorsque l'estimation excèdera d'un huitième au moins le prix énoncé au contrat.

L'acquéreur sera tenu, dans tous les cas, d'acquitter le droit sur le supplément d'estimation, s'il y a une plus-value constatée par le rapport des experts.

ARTICLE 19.

Il y aura également lieu à requérir l'expertise des revenus des immeubles transmis en propriété ou usufruit à tout autre titre qu'à titre onéreux, lorsque l'insuffisance dans l'évaluation ne pourra être établie par actes qui puissent faire connaître le véritable revenu des biens.

756. Textes détachés.
757. Différentes espèces de déclarations, requises par la loi. — Système primitif de la loi de frimaire. — Elément nouveau, apporté par la loi du 27 ventôse an 9.
758. Division du commentaire.

756. *Textes détachés.* L. 27 ventôse, an 9, art. 5 :

« Dans tous les cas où les frais de l'expertise autorisée par les art. 17 et 19 de la loi du 22 frimaire, tomberont à la charge du redevable, il y aura lieu au double droit d'enregistrement sur le supplément de l'estimation. »

L. 15 novembre 1808, *relative aux demandes en Expertise d'immeubles, situés dans le ressort de plusieurs tribunaux.*

« Art. 1er. Lorsque dans les cas prévus par les articles 17, 18, 19 de la loi du 22 frimaire an 7, il y aura lieu à expertise de biens immeubles situés dans le ressort de plusieurs tribunaux, la demande en sera portée au tribunal de 1re instance dans le ressort duquel se trouve le chef-lieu de l'exploitation, ou à défaut de chef-lieu, la partie des biens qui présente le plus grand revenu d'après la matrice du rôle. — Ce même tribunal ordonnera l'expertise partout où elle sera jugée nécessaire, à la charge néanmoins de nommer pour experts des individus domiciliés dans le ressort des tribunaux de la situation des biens, et il prononcera sur leur rapport. — Les experts seront renvoyés, pour la prestation du serment, devant le juge de paix du canton où les biens sont situés.

« Art. 2. Il n'est rien innové en ce qui concerne les expertises d'immeubles dont la mutation s'opère par décès et dont la déclaration se fait au bureau dans l'arrondissement duquel ils sont situés. » (V. *infrà*, nos 784 et suiv., art. 27.)

757. L'impôt de l'enregistrement est assis sur les actes, passés entre les parties, pour le règlement de leurs affaires, ou sur les déclarations passées *ad hoc* devant le receveur pour la liquidation de l'impôt. Si l'acte n'est pas explicite, il y a lieu de le compléter par une déclaration estimative, *certifiée et signée au pied de l'acte;* c'est le cas de l'art. 16. Quant à la déclaration passée *ad hoc* devant le receveur, la loi de frimaire ne l'avait prévue que pour les mutations par décès (V. art. 24, 27, 39). En tout autre cas, l'impôt n'était exigible qu'à raison de la production d'un acte ou de son existence présumée (*suprà*, n° 81). Mais depuis la loi du 27 ventôse an 9, toute mutation entre-vifs de propriété ou d'usufruit de biens immeubles doit être déclarée dans un délai préfix :

« Lors même que les nouveaux possesseurs prétendraient qu'il n'existe pas de conventions écrites entre eux et les précédens propriétaires ou usufruitiers. — A défaut d'actes, ajoute cette loi (art. 4), il y sera suppléé par des déclarations détaillées et estimatives dans les trois mois de l'entrée en possession, à peine d'un droit en sus. »

Ainsi, aujourd'hui, les mutations immobilières entre-vifs peuvent donner lieu à des déclarations *ad hoc* devant le receveur.

758. Voyons maintenant quelles voies sont ouvertes à l'Administration pour contrôler l'évaluation faite par les contribuables dans les *actes* et dans les *déclarations*.

A cet égard, il faut distinguer les meubles et les immeubles. Pour les meubles, la loi n'a tracé aucune règle spéciale (V. *supra*, n° 107); nous verrons tout à l'heure ce qu'il faut conclure de ce silence. Pour les immeubles, la loi a organisé une procédure d'expertise, dont nous allons traiter en premier lieu.

§ 1er.

De l'expertise.

759. Economie des textes de la loi de frimaire :
  Quant aux actes translatifs *à titre onéreux* (art. 17);
  Quant aux transmissions, opérées *à tout autre titre* (art. 19).
760. Lacune des textes :
  I. Quant à l'échange;
  II. Quant aux déclarations, passées en vertu de l'art. 4 de la loi du 27 ventôse an 9.
761. Expertise, en cas de transmission d'usufruit.
762. Procédure. — Dépens. — Double droit.
763. L'expertise n'est pas reçue contre les ventes *judiciaires*. — *Quid* en cas de surenchère sur aliénation volontaire ?

759. En matière d'expertise, la loi établit deux catégories distinctes : actes translatifs *à titre onéreux* (art. 17); Transmissions *à tout autre titre qu'à titre onéreux* (art. 19).

Pour les *actes* à titre onéreux, l'expertise doit être requise dans l'année à compter de l'enregistrement *du contrat*.

Pour les transmissions *à tout autre titre*, autrement dit, pour les transmissions à titre gratuit, le délai *pour faire constater par voie d'expertise une fausse évaluation dans une déclaration* est de deux ans, à compter du

jour de l'enregistrement de ladite déclaration (L. fr.,
art. 61, n° 1); ajoutez : ou à compter de l'enregistrement du contrat de donation entre-vifs.

Ce n'est pas tout. Pour les actes à titre onéreux,
l'appréciation des experts porte sur la valeur vénale
des fonds, comparée au *prix énoncé dans l'acte ;* ajoutez :
ou dans la déclaration complémentaire, certifiée et
signée *au pied de l'acte.*

Pour les transmissions gratuites, l'expertise porte
sur les revenus des immeubles. Le capital ensuite est
déterminé par la présomption légale, et formé pour la
propriété de vingt fois, pour l'usufruit de dix fois le
revenu annuel. En outre, l'expertise des revenus n'est
autorisée que « lorsque l'insuffisance dans l'évaluation
ne pourra être établie par actes qui puissent faire
connaître le véritable revenu des biens. » (Art. 19).
S'il y a un bail courant, l'Administration doit s'y con-
former (art. 15, n° 7), sauf le cas de fraude. C'est un
vieux principe du Droit fiscal. On disait jadis (1) :

« Si le fief est affermé de bonne foi et sans fraude, le seigneur doit se contenter du prix de la ferme. »

De même pour le droit de centième denier (2) :

« Si les biens sont affermés, le droit de centième denier est
dû... sur le pied du capital au denier vingt du revenu lors de
l'ouverture de la succession, et non pas sur le prix des acquisitions. »

760. Tout ce qui précède est compris presque littéralement dans les textes de la loi; mais il reste

---

(1) Guyot, *Traité des fiefs,* t. 2, p. 211. Joignez la Coutume de Paris,
art. 57.

(2) Bosquet, v° *Succession,* n° 4.

deux points à régler : 1° Quant à l'échange ; 2° Quant aux déclarations faites en vertu de l'art. 4 de la loi du 27 ventôse an 9.

I. En matière d'échange, le droit proportionnel est liquidé « par une évaluation qui doit être faite en capital, d'après le revenu annuel multiplié par vingt, sans distraction des charges. » (Art. 15, n° 4). Évidemment, cette disposition ne concerne que les échanges de biens immeubles, *en propriété ;* mais évidemment aussi, dans ce cas, l'expertise doit porter sur les revenus.

Est-ce à dire que l'expertise, alors, soit régie par l'art. 19 ? La lettre de cet article s'y oppose : l'échange est un titre onéreux. La loi d'ailleurs, parle du *revenu annuel,* non du *prix des baux courants* (comp. art. 15, n°s 4 et 7). La tradition historique n'est plus la même que pour les mutations par décès (1). Le bail courant est ici suspect de fraude ; il peut avoir été fait en vue d'un échange ultérieur ; il n'est qu'un élément d'appréciation du revenu moyen.

Cela posé, à moins de refuser toute espèce d'expertise, en cas d'échange, ce qui est insoutenable, il faut recourir aux règles de l'art. 17. Vainement on oppose que cet article parle du *prix* énoncé dans un acte, et qu'à proprement parler, l'échange ne comporte pas de *prix.* C'est là une simple énonciation qui n'est pas exclusive comme la disposition de l'art. 19. Il s'ensuit qu'en matière d'échange, le délai pour requérir l'expertise n'est que d'une année, à compter de l'enregistre-

_____

(1) **V.** le tarif de 1722 (art. 48), et Bosquet v° *Echange.*

ment du contrat, et que, nonobstant les baux courants, l'évaluation donnée par les parties au revenu
annuel, peut être contrôlée par la comparaison avec
les revenus des fonds voisins de même nature (1).

II. Pour ce qui est des déclarations faites en exécution de l'art. 4 de la loi de ventôse an 9, le cas
rentre sous la lettre de l'art. 61, n° 1, de la loi de
frimaire, qui fixe la prescription à deux ans, pour
faire constater par voie d'expertise une fausse évaluation *dans une déclaration*. Il est vrai que cet article ne
prévoyait pas ce genre de déclaration (*suprà*, n° 757).
Mais, dans une matière de pur règlement, il faut
suivre étroitement la lettre de la loi, sinon toute règle
vient à manquer.

761. Autre différence des mutations à titre onéreux et des mutations gratuites :

Dans les premières, sauf en un cas tout spécial
(art. 15, n° 6, *suprà*, n° 337), la loi ne fait pas elle-
même l'évaluation de l'usufruit. Il faut tenir compte,
pour l'expertise, des circonstances particulières de
chaque affaire, de la durée probable de l'usufruit,
suivant l'âge de l'usufruitier, ses chances de longé-
vité, etc. (2). Ce principe notamment est applicable à
un échange d'immeubles en usufruit. L'art. 15, n° 4,
dit, sans distinction, que, pour les échanges, l'évaluation doit être faite en capital, d'après le revenu
annuel multiplié par *vingt*. Or, il est impossible d'admettre que la loi ait attribué à l'usufruit la même

---

(1) V. les variations de la jurisprudence sur ce point, rapportées par
M. Garnier, 6302 et 6316.

(2) V. *Req.* 24 janvier 1844 (I. G. 1713, § 13 ; Dall. 4572 ; R. G. 6235).

valeur qu'à la propriété pleine. Ce texte est donc manifestement inapplicable au cas proposé; il faut recourir à la déclaration estimative des parties; et, s'il y a lieu à expertise, apprécier la valeur vénale de l'usufruit, par un calcul des probabilités (1).

C'est aux seules transmissions gratuites qu'est applicable la présomption légale, fixant la valeur de l'usufruit à moitié de celle de la propriété pleine (art. 14, n° 11, et art. 15, n° 8).

762. Ces différences ne s'étendent pas à la procédure d'expertise. Les mêmes règles sont applicables aux deux catégories de transmissions. L'art. 19, à cet égard, s'en réfère purement et simplement à l'art. 18, qui trace ces règles.

« Les frais de l'expertise, dit cet article, seront à la charge de l'acquéreur, *mais seulement lorsque l'estimation excèdera d'un huitième au moins* le prix énoncé au contrat. »

Les parties ne sont pas suspectes de fraude pour une différence minime. Toutefois, cette minime différence n'est pas négligée. L'article ajoute immédiatement :

« L'acquéreur sera tenu, *dans tous les cas*, d'acquitter *le droit* sur le supplément d'estimation. »

Pour les mutations par décès, la loi, dans l'art. 39, se montre plus sévère : la peine d'un *droit en sus* est encourue pour les *insuffisances constatées* dans les biens déclarés. Cet article ajoute, sans distinction :

« Si l'insuffisance est établie par un rapport d'experts, les contrevenans paieront en outre les frais de l'expertise. »

_____

(1) En sens contraire, Montmorillon, 16 janvier 1861 (*Contr.* 11960).

Il paraît cependant raisonnable de transporter ici la distinction faite par l'art. 18, suivant que l'estimation des experts *excèdera, ou non, d'un huitième le prix énoncé au contrat*. Il y a même raison.

Aujourd'hui enfin, la peine du droit en sus est étendue *à tous les cas où les frais de l'expertise tombent à la charge du redevable* (art. 5 L. ventôse ; *suprà*, nº 756).

Quelle est la foi due au rapport des experts? En règle générale, « les juges ne sont point astreints à suivre l'avis des experts, si leur conviction s'y oppose. » (Code de procédure, art. 323). On tient généralement qu'il en est autrement, en matière d'enregistrement (1). Mais cette prétendue exception ne me paraît fondée ni sur le texte des lois, ni sur les convenances judiciaires. Vainement on oppose qu'il peut y avoir « quelque danger à ce que des évaluations délicates qui donnent lieu à tant de fraudes contre le Trésor public, soient entièrement à la merci d'un Tribunal. » (M. Bonnier, *loc. cit.*) Je ne vois pas moins de danger à laisser ces évaluations *entièrement à la merci des experts*. Je crois donc qu'en cette matière, comme en toute autre, le rapport des experts n'est qu'un élément de preuve, et que l'appréciation de ce rapport est soumise aux juges, dans les termes du Droit commun.

763. La voie de l'expertise est ouverte contre la simulation frauduleuse des parties. La preuve en est

---

(1) V. M. Royer-Collard, *Codes français*, note sur l'art. 323 C. pr.; M. Bonnier, *Traité des preuves*, 2ᵉ édit., nº 88; M. Garnier, 7596 ; *Cassat.* 28 mars 1831, 17 décembre 1844, 24 avril 1850 (Dall. 4671 et 4673), 7 novembre 1859 (*Rép. pér.* 1257).

dans la peine du double droit encourue sur le supplément d'estimation. L'économie de la matière répugne
donc à ce que l'expertise soit ordonnée dans tous les
cas où la vente a eu lieu par autorité de justice (1).
La procédure des ventes judiciaires est pour l'Administration, comme pour les autres intéressés, une
garantie suffisante. C'est donc avec beaucoup de
raison que l'art. 17 fait courir le délai du jour de
l'enregistrement du *contrat,* excluant implicitement
l'expertise contre les *actes judiciaires.*

Quid si la vente judiciaire est provoquée par une
surenchère d'un créancier hypothécaire, à la suite
d'une aliénation volontaire (*suprà,* n° 206) ? Sans difficulté, l'expertise n'est plus recevable, après l'adjudication. A partir de ce moment, l'Administration n'a
plus aucune action contre le premier acquéreur, dont
la propriété est résolue (2). Si l'expertise a été
commencée avant la surenchère, la procédure a été
régulièrement entamée; toutefois, s'il intervient une
adjudication après surenchère :

« Par l'effet résolutoire inhérent à cette adjudication, dit la
Cour de cassation (3), la première vente devant être réputée
non avenue, elle ne peut plus servir de base à aucune action
en faveur de la Régie, quant à la perception du droit, contre
l'acquéreur primitif. »

Cependant la Cour décide que l'acquéreur évincé
doit être condamné aux dépens. Cette décision contrarie les termes des lois fiscales, qui font toujours

(1) V. en ce sens, un arrêt du 26 novembre 1850 (I. G. 1883, § 3.)
Comp. M. Garnier, 1211 *bis.* Joignez art. 1684 C. N.
(2) En ce sens, *Cassat.* 10 février 1852 (I. G. 1920, § 5).
(3) Arrêt du 15 mars 1854 (R. G. 6226).

marcher de pair avec les dépens, et le supplément du droit, et la peine du droit en sus (1); mais elle peut se justifier par les principes du Droit commun, en vertu desquels un plaideur peut être condamné aux dépens pour tous dommages-intérêts.

§ 2.

Si, en matière de meubles, l'Administration peut contrôler la sincérité des actes et déclarations des parties.

764. Objet de cette recherche.

765. Distinction des droits *de mutation* et des droits *d'acte*.

766. Peines contre les *insuffisances constatées* dans les estimations des biens déclarés après décès (L. fr., art. 39).

767. Comment procéder à la constatation? Revirement de la jurisprudence de la Cour de cassation, sur ce point.

768. Le prix d'une vente, même antérieure à la déclaration, ne fixe pas nécessairement la valeur du mobilier pour la perception des droits de mutation par décès.

764. En matière de meubles, la loi n'a organisé aucun mode spécial de contrôler la sincérité des actes et déclarations des parties. Est-ce à dire que l'Administration soit absolument désarmée contre une simulation évidente ou une évaluation dérisoire (2)? Non; la matière est d'interprétation stricte, mais d'interprétation raisonnable (*suprà,* n° 9). Or la raison veut que l'impôt, établi par la loi, ne soit pas éludé ouvertement par la fraude. Il faut donc, en toute matière, une certaine répression. La difficulté, quant aux meubles, est d'en indiquer le degré.

765. Tout d'abord, il faut distinguer les droits *de*

(1) Voir M. Garnier, 6306. Comp. *Civ.-rej.* 28 août 1854 (*Rép. pér.* 194) et *suprà,* n° 43, 193, 205.

(2) Comp. Seine, 5 janvier 1857; Napoléon-Vendée, 17 août 1859 (*Rép. pér.* 804, 1346).

mutation et les droits *d'acte* (*suprà*, n° 13). Pour les premiers surtout, apparaît la nécessité de la répression. L'impôt est le prix de la protection accordée par la loi à la transmission elle-même ; les parties qui ont le bénéfice de cette protection, doivent en acquitter les charges. Quant aux seconds, l'impôt est attaché aux clauses de l'acte instrumentaire. Tant que la simulation n'est pas découverte par les parties elles-mêmes, ou par la constatation d'une contre-lettre, la perception est réglée par la teneur de l'acte. L'intérêt civil des parties est la seule garantie de l'intérêt fiscal du Trésor.

766. En matière de meubles, les transmissions par décès encourent seules un droit de mutation proprement dit (1). Ce sont aussi les seules à l'égard desquelles le texte de la loi de frimaire soit explicite. En effet, aux termes de l'art. 39, la peine du droit en sus est encourue à raison des *insuffisances constatées* dans les estimations des biens déclarés après décès, alors même que l'insuffisance ne serait pas établie par un rapport d'experts. Cette disposition comprend les meubles comme les immeubles. Des lois postérieures, visant ledit art. 39, l'ont appliqué à certains titres (v. L. 18 mai 1850, art. 7; L. 23 juin 1857, art. 10). Il est donc incontestable que, dans tous ces cas, une *insuffisance constatée* est passible d'une peine.

767. Mais comment procéder à la constatation ? Là est le point délicat. On lit dans les motifs d'un arrêt de cassation du 24 mars 1846 (I. G. 1767, § 8) :

---

(1) Quant au droit qui atteint les dons manuels, V. *suprà*, 602.

« Qu'il est de principe général, même en matière d'enregistrement, qu'en l'absence de dispositions spéciales, le Droit
commun reprend son empire ; que, dès lors, la loi du 22 frimaire an 7 ne contenant aucune disposition sur les preuves
spéciales à l'aide desquelles se constateront les omissions et
les insuffisances dans les déclarations estimatives des objets
et effets mobiliers, il faut recourir aux règles prescrites par
le Droit commun. »

Le Droit commun, en matière de preuve, outre le
contenu aux actes, c'est l'interrogatoire de la partie,
et la délation du serment ; de plus, quand il s'agit de
fraude, ce sont encore et la preuve testimoniale, et toutes les présomptions de fait, abandonnées à la prudence
du magistrat (C. N., art. 1353). Le rédacteur de l'arrêt
précité va même jusqu'à reconnaître à l'Administration le recours à la *commune renommée,* la commune
renommée, cette ressource extrême de la femme contre les abus de puissance du mari! (C. N., art. 1415).
Il y a là une exagération sensible. Les procédés du
Droit commun, quant à la preuve, seraient ici pleins
de danger ; ce serait entre l'Administration et les
citoyens une cause perpétuelle d'irritation et de scan-
dale. Le Législateur a reculé devant ces inconvénients.
L'interrogatoire, le serment, la preuve testimoniale (1),
les présomptions de fait, tout cela est incompatible
avec l'économie des lois de l'enregistrement et la procédure spéciale de la matière. Reconnaissons donc
avec M. Garnier (n° 6195) :

(1) Pour les ventes publiques de meubles, la loi du 22 pluviôse an 7
(art. 10 porte) : « La preuve testimoniale pourra être admise sur les ventes
faites en contravention à la présente. » Cette disposition s'explique en
une matière, où il s'agit de constater des faits extérieurs et patents ; mais
elle ne saurait être étendue aux autres parties de la législation fiscale.

« Que s'il est vrai que le législateur n'a pas voulu que les employés restassent tout à fait désarmés devant la fraude qui se glisse si activement dans les évaluations mobilières, il est également certain que leurs moyens de répression, qu'ils trouvent dans l'art. 39 de la loi du 22 frimaire an 7, consistent uniquement à saisir la preuve des fausses évaluations dans les divers faits et actes qui viennent à leur connaissance, *faits et actes qui doivent faire preuve, sans avoir besoin de recourir au Droit commun.* »

Ces actes seront, par exemple, un inventaire, une liquidation, un partage, en un mot, un de ces actes qui, par leur nature, tombent sous le contrôle de l'Administration. Notre doctrine a été consacrée, de la façon la plus explicite, par un arrêt de *cassation* du 29 février 1860 (*Rép. pér.* 1284), où on lit, entre autres, les motifs suivants :

« Attendu que la loi fiscale a voulu que la Régie pût contrôler et réprimer les déclarations fausses ou incomplètes des parties ; mais quand il s'agit des valeurs mobilières qui ne sont pas soumises à l'expertise, l'élément de preuve, en harmonie avec l'esprit de la loi, doit reposer sur des faits et actes parvenus à la connaissance de la Régie et propres à établir juridiquement les insuffisances ou omissions qu'elle allègue, tels que partages, transactions, inventaires, liquidations, répertoires de notaires et autres actes semblables, *soumis à l'enregistrement ;* et il n'a pas été dans l'intention de la loi, pas plus qu'il n'est dans son texte, de permettre à la Régie de se livrer à la recherche des forces mobilières des successions par voie d'enquêtes, et de pénétrer ainsi dans l'intérieur des familles, à l'aide des preuves testimoniales toujours dangereuses et de nature à y jeter l'inquiétude et le trouble ;

Attendu enfin, que ce mode de preuve et la procédure qu'il comporte sont incompatibles avec l'économie de la loi fiscale et avec les formes prescrites en cette matière par les articles 65 L. fr., et 17 L. 27 ventôse an 9, » etc.

Les motifs de l'arrêt relatifs à la preuve testimoniale s'appliquent à *simili*, sinon à *fortiori*, à l'interrogatoire sur faits et articles, à la comparution personnelle et au serment. Ils s'appliquent aussi, par voie de conséquence, aux présomptions *de fait* abandonnés à l'appréciation des juges, puisque, d'après le Droit commun, ces présomptions ne doivent être admises par le magistrat que « *dans les cas seulement où la loi admet la preuve testimoniale* » (C. N., art. 1353). (Voir M. Bonnier, *Tr. des preuves*, 2ᵉ édit., nᵒ 745.) Dans ce dernier cas, il est vrai, ne se rencontre pas la raison *de forme*, tirée de la procédure spéciale de la matière ; mais on y retrouve cette raison *de fond*, tirée du danger qu'il y a « de permettre à la Régie *de pénétrer dans l'intérieur et le secret des familles*, et de se livrer à des recherches *qui sont de nature à y jeter l'inquiétude et le trouble*. » On a un exemple frappant de ce danger dans l'espèce d'un jugement du Tribunal de Versailles du 22 avril 1858 (*Bull. J. Pal.*, nᵒ 528). Pour valider une contrainte, relative à des droits de mutation par décès, le Tribunal, s'autorisant des principes posés par l'arrêt du 24 mars 1846, relevait, entre autres, les circonstances suivantes :

« Que la veuve T... ne se livrait pas à des spéculations de Bourse ; qu'elle n'avait pas trouvé de trésor ; que les mariés T... avaient l'habitude de cacher et enfouir dans les dépendances de leur appartement des sommes considérables ; *qu'il est naturel de penser* que les deux époux avaient connaissance des différentes cachettes, » etc.

De pareilles inductions, laissées au pouvoir discrétionnaire des Tribunaux, n'offrent pas moins de danger

que la preuve testimoniale; l'arrêt du 29 février 1860
y doit mettre fin.

768. Quand un acte, par sa nature, tombe sous
le contrôle de l'Administration, il faut en outre, pour
être utilement invoqué contre les parties, qu'il soit
en contradiction directe avec leur déclaration originaire, qu'il en soit le démenti.

Ce caractère ne se rencontre pas dans la vente
publique des meubles, même quand elle est faite peu
de temps après le décès. Le caprice des amateurs, le
feu des enchères, comme on dit, peuvent avoir fait
monter le prix de la vente beaucoup au-dessus de
l'évaluation, honnêtement déclarée par l'héritier. On
ne doit donc pas poser en principe absolu, que le prix
de la vente détermine la valeur des meubles, pour la
perception des droits de mutation par décès (1).

TITRE III.

Des délais pour l'enregistrement des actes et déclarations.

ARTICLE 20.

Les délais pour faire enregistrer les actes publics, sont,
savoir :

De quatre jours pour ceux des huissiers et autres ayant
pouvoir de faire des exploits et procès-verbaux ;

De dix jours, pour les actes des notaires (2) qui résident
dans la commune où le bureau d'enregistrement est établi ;

De quinze jours, pour ceux des notaires (3) qui n'y résident
pas ;

(1) En ce sens, *Cassat.* 23 février, 10 mai 1858 (*Rép. pér.* 979, 1013).

(2-3) Aux termes de la loi du 24 mai 1834 (art. 23) : « Les actes de
« protêts faits par les notaires devront être enregistrés dans le même délai,
« et seront assujettis au même droit d'enregistrement que ceux faits par les
« huissiers. »

De vingt jours pour les actes judiciaires soumis à l'enregistrement sur les minutes (1), et pour ceux dont il ne reste pas de minutes au greffe, ou qui se délivrent en brevet ;

De vingt jours aussi, pour les actes des administrations centrales et municipales assujettis à la formalité de l'enregistrement.

769. Du notaire commis par justice.
770. Des actes intéressant les Communes et les Établissements publics.
771. Des actes à plusieurs dates.

769. Les délais fixés pour les *actes des notaires,* s'appliquent au notaire commis par justice, comme à tout autre. Cependant les actes du notaire commis sont des *actes judiciaires* et doivent être tarifiés comme tels. Mais il n'y a nulle connexité entre la fixation des droits et le règlement des délais. Sur le premier point, la loi s'attache à la nature de l'acte ; sur le second, à la qualité de l'officier public (*suprà,* n° 17).

770. Des règles particulières ont été tracées par l'Administration supérieure quant aux actes notariés, intéressant les communes et les établissements publics. A cause du temps nécessaire pour obtenir l'approbation de l'autorité compétente, le délai pour l'enregistrement des actes notariés court du jour de la remise, qui doit être faite par le maire au notaire, de l'arrêté du préfet. La remise est constatée par une attestation du maire datée et signée en marge de l'arrêté (Déc. M. fin. 22 janvier 1855. I. G. 2025, § 2). Voy. encore pour les donations faites aux Communes et acceptées provisoirement par le maire dans les termes de la loi du 18 juillet 1837 (art. 48), Déc. M. fin. 9 avril 1860 (1. G. 2184, § 1).

(1) V. art. 38 L. 1816 (*suprà,* n° 61).

Quant aux baux des biens des hospices, v. Décret du 12 août 1807 (I. G. 386, § 6), Déc. M. fin. 26 novembre 1811 (I. G. 561).

771. Suivant un usage anciennement établi, les notaires reçoivent souvent à des dates différentes les signatures des diverses parties contractantes. De graves considérations d'utilité pratique justifient cet usage (1). On se demande alors de quel jour doit courir le délai réglementaire pour l'enregistrement. Il faut distinguer si la comparution des dernières parties est la condition *sine qua non* de l'engagement des premières, l'acte ne devient parfait, conséquemment le délai ne court qu'à partir de la dernière signature. Mais si l'acte est déjà parfait entre les parties qui ont comparu les premières, par exemple, si la comparution des autres parties constitue seulement une intervention accessoire, ou, s'il n'y a aucune connexité entre les diverses conventions insérées dans le même acte ; en ce cas, il faut décider que le délai de l'enregistrement part du jour où la signature, apposée par chaque partie intéressée, au bas de chacune desdites conventions, rend l'acte parfait et irrévocable vis-à-vis de chacun des signataires (2).

ARTICLE 24.

Les testamens déposés chez les notaires, ou par eux reçus, seront enregistrés dans les trois mois du décès des testateurs,

(1) V. un rapport de M. Moreau, notaire à Saint-Omer, Paris, Cotillon, 1860.

(2) Conciliez ainsi Déc. M. fin. 27 avril et 9 mai 1809 (I. G. 432, n° 3; R. G. 522); *Cassat.* 17 janvier 1860 ; *Req.* 21 janvier 1861 (*Rép. pér.* 1273, 1444).

à la diligence des héritiers donataires, légataires, ou exécuteurs testamentaires.

772. « *A la diligence des héritiers,* » etc., et non à la diligence du notaire. Celui-ci a été choisi par le testateur, mais il est étranger à ses héritiers et autres successeurs ; il ne peut donc être tenu de faire pour eux l'avance des droits (Comp. art. 29, *in fine*).

« *Héritiers, donataires, légataires, ou exécuteurs testamentaires.* » Les donataires dont il est ici question sont des donataires *par testament ;* cela résulte du contexte de l'art. 24. Cette dénomination s'explique par l'état du Droit civil, en l'an 7. Les donations *à cause de mort* étaient encore admises, mais elles devaient être faites dans la forme des testaments (V. Ordonnance de 1734, art. 3). Aujourd'hui, la qualification de donataire par testament n'est plus usitée (V. art. 893 ; V. toutefois art. 711 et 1002 C. N.); mais on a appliqué la disposition de notre art. 24 aux donations faites entre époux pendant le mariage. Aux termes d'une Décision du ministre des finances du 26 mars 1838 (I. G. 1577, § 10), rendue à la suite d'un arrêt de la Cour de cassation (1), ces actes ne doivent être présentés à l'enregistrement que dans les trois mois du décès de l'époux donateur. Jusques-là, ils sont affranchis de toute formalité d'enregistrement; par suite, la communication en peut être refusée aux préposés (v. L. fr., art. 54). Cette jurisprudence de l'année 1838 est-elle conciliable avec celle qui a prévalu postérieurement sur la nature et les effets de la donation entre époux (V. *suprà,* n° 606)?

_____

(1) *Req.* 22 janvier 1838 (Dall. 3848); joignez M. Garnier, 4957.

On en peut douter. Puisqu'un tel acte, suivant sa teneur, est susceptible de produire un effet actuel, et d'encourir immédiatement le droit proportionnel, la communication n'en peut être refusée aux préposés de l'Administration. C'est le véritable intérêt des parties; sinon, elles courraient le risque d'un double droit, après le décès. Partant de là, il est conséquent. de percevoir immédiatement sur la donation de biens à venir, entre époux, le droit fixe de donation éventuelle.

ARTICLE 22.

Les actes qui, à l'avenir, seront faits sous signature privée, et qui porteront transmission de propriété ou d'usufruit de biens immeubles, et les baux à ferme ou à loyer, sous-baux, cessions et subrogations de baux, et les engagemens, aussi sous signature privée, de biens de même nature, seront enregistrés dans les trois mois de leur date.

Pour ceux des actes de ces espèces qui seront passés en pays étranger, ou dans les îles ou colonies françaises ou l'enregistrement n'aurait pas encore été établi, le délai sera de six mois, s'ils sont faits en Europe; d'une année, si c'est en Amérique, et de deux années, si c'est en Asie, ou en Afrique.

773. Quant à l'exigibilité des droits, la loi de frimaire mettait sur la même ligne, d'une part, les actes portant transmission de propriété ou d'usufruit de biens immeubles, et, d'autre part, les baux et les engagements de biens de même nature. Mais le système de la loi de frimaire a été renforcé par la loi du 27 ventôse an 9 (art. 4), en ce qui concerne les transmissions immobilières entre-vifs de propriété ou d'usufruit; il ne l'a pas été quant aux transmissions de *jouissance.* De là résulte aujourd'hui, entre ces deux catégories d'actes, une disparité notable (V. *suprà,* nᵒˢ 13, 82, 99).

774. *Iles ou colonies françaises...* L'île de Corse, bien qu'elle forme un département, est soumise à des règles spéciales (V. Arrêté du 21 prairial an 9, et Décision ministérielle du 12 mai 1817).

L'enregistrement a été établi, mais également, avec des règles spéciales :

1° A la Martinique, à la Guadeloupe et ses dépendances, et à la Guyane française, par Ordonnance du 31 décembre 1828 ;

2° A l'Ile-Bourbon, autrement appelée Ile-de-la-Réunion, par Ordonnance du 19 juillet 1829 ;

3° En Algérie, par Ordonnance du 19 octobre 1841 (1).

775. Les actes passés en pays étranger, ou dans les colonies françaises où l'enregistrement n'est pas établi, ont fait l'objet des dispositions suivantes :

I. Loi du 28 avril 1816, art. 58 :

« Il ne pourra être fait usage, en justice, *d'aucun acte* passé en pays étranger ou dans les colonies, qu'il n'ait acquitté les mêmes droits que s'il avait été souscrit en France et pour des biens situés dans le royaume ; il en sera de même des mentions desdits actes dans les actes publics. »

II. Cet article a été modifié par la loi du 16 juin 1824 (art. 4), en ces termes :

« Les actes *translatifs de propriété, d'usufruit ou de jouissance de biens immeubles* situés, soit en pays étranger, soit dans les colonies françaises où le droit d'enregistrement n'est pas établi, ne seront soumis, à raison de cette transmission,

(1) Voir ces documents dans le *Code et dictionnaire d'Enregistrement,* etc., de M. Joseph Camps.

qu'au droit fixe de *dix francs,* sans que, dans aucun cas, le droit fixe puisse excéder le droit proportionnel qui serait dû, s'il s'agissait de biens situés en France. »

III. La loi du 18 mai 1850 (art. 7) assujettit aux droits établis pour les successions ou donations :

« *Les* mutations par décès de fonds publics et d'actions des compagnies ou sociétés d'industrie et de finances étrangers, dépendant d'une succession *régie par la loi française,* et *les* transmissions entre-vifs à titre gratuit de ces mêmes valeurs *au profit d'un Français.* »

IV. Loi du 23 juin 1857, art. 9 :

« Les actions et obligations émises par les sociétés, compagnies ou entreprises étrangères, sont soumises, en France, à des droits équivalents à ceux qui sont établis par la présente loi et par celle du 5 juin 1850, sur les valeurs françaises ; elles ne pourront être cotées et négociées en France qu'en se soumettant à l'acquittement de ces droits. — Un règlement d'administration publique fixera le mode d'établissement et de perception de ces droits, dont l'assiette pourra reposer sur une quotité déterminée du capital social. »

Ce règlement est intervenu à la date du 17 juillet 1857. Les valeurs étrangères font l'objet des art. 10 et 11 dudit règlement (*Rép. pér.* 909).

V. Relativement aux effets de commerce, venant soit de l'étranger, soit des îles ou des colonies, dans lesquelles le timbre n'aurait pas encore été établi, v. L. 11 juin 1859, art. 19, 20, 21 (I. G. 2176 ; *Rép. pér.* 1150).

ARTICLE 23.

Il n'y a point de délai de rigueur pour l'enregistrement de tous autres actes que ceux mentionnés dans l'article précédent, qui seront faits sous signature privée, ou passés en pays étranger, et dans les îles et colonies françaises où l'enregistrement n'aurait pas encore été établi ; mais il ne pourra en être fait aucun usage, soit par acte public, soit en justice, ou devant toute autre autorité constituée, qu'ils n'aient été préalablement enregistrés.

776. Il arrive tous les jours, dans les instances, que, pour éviter l'enregistrement des actes sous seing-privé, le demandeur présente comme purement *verbale* la convention dont il réclame l'exécution. Si le défendeur ne contredit pas l'articulation ainsi présentée, la preuve de la convention résulte de son aveu ; aucune peine n'est alors encourue, car il y a, dans l'espèce, une réticence licite, non une simulation frauduleuse. Seulement, s'il y a lieu, le *droit de titre* est encouru sur le jugement (*suprà*, n° 552).

777. Autre est l'hypothèse de l'art. 57 de la loi de 1816, sur lequel nous nous sommes expliqué ci-dessus (n° 553) (1).

ARTICLE 24.

Les délais pour l'enregistrement des déclarations que les héritiers donataires ou légataires auront à passer des biens à eux échus ou transmis par décès sont, savoir :

De six mois, à compter du jour du décès, lorsque celui dont on recueille la succession est décédé en France ;

De huit mois, s'il est décédé dans toute autre partie de l'Europe ;

D'une année, s'il est mort en Amérique ;

Et de deux années, si c'est en Afrique ou en Asie.

Le délai de six mois ne courra que du jour de la mise en possession, pour la succession d'un absent, celle d'un condamné si ses biens sont séquestrés, celle qui aurait été séquestrée pour toute autre cause, celle d'un défenseur de la patrie,

(1) Joignez *Req.* 29 novembre 1858, et 8 février 1860 (*Rép. pér.* 1133, 1306).

s'il est mort en activité de service hors de son département, ou enfin celle qui serait recueillie par indivis avec la nation.

Si, avant les derniers six mois des délais fixés pour les déclarations des successions de personnes décédées hors de France, les héritiers prennent possession des biens, il ne restera d'autre délai à courir, pour passer déclaration, que celui de six mois, à compter du jour de la prise de possession.

778. Sur la déclaration, en général, voyez *suprà*, nos 656-698.

779. *De deux années, si c'est en Afrique.* Cette disposition n'a pas été modifiée, en ce qui concerne l'Algérie. Ainsi, l'héritier d'une personne décédée en Algérie, jouit encore du délai de deux ans pour la déclaration des biens situés en France. Quant aux biens situés en Algérie, l'impôt de l'enregistrement a là ses règles spéciales, notamment il n'atteint pas les mutations par décès (V. Ordonnance du 19 octobre 1841, art. 4).

780. *Pour la succession d'un absent,* v. L. 1816, art. 40 (*suprà*, n° 680).

781. *Défenseur de la patrie.* C'était l'appellation officielle des militaires, sous la première République. Quand au fond, cette disposition est encore en vigueur. (Nonobst. art. 80, 96-98 C. N.)

782. Succession *qui serait recueillie par indivis avec la nation.* Dans la pensée des auteurs de la loi de frimaire, ces mots font allusion aux lois concernant les émigrés (1). En ce sens, la disposition précitée n'a plus d'intérêt pratique.

(1) Voir, à titre de renseignements historiques: L. 28 mars 1793 (art. 3); L. 17 ventôse an 2 (art. 31); L. 9 floréal et 11 messidor an 3 ; Arrêté du Directoire du 19 germinal an 6.

Toutefois, il peut arriver accidentellement qu'une personne, n'ayant aucun parent, laisse un légataire de quotité (V. encore C. N., art. 907). En ce cas, la succession est recueillie par indivis avec l'Etat, et la lettre de notre article est encore applicable.

ARTICLE 25.

Dans les délais fixés par les articles précédens pour l'enregistrement des actes et des déclarations, le jour de la date de l'acte, ou celui de l'ouverture de la succession, ne sera point compté.

Si le dernier jour du délai se trouve être un décadi, ou un jour de fête nationale, ou s'il tombe dans les jours complémentaires, ces jours-là ne seront point comptés non plus.

783. *Un décadi ou un jour de fête nationale.* Dites aujourd'hui : un dimanche ou un jour de fête légale (Déc. M. fin. 10 messidor an 10 ; I. G. 290, § 19 ; comp. art. 6 L. 27 ventôse an 9).

..... *Jours complémentaires.* Disposition sans objet, depuis la suppression du calendrier républicain.

TITRE IV.

Des bureaux où les actes et mutations doivent être enregistrés.

ARTICLE 26.

Les notaires ne pourront faire enregistrer leurs actes qu'aux bureaux dans l'arrondissement desquels ils résident.

Les huissiers et tous autres ayant pouvoir de faire des exploits, procès-verbaux ou rapports, feront enregistrer leurs actes, soit au bureau de leur résidence, soit au bureau du lieu où ils les auront faits.

Les greffiers et les secrétaires des administrations centrales et municipales feront enregistrer les actes qu'ils sont tenus de soumettre à cette formalité, aux bureaux dans l'arrondissement desquels ils exercent leurs fonctions.

Les actes sous signature privée, et ceux passés en pays étranger, pourront être enregistrés dans tous les bureaux indistinctement.

ARTICLE 27.

Les mutations de propriété ou d'usufruit par décès seront enregistrées au bureau de la situation des biens.

Les héritiers, donataires ou légataires, leurs tuteurs ou curateurs, seront tenus d'en passer déclaration détaillée et de la signer sur le registre.

S'il s'agit d'une mutation, au même titre, de biens meubles, la déclaration en sera faite au bureau dans l'arrondissement duquel ils se seront trouvés au décès de l'auteur de la succession.

Les rentes et les autres biens meubles, sans assiette déterminée lors du décès, seront déclarés au bureau du domicile du décédé.

Les héritiers, légataires ou donataires rapporteront, à l'appui de leurs déclarations de biens meubles, un inventaire ou état estimatif, article par article, par eux certifié, s'il n'a pas été fait par un officier public ; cet inventaire sera déposé et annexé à la déclaration, qui sera reçue et signée sur le registre du receveur de l'enregistrement.

784. Des biens meubles sans assiette déterminée.
875. Les lois fiscales forment un *statut réel*. Conséquence :
  I. Quant aux immeubles ;
  II. Quant au mobilier corporel ;
  III. Quant au mobilier incorporel.
786. Des rentes sur l'Etat.
787. Des valeurs étrangères.
788. Des rentes sur l'Etat, dépendant d'une succession, ouverte dans une colonie où l'enregistrement est établi.

784. *Les rentes et les autres biens meubles, sans assiette déterminée,* etc. Dans la pensée des rédacteurs de la loi de frimaire, il s'agit des rentes *sur particuliers*, et généralement des créances et autres valeurs qualifiées par la doctrine du nom de *mobilier incorporel*. Aujourd'hui, la disposition de l'art. 27 s'applique encore :

1° Aux rentes sur l'Etat (*suprà*, n°s 451 et 689);

2° Aux fonds publics étrangers, et aux titres émis par les compagnies ou sociétés étrangères d'industrie ou de finances, *dépendant d'une succession régie par la loi française* (*suprà*, n° 775).

Le développement de la législation et de la jurisprudence sur ce point exige quelque attention.

785. L'impôt, attribut de la souveraineté, ne peut dépasser les limites du territoire de chaque nation. Mais, en même temps, l'impôt, étant une charge de la propriété, atteint tout possesseur, indépendamment de sa nationalité personnelle. En deux mots, les lois d'impôt forment un *statut réel*.

I. Il suit de là, sans difficulté, que les droits de mutation, entre-vifs ou par décès, sont exigibles à raison de la transmission, opérée au profit d'un étranger, d'immeubles situés en France (comp. C. N., art. 3); et, réciproquement, qu'un Français ne doit, en France, aucuns droits *de mutation*, lorsqu'il acquiert des immeubles situés en pays étranger (comp. art. 4 L. 1824; *suprà*, n° 775-II). Pour les meubles, il est reçu généralement, en doctrine, qu'ils sont régis par la loi du domicile de leur possesseur. *Mobilia ossibus personæ inhærent* (1).

II. La loi de frimaire déroge expressément à cette règle quant au mobilier corporel, *trouvé en France*.

III. Au contraire, quant au mobilier incorporel, la

---

(1) **V. MM. Fœlix** et **Demangeat**, *Traité de Droit international*, 3ᵉ édition (1856), n°s 61 et suiv.

loi semble consacrer la règle, en ordonnant que ce mobilier soit déclaré au *bureau du domicile du décédé*. Il suivrait de là que, si le défunt était domicilié hors de France, aucuns droits ne seraient encourus à raison des créances et autres valeurs, qui n'ont pas d'assiette déterminée. La jurisprudence n'a pas admis ce résultat. Dans l'espèce, dit-on, la perception de l'impôt est suffisamment autorisée par le principe général d'exigibilité, formulé par l'art. 4 de notre loi. Quant à l'art. 26, sa disposition est purement réglementaire.

« Elle n'a pour but que de faciliter le payement des droits, d'une part, en épargnant aux héritiers l'obligation de faire une déclaration dans chacun des bureaux du domicile des débiteurs de créances actives de la succession, et, d'autre part, en centralisant le payement au lieu où, par l'enregistrement des inventaires et autres actes qu'occasionne l'ouverture de la succession, l'existence et le montant des créances laissées par le défunt peuvent être constatées avec le plus d'exactitude. — De la circonstance que la succession s'est ouverte hors de France, il faut seulement conclure que *les rentes et autres biens meubles sans assiette déterminée doivent être déclarés au bureau de l'enregistrement dans l'arrondissement duquel se trouve le débiteur des valeurs mobilières;* car c'est là qu'est située la chose transmise et que le créancier doit venir exercer ses droits (1). »

Cette argumentation est loin d'être convaincante. On pourrait dire qu'il y a pétition de principes à considérer comme *situés en France,* les mêmes biens que la loi reconnaît être *sans assiette déterminée.* Mais, sans doute,

----

(1) I. G. 2003, § 3. A l'appui de cette interprétation, l'Instruction cite quatre arrêts de la Cour de cassation, des 27 juillet 1819, 16 juin et 10 novembre 1823, 29 août 1837. — Joignez *Req.* 20 janvier et 29 novembre 1858 (*Rép. pér.* 981, 1125).

il a paru bon de ne pas raisonner avec ce scrupule, quand il s'agit d'une succession dont l'auteur, domicilié hors de France, est presque toujours un étranger, et le plus souvent aussi laisse des héritiers étrangers. Puisque ces héritiers jouissent de la protection de nos lois pour le recouvrement de leurs créances, il est juste qu'ils en subissent les charges, et qu'à leur égard le Trésor soit admis à prendre, son bien où il le trouve.

786. Cette jurisprudence était passée à l'état de *fait accompli*, lorsqu'en 1850 le Législateur l'a consacrée implicitement, en l'appliquant aux mutations par décès et aux transmissions entre-vifs, à titre gratuit, d'inscriptions sur le grand-livre de la dette publique. En effet, la loi du 18 mai 1850 soumet ces valeurs à l'impôt sans distinguer si la succession, est, ou non, *régie par la loi française*, ni si la transmission entre-vifs, à titre gratuit, a lieu, ou non, *au profit d'un Français*. (Comp. article 7 de ladite loi, alinéas 1 et 2.) Dans tous les cas, l'héritier ou le donataire doit l'impôt pour les rentes françaises. La loi s'attache donc uniquement au domicile du débiteur, qui, dans l'espèce, est le Gouvernement français (1).

787. Au contraire, la distinction est fondamentale, quand il s'agit des valeurs étrangères. Dans ce cas, s'agit-il de mutation par décès, l'impôt est dû *si la succession est régie par la loi française*, c'est-à-dire si le défunt a eu son dernier domicile en France; s'agit-il de donation entre-vifs, l'impôt est dû *si la transmission*

---

(1) Pour les inscriptions *départementales* de rentes sur l'État, V. Seine, 14 août 1858 (*Rép. pér.* 1071).

est opérée au profit d'un Français (L. 18 mai 1850, art. 7; *suprà*; n° 775). C'est un retour à la règle : *Mobilia ossibus personæ inhærent.*

Remarquez cependant que, parmi les valeurs étrangères, la loi de 1850 n'assujettit à l'impôt que les fonds publics et les actions des Compagnies ou Sociétés d'industrie ou de finances. Cette précision s'explique par l'état antérieur de la jurisprudence. L'Administration partait de cette idée : que l'impôt est dû pour toute valeur, recouvrable en France. Elle considérait comme telles les valeurs étrangères, cotées à la Bourse de Paris. La Cour de cassation avait repoussé cette prétention. La facilité de négocier en France des valeurs étrangères n'empêche pas que le débiteur ne soit le Gouvernement étranger ou la Compagnie étrangère qui les a souscrites; ces valeurs demeuraient donc affranchies de l'impôt, à raison du domicile du débiteur (1). La loi du 18 mai 1850 a fait cesser cette immunité pour toutes les valeurs étrangères dont la négociation peut s'opérer aisément en France, alors même qu'elles ne seraient pas officiellement cotées à la Bourse de Paris ou de toute autre ville de France.

Il résulte *a contrario* de cette loi, que les créances sur un particulier, domicilié à l'étranger, ne subissent aucun droit de mutation par décès, alors même qu'elles dépendent d'une succession régie par la loi française.

788. La loi du 18 mai 1850 n'ayant pas été promulgée dans les colonies, les rentes sur l'Etat, dépendant d'une succession ouverte dans une des colonies où

---

(1) V. l'arrêt du 2 juillet 1849 (I. G. 1844, § 6; R. G. 6065).

l'enregistrement est établi, continuent de jouir de l'immunité qui leur est assurée par les Ordonnances qui les régissent (1).

TITRE V.

Du paiement des droits, et de ceux qui doivent les acquitter.

ARTICLE 28.

Les droits des actes et ceux des mutations par décès seront payés avant l'enregistrement, aux taux et quotités réglés par la présente.

Nul ne pourra en atténuer ni différer le paiement, sous le prétexte de contestation pour la quotité, ni pour quelque autre motif que ce soit, sauf à se pourvoir en restitution, s'il y a lieu.

789. Quand un acte est présenté à l'enregistrement, le receveur peut refuser la formalité, si les droits ne sont pas payés tels qu'ils ont été déterminés par lui, sauf au redevable *à se pourvoir en restitution, s'il y a lieu.* Tel est le cas prévu par notre article.

Dans tous les autres cas, notamment, si une déclaration a été omise, si un acte n'a pas été présenté dans le délai préfix, s'il s'agit d'une perception supplémentaire, le receveur décerne une *contrainte*, et l'*opposition* à la contrainte en interrompt l'exécution (L. fr., art. 64).

ARTICLE 29.

Les droits des actes à enregistrer seront acquittés, savoir :
Par les notaires, *pour les actes passés devant eux ;*
Par les greffiers, *pour les actes et jugemens* (sauf le cas prévu par l'art. 37 ci-après) *qui doivent être enregistrés sur les minutes, aux termes de l'art. 7 de la présente, et ceux pas-*

(1) En ce sens, *Civ.-rej.* 12 août 1857 (I. G. 2114, § 9).

*sés et reçus aux greffes, et pour les extraits, copies et expédi-
tions qu'ils délivrent des jugemens qui ne sont pas soumis à
l'enregistrement sur les minutes ;*

Par les secrétaires des administrations centrales et municipales, *pour les actes de ces administrations qui sont soumis à
la formalité de l'enregistrement, sauf aussi le cas prévu par
l'art. 37.*

Par les parties, *pour les actes sous signature privée, et ceux
passés en pays étranger, qu'elles auront à faire enregistrer ;
pour les ordonnances sur requêtes ou mémoires, et les certificats qui leur sont immédiatement délivrés par les juges ; et
pour les actes et décisions qu'elles obtiennent des arbitres, si
ceux-ci ne les ont pas fait enregistrer ;*

Et par les héritiers, légataires et donataires, leurs tuteurs
et curateurs, et les exécuteurs testamentaires, *pour les testamens et autres actes de libéralité à cause de mort.*

790. Obligation des notaires. — Action *subsidiaire* de l'Administration
contre les parties. Même en cas d'insolvabilité du notaire, cette
action n'est pas toujours recevable.
791. Limitation de l'obligation des notaires.
792. Obligation des greffiers.
793. Obligation des secrétaires-généraux de préfecture, des sous-préfets
et des maires.
794. Restriction de l'obligation des greffiers et des agents administratifs.
— Renvoi à l'art. 37.
795. Obligation *des parties,* quant aux actes sous seing-privé, etc. —
D'après la jurisprudence, cette obligation existe *in solidum*
contre chacune d'elles.
796. Obligation des héritiers, légataires, etc., quant aux testaments.

790. *Par les notaires...* Le notaire, pour les actes
passés devant lui (1), est en première ligne, vis-à-vis
de l'Administration, le débiteur de l'impôt. L'Administration n'a contre les parties qu'une action subsidiaire,

(1) Il est constant que cette disposition ne concerne pas le *notaire en
second.*

en cas d'insolvabilité du notaire. Et même dans ce
cas, si les parties prouvent qu'elles ont consigné aux
mains du notaire les fonds destinés au payement des
droits (1), elles sont quittes envers le Trésor, car elles
ont remis les fonds au notaire, officier public, préposé
en cette partie; elles n'ont donc aucune faute à s'imputer et ne doivent pas souffrir de l'infidélité de cet
officier.

Ajoutons que, dans l'espèce, les parties ne peuvent
verser directement les fonds entre les mains du receveur. Celui-ci ne doit percevoir l'impôt que sur la
production de l'acte. Or, la minute de l'acte est entre
les mains du notaire, qui se trouve ainsi l'intermédiaire forcé de l'Administration et des parties. Cette
considération rend manifeste l'équité du résultat qui
précède.

791. L'obligation des notaires, quant au payement
des droits, reçoit quelques limitations importantes.
Ainsi, il a été décidé (2) :

« Que les notaires ne sont tenus de faire l'avance qué des
droits d'enregistrement légalement dus, suivant la nature des
actes passés devant eux ; et que, dans le cas où la Régie croit
pouvoir attaquer ces actes, sous le rapport de leur validité ou
régularité, et leur refuser, pour quelque cause que ce soit,
les effets que la loi leur attribue, c'est contre les parties pour
lesquelles le notaire a reçu lesdits actes, qu'elle doit intenter
son action. »

(1) Par exemple, en produisant une expédition de l'acte contenant une
fausse relation de l'enregistrement. — Voyez sur ce point les dispositions
réglementaires, portées par une Décision du Ministre des finances du
1er septembre 1807 (I. G. 340), et une Circulaire du Directeur général
du 19 mars 1808.

(2) *Civ.-rej.* 12 février 1834 (Dall. 79).

Il est également admis dans la pratique, que toute action pour le payement d'un droit non perçu ou d'un supplément de perception sur un acte notarié, doit être dirigée contre les parties, attendu que lorsque l'acte, après le payement des droits réglés par le receveur, a reçu la formalité, les devoirs du notaire à cet égard, sont entièrement remplis (1).

792. *Par les greffiers...* Une fois pour toutes, quand il s'agit des actes judiciaires, rappelez-vous que la loi de 1816, art. 38 (*suprà*, n° 61), a abrogé les distinctions faites par la loi de frimaire, relativement à l'enregistrement sur les minutes.

793. *Par les secrétaires des administrations centrales et municipales...* La loi de frimaire a été votée sous le Directoire. Avec le Consulat, est venue une nouvelle organisation administrative de la France. La loi du 22 pluviôse an 8 l'a établie sur des bases qui, sauf des modifications partielles, subsistent encore aujourd'hui. Ce qui est dit, dans notre article, des secrétaires des administrations centrales et municipales, doit être appliqué aux *fonctionnaires qui les remplacent* (art. 6 L. 27 ventôse an 9 ; *suprà*, n° 755). Les secrétaires-généraux des préfectures ou les conseillers de préfecture, en faisant fonctions, sont des fonctionnaires publics remplaçant les secrétaires des anciennes *administrations centrales*. La disposition de notre article 29 leur est donc applicable sans difficulté. Mais les anciennes *administrations municipales* ont été remplacées par

_____

(1) Déc. M. fin., 7 juin 1808 (I. G. 386, n° 28 ; M. Masson-Delongpré, 914).

les sous-préfets et les maires (V. ladite loi du 22 pluviôse an 8, art. 9 et 12). Les secrétaires, qui peuvent
exister dans les sous-préfectures ou dans les mairies,
ne sont pas des fonctionnaires publics ; ils ne remplacent pas les secrétaires des anciennes administrations
municipales. Il a donc été décidé (1), avec raison, que
les obligations, imposées à ces derniers par la loi de
frimaire, incombent aujourd'hui personnellement aux
sous-préfets et aux maires.

794. En posant le principe de l'obligation des
greffiers et des agents administratifs, la loi annonce
qu'une restriction considérable y est apportée par
l'art. 37 ci-après. Nous verrons, sur cet article, pourquoi la même restriction ne concerne pas les notaires.
D'ailleurs, sauf l'effet de cette réserve, les greffiers et
les agents administratifs, sont, vis-à-vis de l'Administration, tenus directement et en première ligne, du
payement des droits encourus par les actes de leur
ministère.

795. *Par les parties...* La jurisprudence considère
chacune des parties comme tenue, seule pour le tout,
des droits encourus par l'acte auquel elle figure. Cela
résulte, dit la Cour de cassation (2) :

« Du rapprochement des articles 29, 30 et 31 de la loi du
22 frimaire an 7... En effet, en ce qui concerne les actes sous
seing-privé, l'art. 29 veut que les droits d'enregistrement soient
dûs *par les parties ;* — Pour les actes authentiques, l'article 30
reconnaît le même principe, par cela seul qu'il accorde aux
notaires une action contre toutes les parties, pour s'en faire

(1) Déc. M. fin. 9 septembre 1806 (I. G. 318 ; R. G. 300 *bis*, 11548).
(2) *Civ.-rej.* 26 juillet 1853 (I. G. 1986, § 12).

rembourser les droits d'enregistrement dont ils ont fait l'avance pour elles, cette action en recours ayant pour cause l'obligation qui pesait à la fois sur toutes les parties envers la Régie. — Que si l'art. 31 met à la charge des *nouveaux possesseurs* et *débiteurs* les droits des actes civils et judiciaires, cette règle détermine seulement les obligations des parties entre elles, et non pas leurs obligations à l'égard de la Régie. »

La Cour a même décidé (1) :

« Qu'il n'y a pas à distinguer entre les actes sous signature privée dont l'enregistrement est obligatoire et ceux dont l'enregistrement est facultatif, aux termes des articles 22 et 23 de la loi du 22 frimaire an 7 ; — Que dès que ces actes sont présentés à l'enregistrement par l'une des parties, la Régie peut s'adresser aux autres, sauf leur recours contre qui de droit. »

Remarquez, dans la rédaction de ces arrêts, avec quel soin la Cour évite de prononcer le mot de *solidarité*. En effet, aux termes de l'art. 1202 C. N. :

« La solidarité ne se présume pas; il faut qu'elle soit expressément stipulée. — Cette règle ne cesse que dans le cas où la solidarité a lieu de plein droit, *en vertu d'une disposition de la loi.* »

La disposition de la loi de frimaire n'est pas expresse; aussi ne s'agit-il pas, dans l'espèce, d'une solidarité parfaite et proprement dite, mais seulement d'une solidarité imparfaite, d'une obligation purement *in solidum,* comme dit l'École (2). Il suit de là que les

---

(1) *Cassat.* 10 mars 1858 (I. G. 2137, § 9; *Rép. pér.* 996). — Le même principe est appliqué aux mutations secrètes, *Cassat.* 1er février 1859 (*Rép. pér.* 1137), et aux jugements, *Cassat.* 9 avril 1861, Seine, 8 juin 1861 (*Contr.* 12011, 12023).

(2) Voir M. Rodière, *De la solidarité et de l'indivisibilité,* nos 168 à 175; M. Mourlon, sur les art. 1200 et suiv. C. N.; comp. *suprà,* no 660.

parties ne sont pas obligées, comme mandataires les unes des autres, au payement des droits; conséquemment, les poursuites exercées contre l'une d'elles n'interrompraient pas la prescription à l'égard des autres (v. C. N., art. 1206).

796. « *Par les héritiers... pour les testamens,* » etc. — Ce que dit la loi des *héritiers* doit s'entendre exclusivement des héritiers testamentaires, c'est-à-dire des légataires universels. On ne comprendrait pas que l'héritier légitime fût débiteur de l'impôt, à raison d'un acte qui le dépouille, et dont il peut ignorer l'existence.

Le texte porte : « Pour les testamens et *autres actes de libéralité à cause de mort.* » Dans la pensée du rédacteur de la loi de frimaire, ces derniers mots font allusion aux donations à cause de mort et aux codicilles. Mais aujourd'hui il n'y a plus de donations à cause de mort (C. N., art. 893), et les codicilles ne se distinguent plus des testaments (C. N., art. 1002). La disposition qui nous occupe, est-elle applicable aux donations éventuelles? Certainement non, pour ce qui est des institutions contractuelles, passibles du droit de donation éventuelle sur le contrat de mariage, à la diligence du notaire. Quant aux donations entre époux, j'ai dit ci-dessus (nᵒˢ 609, 772) pourquoi elles me paraissent également assujetties aux règles générales sur l'enregistrement des contrats. La disposition finale de l'article 29 sur les actes *de libéralité à cause de mort* demeure donc applicable aujourd'hui aux seuls testaments.

Nous avons vu, sur l'article 24, pourquoi les testa-

48

ments ne doivent pas être enregistrés à la diligence des notaires (*suprà*, n° 772).

ARTICLE 30.

Les officiers publics qui, aux termes des dispositions précédentes, auraient fait, pour les parties, l'avance des droits d'enregistrement pourront prendre exécutoire du juge de paix de leur canton, pour leur remboursement.

L'opposition qui serait formée contre cet exécutoire, ainsi que toutes les contestations qui s'élèveraient à cet égard, seront jugées conformément aux dispositions portées par l'art. 65 de la présente, relatif aux instances poursuivies au nom de la nation.

797. Bien que les officiers publics soient tenus en première ligne, vis-à-vis de l'Administration, il est évident que l'impôt est la dette des parties, et que celles-ci doivent le supporter, en définitive. De là, le recours accordé aux officiers publics qui ont fait l'avance des droits. Ce recours est facilité par les formes de la procédure spéciale usitée en matière d'enregistrement.

De ce que le recours est accordé à l'officier public, à raison des avances par lui faites *pour les parties*, sans distinction, la Cour de cassation conclut que l'action de l'officier peut être exercée contre chacune d'elles *in solidum*, c'est-à-dire, pour le tout (*suprà*, n° 795).

Enfin, puisque l'Administration est créancière de l'officier public, lequel est créancier des parties, l'Administration, en cas d'insolvabilité de l'officier, peut attaquer les parties. Mais, chose remarquable! elle n'agit alors que comme exerçant les actions de ce dernier (v. C. N., art. 1166; *suprà*, n°s 790, 794).

ARTICLE 31.

Les droits des actes civils et judiciaires emportant obligation, libération, ou translation de propriété ou d'usufruit de meubles ou immeubles, seront supportés par les débiteurs et nouveaux possesseurs ; et ceux de tous les autres actes le seront par les parties auxquelles les actes profiteront, lorsque, dans ces divers cas, il n'aura pas été stipulé de dispositions contraires dans les actes.

798. Il faut distinguer l'obligation *des parties* vis-à-vis de l'Administration, et les obligations respectives de ces mêmes parties vis-à-vis les unes des autres. La première est *in solidum*, d'après la jurisprudence ; les secondes sont réglées par notre article 31, mais en tant qu'*il n'aura pas été stipulé de dispositions contraires dans les actes.*

Dans les actes sous seing-privé, on stipule souvent que l'enregistrement sera *à la charge de celle des parties qui y donnera lieu.* Cette stipulation est-elle licite ? Cela est certain à l'égard des actes dont l'enregistrement est facultatif (V. art. 23). On en peut douter à l'égard des autres (V. art. 22), car il semble que c'est stipuler une peine contre l'acquittement d'une obligation légale (1). Cependant, même dans ce cas, la Cour de cassation a fait prévaloir le principe de la liberté des conventions (2).

(1) V. en ce sens un arrêt de la Cour de Bourges du 13 mars 1829 (Dall. v° *obligation*).

(2) *Req.* 13 mars 1839 (Dall. 5126). Il s'agissait, dans l'espèce d'une *vente immobilière.* Le pourvoi rejeté était dirigé contre un arrêt de la Cour de Caen, en date du 5 février 1838. Le jugement de 1re instance, infirmé par cette Cour, avait annulé la clause comme contraire à l'ordre public. — Joignez *Req.* 16 août 1860 (*Rép. pér.* 1369); *Civ.-rej.* 6 novembre 1860 (*J. Pal.* 1861, p. 530); Cour de Paris, 16 février 1861 (*Contr.* 12012).

ARTICLE 32.

Les droits des déclarations des mutations par décès, seront payés par les héritiers, donataires ou légataires.

Les cohéritiers seront solidaires.

La nation aura action sur les revenus des biens à déclarer, en quelques mains qu'ils se trouvent pour le paiement des droits dont il faudrait poursuivre le recouvrement.

799. Je ne reviendrai pas sur les développements donnés à l'explication de cet article, dans le traité des mutations par décès (*suprà*, nos 659, 668). Remarquons seulement qu'ici la solidarité est expressément portée par la loi *entre cohéritiers*. Je n'ai pas hésité à voir dans cette disposition le principe d'une solidarité parfaite et proprement dite (Comp. *suprà*, nos 660, 795). Les lois postérieures, qui ont eu à statuer sur la solidarité, ont eu soin de prévenir toute équivoque par des dispositions impératives. Voyez notamment pour les droits de timbre, l'article 75 de la loi de 1816; et pour les transmissions d'offices, l'article 11 de la loi du 25 juin 1841.

TITRE VI.

Des peines pour défaut d'enregistrement des actes et déclarations dans les délais, et de celles portées relativement aux omissions, aux fausses estimations et aux contre-lettres.

ARTICLE 33.

Les notaires qui n'auront pas fait enregistrer leurs actes dans les délais prescrits, paieront personnellement, à titre d'amende et pour chaque contravention, une somme de cinquante francs, s'il s'agit d'un acte sujet au droit fixe, ou une somme égale au montant du droit, s'il s'agit d'un acte sujet au droit proportionnel, sans que dans ce dernier cas, la peine puisse être au-dessous de cinquante francs.

Ils seront tenus, en outre, du paiement des droits, sauf leur recours contre les parties pour ces droits seulement.

800... « *Dans les délais prescrits* »... V. art 20.

... « Paieront *personnellement* »... c'est-à-dire, sans recours contre les parties, comme l'explique la fin de l'article (Comp. *suprà,* n° 797).

...« *Et pour chaque contravention* »,... La loi exclut formellement ici le système du non-cumul des peines (1).

801... « Une somme de *cinquante francs* »... La loi du 16 juin 1824 (art. 10) a abaissé la pénalité par la disposition suivante :

« Les amendes progressives prononcées dans certains cas (2), contre les fonctionnaires publics et les officiers ministériels, par les lois sur l'enregistrement et le dépôt des répertoires, sont réduites à une seule amende de *dix francs,* quelle que soit la durée du retard. — Toutes les amendes fixes prononcées par les lois sur l'enregistrement, le timbre, les ventes publiques de meubles et le notariat, *ainsi que celles résultant du défaut de mention des patentes dans les actes* (3) et du défaut de consignation des amendes d'appel, sont réduites, savoir :

Celles de *cinq cents* francs, à *cinquante* francs ;

Celles de *cent* francs, à *vingt* francs ;

Celles de *cinquante* francs, à *dix* francs ;

Et toutes celles au-dessous de *cinquante* francs, à *cinq* francs. »

(1) Comp. *Code des délits et des peines,* du 3 brumaire an 4, art. 446 ; Code d'instr. crim., art. 365 ; M. Bertauld, *Cours de Droit pénal,* p. 315 ; M. Trébutien, *Cours de Droit criminel,* t. 1, p. 312 ; un arrêt de la Cour de Cassation du 28 février 1857 (Devill 57, 1, 389), et une dissertation de M. Bigard (*Revue pratique,* t. 4, p. 555).

(2) Voir notamment art. 37 et 51 L. fr.

(3) Cette disposition est devenue sans objet. La loi du 18 mai 1850 (art. 22) a abrogé les lois concernant la mention des patentes. Voir I. G. 1856, et M. Garnier, 9594.

La peine contre un huissier ou autre ayant pouvoir de faire des exploits ou procès-verbaux, est, pour un exploit ou procès-verbal non présenté à l'enregistrement dans le délai, d'une somme de vingt-cinq francs (1); et de plus une somme équivalente au montant du droit de l'acte non enregistré. L'exploit ou procès-verbal non enregistré dans le délai, est déclaré nul, et le contrevenant responsable de cette nullité envers la partie.

Ces dispositions, relativement aux exploits et procès-verbaux, ne s'étendent pas aux procès-verbaux de vente de meubles et autres objets mobiliers, ni à tout autre acte du ministère des huissiers sujet au droit proportionnel. La peine pour ceux-ci sera d'une somme égale au montant du droit, sans qu'elle puisse être au-dessous de cinquante francs (2). Le contrevenant paiera en outre le droit dû pour l'acte, sauf son recours contre la partie pour ce droit seulement.

802. « *L'exploit est déclaré nul* »... Cette disposition n'a pas un but fiscal; elle a surtout pour objet de contrôler les exploits et procès-verbaux. Mais la loi ne pouvait l'étendre aux actes du ministère des huissiers, sujets au droit proportionnels, comme sont, par exemple, outre les ventes de meubles, les procès-verbaux d'offres réelles *acceptées* par le créancier (Comp. *suprà*, n° 538). Ces actes font preuve d'une convention translative, c'est pour cela qu'ils sont sujets au droit proportionnel; or, si la faute de l'huissier peut porter grief à la partie qui lui a donné commission, il serait déraisonnable de faire pâtir de cette négligence les tiers dont l'huissier a reçu le consentement.

803. Sauf le cas où l'acte est déclaré nul, c'est tou-

---

(1) *Cinq* fr. L. 1824 (art. 10).
(2) *Dix* fr. L. 1824 (art. 10).

jours la signature de l'huissier, non l'enregistrement, qui lui confère date certaine. Ainsi un acte du premier février, par exemple, enregistré dans le délai de quatre jours, c'est-à-dire le cinq février, au plus tard (voyez art. 20 et 25), aura vis-à-vis des tiers la date du premier (Voy. toutefois art. 64, *in fine*).

804. « Le contrevenant paiera en outre *le droit dû pour l'acte* »... Voilà pour le cas où l'acte, non-enregistré dans le délai, n'est pas déclaré nul. La loi s'exprime différemment dans le cas où elle prononce la nullité. La peine est alors : « Une somme *équivalente au montant du droit de l'acte non-enregistré.* » (Comp. art. 40, *in fine.*) Cette somme, *équivalente au droit*, n'est pas un droit, mais une amende. La nullité de l'acte est ici édictée pour contravention à la loi de l'enregistrement. Il s'ensuit que l'Administration peut opposer cette nullité, que même les juges la doivent prononcer d'office. En cet état, il serait contradictoire que l'Administration perçût le droit afférent à l'acte, suivant sa teneur apparente, alors qu'elle-même a qualité pour relever cette apparence menteuse. Voilà pourquoi la perception a lieu à titre d'amende (V. *suprà*, n° 50-IX).

ARTICLE 35.

Les greffiers qui auront négligé de soumettre à l'enregistrement, dans le délai fixé, les actes qu'ils sont tenus de présenter à cette formalité, paieront personnellement, à titre d'amende et pour chaque contravention, une somme égale au montant du droit.

Ils acquitteront en même temps le droit, sauf leur recours pour ce droit seulement, contre la partie.

ARTICLE 36.

Les dispositions de l'article précédent s'appliquent également aux secrétaires des administrations centrales et municipales (1), pour chacun des actes qu'il leur est prescrit de faire enregistrer, s'ils ne les ont pas soumis à l'enregistrement dans le délai.

ARTICLE 37.

Il est néanmoins fait exception aux dispositions des deux articles précédens, quant aux jugements rendus à l'audience, qui doivent être enregistrés sur les minutes (2), et aux actes d'adjudication passés en séance publique des administrations, lorsque les parties n'auront pas consigné aux mains des greffiers et des secrétaires, dans le délai prescrit pour l'enregistrement, le montant des droits fixés par la loi. Dans ce cas, le recouvrement en sera poursuivi contre les parties par les receveurs ; et elles supporteront en outre la peine du droit en sus.

Pour cet effet, les greffiers et les secrétaires fourniront aux receveurs de l'enregistrement, dans la décade qui suivra l'expiration du délai, des extraits par eux certifiés des actes et jugemens dont les droits ne leur auront pas été remis par les parties ; à peine d'une amende de dix francs pour chaque décade de retard (3), et pour chaque acte et jugement, et d'être en outre personnellement contraints au paiement des doubles droits.

805. Les greffiers et les agents administratifs ne peuvent s'assurer de la solvabilité des parties ; d'où la restriction apportée à leur responsabilité.

Quant aux notaires, ils ne jouissent pas du même bénéfice. Dans les actes amiables, la chose va sans difficulté ; c'est à eux d'exiger une consignation de

(1) V. *suprà*, n° 793. Joignez L. 27 ventôse an 9, art. 16.
(2) *Suprà*, n° 792. Joignez L. 15 mai 1818, art. 79.
(3) **Dix francs**, *quelle que soit la durée du retard* (V. *suprà*, n° 801).

fonds, si la solvabilité des parties leur paraît douteuse. Mais, dans les adjudications, alors surtout que le notaire est commis par justice, il semblerait raisonnable de l'assimiler aux greffiers et secrétaires. Cependant la lettre de la loi n'autorise pas cette distinction. On y pourvoit par des stipulations expresses; on convient, par exemple, que l'adjudication ne sortira effet et n'opèrera transmission de propriété que *si les fonds sont consignés aux mains du notaire, dans un délai préfix.* Je me suis expliqué ci-dessus (n° 196) sur l'effet de cette clause. Qu'elle soit *suspensive* ou *résolutoire* de la transmission, dans les deux cas, à mon avis, elle dégage le notaire de toute responsabilité quant au payement du droit proportionnel.

806. Aux termes de la loi du 27 ventôse an 9 (art. 7) :

« Les actes et procès-verbaux de vente de prises et de navires ou bris de navires, faits par les officiers d'administration de la marine, seront soumis à l'enregistrement dans les vingt jours de leur date, sous la peine portée aux art. 35 et 36 de ladite loi du 22 frimaire. — L'article 37 leur est applicable pour le cas qui y est prévu. »

807. Les articles 33, 34, 35, 36, sont la sanction des obligations imposées aux officiers publics par les articles 20 et 29. Cette sanction consiste en une peine pécuniaire, expressément qualifiée du nom d'*amende.* D'après les principes généraux du Droit pénal, les amendes, pas plus que les peines corporelles, ne peuvent être prononcées contre les héritiers des personnes qui les ont encourues. Ces principes sont applicables à notre matière (1).

(1) En ce sens, Déc. M. fin. 1er septembre 1807 (I. G. 340).

808. Voici maintenant, dans l'article 38, la sanction des obligations imposées aux parties : — 1° Pour les actes sous seing-privé, *translatifs de propriété ou d'usufruit* (art. 22) ; 2° Pour les testaments (art. 21).

ARTICLE 38. -

Les actes sous signature privée, et ceux passés en pays étranger, dénommés dans l'art. 22, qui n'auront pas été enregistrés dans les délais déterminés, seront soumis au double droit d'enregistrement.

Il en sera de même pour les testamens non enregistrés dans le délai.

La loi, dans ces deux cas, n'édicte pas une peine contre une personne déterminée ; elle déclare, sans acception de personnes, que les actes en question *seront soumis au double droit*. Evidemment ce double droit peut être exigé, comme le droit principal, de la partie quelconque qui produit l'acte, sauf son recours contre l'autre partie, s'il y a lieu (*suprà,* n°ˢ 795, 798). Mais comme ce double droit a un caractère pénal, et, sauf le nom, est une véritable amende, on s'est demandé s'il pouvait être prononcé contre les héritiers des parties, lesquels personnellement n'ont à s'imputer aucune contravention. Doctrinalement, je pense qu'il faudrait décider la négative. Cependant le Conseil d'Etat, par un Avis dûment approuvé le 9 février 1810 (1), a décidé :

« Que le double droit dû *en exécution de l'article 38 de la loi du 22 frimaire an 7*, peut être exigé à l'enregistrement des actes qui n'ont pas été soumis à cette formalité dans les

(1) Rappelez-vous toujours que les Avis du Conseil d'État, *antérieurs à la Charte de* 1814 (ceux-là seulement), ont force de loi interprétative.

délais prescrits, lorsque ces actes sont présentés par les héritiers ou représentants de celui qui a contracté, ou par tout autre. »

Là même année, dans les motifs de son Avis du 24 septembre 1810 (*suprà*, n° 670), le Conseil d'Etat a proclamé :

« Que l'avis du Conseil d'Etat, approuvé par Sa Majesté le 9 février 1810, *interprétatif de l'article* 38 de la loi du 22 frimaire an 7, *n'est applicable qu'à cet article*. »

Cette précision est fort importante à noter. Toutes les fois qu'un cas ne rentre pas sous la lettre de cet article 38, l'Avis du 9 février 1810 est inapplicable.

809. Comme la disposition de l'article 38 a été expressément étendue par l'article 4 de la loi du 27 ventôse an 9 (*suprà*, n° 82), au cas d'une mutation *verbale*, il est conséquent d'admettre que le double droit, porté par ledit article 4, est encouru par l'héritier du *nouveau possesseur* (1).

810. A l'inverse, il en doit être autrement, au cas de l'article 57 de la loi de 1816 (*suprà*, n° 553). *Le double droit sera dû*, dit cet article. Entendez cela du contrevenant, et de lui seul, non de ses héritiers.

811. A un autre point de vue, ce même article 57 donne lieu à l'observation suivante. La loi dit :

« Lorsqu'après une sommation extrajudiciaire, ou une demande......, on *produira*, au cours d'instance, des écrits, billets... ou tout autre titre émané du défendeur, » etc.

Pour que le double droit soit dû, il faut que la production de l'écrit émane de celui-là même qui avait énoncé la convention comme verbale (2). Autrement,

(1) En ce sens, Sol. 10 juillet 1824 (I. G. 1150, § 9).
(2) En ce sens, *Req.* 9 février 1832 ; *Délib.* 22 avril 1831 (Dall. 5131 ; R. G. 933). V. toutefois, *Aix* (et non *Marseille*), 13 janvier 1858 (*Rép. pér.* 954).

nulle contravention n'a été commise, nulle peine n'est encourue.

812. Passons à l'article 39. Ce texte établit la sanction des obligations imposées aux héritiers, donataires et légataires, pour la déclaration et le payement des droits de mutation par décès (art. 24, 27, 32), V. *suprà,* n° 656 et suiv.

ARTICLE 39.

Les héritiers, donataires ou légataires qui n'auront pas fait, dans les délais prescrits, les déclarations des biens à eux transmis par décès, paieront, à titre d'amende, un demi-droit en sus du droit qui sera dû pour la mutation.

La peine pour les omissions qui seront reconnues avoir été faites dans les déclarations, sera d'un droit en sus de celui qui se trouvera dû pour les objets omis : il en sera de même pour les insuffisances constatées dans les estimations des biens déclarés.

Si l'insuffisance est établie par un rapport d'experts, les contrevenans paieront en outre les frais de l'expertise.

Les tuteurs et curateurs supporteront personnellement les peines ci-dessus, lorsqu'ils auront négligé de passer les déclarations dans les délais, ou qu'ils auront fait des omissions, ou des estimations insuffisantes.

...« *Dans les délais prescrits* »... V. art. 24 (*suprà,* n° 778).

...« *Des biens à eux transmis* »... V. *suprà,* n° 663.

...« *Un demi-droit en sus* »... La loi est moins sévère pour l'omission totale, que pour l'omission partielle et l'insuffisance dans la déclaration. L'omission totale peut résulter de l'ignorance ou de la négligence. L'omission partielle et l'insuffisance sont bien plus suspectes de fraude.

...« *Pour les insuffisances constatées* »... V. *suprà*, n⁰ˢ 688 et 766.

...« *Si l'insuffisance est établie par un rapport d'experts* »... V. *suprà*, n⁰ 762.

813. « *Les tuteurs et curateurs* »... Il existait, en l'an 7, plusieurs catégories de curateurs, dont quelques-unes sont aujourd'hui supprimées (V. *suprà*, n⁰ 677). On peut douter que la loi de frimaire ait eu en vue le curateur du mineur émancipé. Ce dernier n'a pas l'administration du patrimoine; spécialement, il ne touche pas les revenus (v. C. N., art. 484). Or ce sont précisément les revenus qui sont affectés au payement des droits de mutation par décès (*suprà*, n⁰ 669). Cependant la curatelle des mineurs émancipés n'est pas nouvelle, le texte ne fait aucune distinction, le curateur a maintes occasions d'intervenir dans le gouvernement de la fortune du mineur; je pense donc qu'il est compris dans la disposition de notre texte et qu'il est personnellement responsable.

814. Il faut en dire autant du curateur au ventre (C. N., V. art. 393).

815. Mais les textes de la loi, appréciés dans leur ensemble, atteignent seulement les curateurs *des héritiers, donataires et légataires* (V. art. 27 et 29), non le curateur à succession vacante, sur lequel voyez n⁰ 677.

816. Comme les peines ne s'étendent pas par analogie, les dispositions de l'article 39 ne peuvent être appliquées au mari, quant aux successions échues à sa femme (1), ni généralement à aucun administrateur

(1) En sens contraire, *Seine*, 20 novembre 1857 (*Contr.* 11257).

du patrimoine d'autrui, n'ayant pas nom *tuteur* ou *curateur*.

817. Après les peines établies pour les retards, omissions et insuffisances, vient, avec un redoublement de sévérité, la peine des contre-lettres.

ARTICLE 40.

Toute contre-lettre faite sous signature privée, qui aurait pour objet une augmentation du prix stipulé dans un acte public, ou dans un acte sous signature privée, précédemment enregistré, est déclarée nulle et de nul effet.

Néanmoins, lorsque l'existence en sera constatée, il y aura lieu d'exiger, à titre d'amende, une somme triple du droit qui aurait eu lieu, sur les sommes et valeurs ainsi stipulées.

Remarquez qu'il s'agit seulement dans cet article, des contre-lettres : — 1° *Faites sous signature privée* (1); — 2° Ayant pour objet *une augmentation du prix*, stipulé dans un acte antérieur et ostensible. En dehors de ces deux conditions, les contre-lettres n'offrant pour le Trésor aucun danger particulier, demeurent soumises aux règles générales de la perception.

Dans le cas proposé, au contraire, le danger est considérable, l'artifice fréquent. C'est pourquoi le Législateur de l'an 7 a édicté ici la sanction la plus rigoureuse de toutes, la nullité de l'acte.

818. Postérieurement, le Code civil (art. 1321) a statué en ces termes :

« Les contre-lettres ne peuvent avoir leur effet qu'entre les parties contractantes : elles n'ont point d'effet contre les tiers. »

Ce texte déroge-t-il à l'article 40 de notre loi? On

_____

(1) En ce sens, *Seine,* 19 décembre 1857 (*Rép. pér.* 987); R. G. 4014.

en peut douter. La disposition du Code civil est générale; celle de la loi de frimaire est spéciale aux contre-
lettres *sous signature privée,* qui auraient pour objet
une *augmentation du prix stipulé.* L'affirmative a cependant prévalu (1). La sanction de la nullité est odieuse,
contraire à nos mœurs; la jurisprudence s'est empressée
de l'effacer, et, sur ce point, je souscris volontiers à ses
arrêts (Comp. *suprà,* n° 498).

819. Quand il s'agit du contrat de transmission
d'*office,* il est admis, au contraire, par la Cour de cassation, que les contre-lettres sont nulles entre les parties.
Mais cette jurisprudence se fonde sur des considérations
particulières à la nature de ce contrat, et non plus sur
le texte de notre article 40 (Comp. *suprà,* n° 690).
La loi du 25 juin 1841 (art. 11) a d'ailleurs établi,
en cette matière, une sanction particulière et purement
fiscale, contre l'insuffisance d'évaluation et la simulation
du prix.

820. Revenons à la loi générale. La sanction de la
nullité étant considérée comme abrogée, reste la peine
pécuniaire. D'après notre article, lorsque l'existence
d'une contre-lettre sera constatée, il y aura lieu d'exiger,
à titre d'amende, une somme triple du droit *qui aurait
eu lieu,* etc. Le rédacteur part de cette idée, que la
contre-lettre étant infectée d'une nullité que l'Administration elle-même peut et doit invoquer, il n'y a plus
lieu de percevoir le droit afférent à l'acte, suivant sa
teneur (V. *suprà,* n°s 50-IX et 804), d'où la perception

---

(1) V. MM. Plasman, *Des contre-lettres,* 2e édition, § 13; Bonnier,
Traité des preuves, 2e édition, n° 446; Garnier, 4010.

a lieu pour le tout à titre d'amende, et cette amende est de trois fois le droit qui *aurait eu lieu.*

Aujourd'hui, la contre-lettre étant tenue pour valable, on peut dire plus simplement qu'elle sera enregistrée pour le triple droit.

821. Ce triple droit contient une peine du double. D'après ce qui a été dit ci-dessus (n° 808), la peine ne peut être exigée que des parties signataires, non de leurs héritiers. Ceux-ci doivent donc obtenir l'enregistrement pour le droit simple (1).

822. La peine des contre-lettres frappe tout acte de cette nature comportant un *prix*, conséquemment toute transmission en propriété, usufruit ou jouissance de biens meubles ou immeubles.

La disposition de l'article 40 est surtout remarquable, quant aux transmissions mobilières. Les parties avaient là toute liberté de contracter sans acte, ou de ne pas produire leur acte. La loi cependant voit dans la contre-lettre en question une contravention punissable.

TITRE VII.

Des obligations des notaires, huissiers, greffiers, secrétaires, juges, arbitres, administrateurs et autres officiers ou fonctionnaires publics, des parties et des receveurs, indépendamment de celles imposées sous les titres précédens.

ARTICLE 41.

Les notaires, huissiers, greffiers, et les secrétaires des administrations centrales et municipales, ne pourront délivrer en brevet, copie ou expédition, aucun acte soumis à l'enre-

---

(1) En ce sens, *Délib.* 21 février 1827 (M. Masson-Delongpré 1156); M. Plasman, § 24.

gistrement, sur la minute ou l'original, ni faire aucun autre
acte en conséquence, avant qu'il ait été enregistré, quand même
le délai pour l'enregistrement ne serait pas encore expiré, à
peine de cinquante francs (1) d'amende, outre le paiement
du droit.

Sont exceptés les exploits et autres actes de cette nature qui
se signifient à parties ou par affiches et proclamations, et les
effets négociables compris sous l'art. 69, § 2, nombre 6 de la
présente (2).

A l'égard des jugemens qui ne sont assujétis à l'enregistrement que sur les expéditions (3), il est défendu aux greffiers,
sous les mêmes peines, d'en délivrer aucune, même par simple
note ou extrait, aux parties ou autres intéressés, sans l'avoir
fait enregistrer.

ARTICLE 42.

Aucun notaire, huissier, greffier (4), secrétaire ou autre
officier public, ne pourra faire ou rédiger un acte en vertu
d'un acte sous signature privée, ou passé en pays étranger,
l'annexer à ses minutes, ni le recevoir en dépôt, ni en délivrer extrait, copie ou expédition, s'il n'a pas été préalablement enregistré, à peine de cinquante francs d'amende (5),
et de répondre personnellement du droit, sauf l'exception
mentionnée dans l'article précédent.

823. Dérogations introduites aux articles 41 et 42 par les lois de 1816 et
de 1824.
824. Principe inclus dans ces textes et dans l'article 23 L. fr.
825. Limitation de ce principe. — Des mentions purement énonciatives,
contenues dans les procès-verbaux de scellé ou d'inventaire, dans
les testaments et dans les actes de partage. — Etat de la jurisprudence administrative et judiciaire, sur la question.

(1 et 5) Dix francs (art. 10 L. 1825), suprà, n° 801.
(2) Pour les effets négociables, V. suprà, n°s 496, 503, 504.
(3) V. art. 38 L. 1816 (suprà, n° 61).
(4) L. 16 juin 1824 (art. 11) : « Les articles 41 et 42 L. fr. sont applicables aux avoués, » etc.

826. La loi du 5 juin 1850 (art. 49) consacre cette jurisprudence, *quant au droit d'enregistrement*.

827. Quand la mention du titre est faite en présence du débiteur, le droit et l'amende peuvent être exigés d'après les circonstances.

828. *Quid* de la mention, faite dans un acte de vente, d'une quittance non enregistrée, se référant à une vente antérieure?

829. Du *droit de timbre*. — Difficulté particulière introduite par la loi du 5 juin 1850 (art. 49).

823. Le système, formulé dans ces deux articles, a été adouci par les dispositions suivantes :

I. Loi du 28 avril 1816, art. 56 :

« L'article 41 de la loi du 22 frimaire an 7 continuera d'être exécuté : néanmoins à l'égard des actes que *le même officier* aurait reçus, et dont le délai d'enregistrement ne serait pas encore expiré, il pourra en énoncer la date, avec la mention que ledit acte sera présenté à l'enregistrement en même temps que celui qui contient ladite mention ; mais, dans aucun cas, l'enregistrement du second acte ne pourra être requis avant celui du premier, sous les peines de droit. »

II. Loi du 16 juin 1824, art. 13 :

« Les *notaires* pourront faire des actes en vertu et par suite d'actes sous seing-privé non-enregistrés et les énoncer dans leurs actes, mais sous la condition que chacun de ces actes sous seing-privé demeurera annexé à celui dans lequel il se trouvera mentionné, qu'il sera soumis *avant lui* à la formalité de l'enregistrement, et que les notaires seront personnellement responsables, non-seulement des droits d'enregistrement et de timbre, mais encore des amendes auxquelles les actes sous seing-privé se trouveront assujettis. Il est dérogé, à cet égard seulement, à l'article 41 (1) de la loi du 12 décembre 1798 (22 frimaire an 7). »

824. Ces textes contiennent les principes de ce

(1) M. Garnier (n° 768) fait remarquer que la dérogation s'applique plus exactement à l'art. 42.

qu'on appelle vulgairement, par abréviation, la théorie des *Actes en conséquence*.

Faire ou rédiger un acte *en conséquence, en vertu* ou *par suite* d'un autre, ces locutions sont absolument synonymes. Entendez dans le même sens l'art. 23 de notre loi, disant pour les actes sous seing-privé, qu'il n'en pourra être fait « *aucun usage* par acte public, » etc., qu'ils n'aient été préalablement enregistrés. Comme la sanction de cet art. 23 est dans l'art. 42, il faut admettre que l'interdiction de faire *aucun usage* desdits actes comprend seulement les usages énumérés par l'art. 42, à savoir : faire un autre acte *en vertu* de l'acte non-enregistré, annexer cet acte non-enregistré à la minute d'un acte authentique, le recevoir en dépôt, en délivrer extrait, copie ou expédition ; le tout, sauf l'exception introduite par la loi de 1824 précitée.

825. Ainsi ce n'est pas dans le sens de la loi, *faire usage* d'un acte sous seing-privé, que de le mentionner dans un procès-verbal de scellé ou d'inventaire, ou même dans un acte de partage. Les héritiers inventorient les papiers du défunt et se les partagent tel quels. Plus tard, quand ils en *feront usage contre les débiteurs*, par acte public ou en justice, ils payeront les droits y afférents. Cette interprétation, qui ne s'éloigne pas des textes de la loi appréciée dans son ensemble, est d'ailleurs commandée par la raison pratique. La fortune des incapables serait gravement compromise, si la perception de l'impôt entravait, à chaque pas, la sincérité des actes conservatoires prescrits par la loi.

Spécialement quant aux inventaires, un document

administratif contemporain de la loi de frimaire (1) a réglé la perception dans le sens que je viens d'indiquer.

Un motif analogue a fait décider que les notaires ne commettent pas de contravention, en mentionnant dans les testaments des billets ou autres actes non enregistrés, attendu qu'ils sont tenus, aux termes de l'art. 972 C. N., d'écrire ces testaments tels qu'ils leur sont dictés (2). Ajoutons qu'il y aurait inconvenance à entraver par des exigences fiscales, la libre expression de la volonté des mourants.

Enfin la Cour de cassation a étendu la même doctrine aux actes de partage (3).

826. Le principe de toute cette jurisprudence a été consacré par la loi du 5 juin 1850 (art. 49), en ces termes :

« Lorsqu'un effet, certificat d'action, titre, livre, bordereau, police d'assurance, ou tout autre acte sujet au timbre et non-enregistré, *sera mentionné dans un acte public,* judiciaire ou extrajudiciaire (4), et *ne devra pas être représenté au receveur*

(1) Arrêté du Directoire du 22 ventôse an 7 (Circulaire 1554). Ainsi s'explique la précision de l'article 1328 C. N., quant à la relation des actes sous seing-privé dans des actes publics *tels que procès-verbaux de scellé ou d'inventaire.* Vraisemblablement le Code ne suppose pas une relation faite par un officier public, en contravention aux lois fiscales (V. *supra*, n° 172).

(2) Déc. M. fin. 14 juin 1808 (I G. 390, n° 16 ; M. Masson-Delongpré, 1219).

(3) V. arrêts, 24 août 1818, 21 mars 1848 (R. G. 792). Joignez *Rép. pér.* 986.

(4) Le projet (art. 26) porte : «...Dans un acte public, *civil*, judiciaire ou « extrajudiciaire, etc. » (*Moniteur* du 4 octobre 1849 ; — R. G. 867.) Le mot *civil* ne figure plus dans la rédaction définitive. Cette omission n'est d'aucune conséquence, puisque notre article atteint expressément les notaires, qui rédigent le plus souvent des actes *civils*. Ainsi l'entend l'Ad-

lors de l'enregistrement de cet acte, l'officier public ou officier ministériel sera tenu de déclarer expressément dans l'acte si le titre est revêtu du timbre prescrit, et d'énoncer le montant du droit du timbre payé. En cas d'omission, les notaires, avoués, greffiers, huissiers et autres officiers publics seront passibles d'une amende de dix francs pour chaque contravention. »

Cet article suppose expressément qu'indépendamment des cas d'exception, littéralement prévus par l'art. 44 L. fr., il est nombre de cas où un acte non-enregistré peut être impunément mentionné dans un acte public, et ne doit pas être représenté au receveur, lors de l'enregistrement de cet acte public. Or, ces cas sont évidemment ceux que la jurisprudence administrative et judiciaire avait depuis longtemps déterminés, au moment où est intervenue la loi du 5 juin 1850, c'est-à-dire, en somme, les cas où les mentions dont il s'agit, ont lieu dans les procès-verbaux de scellé ou d'inventaire, dans les testaments, dans les partages.

827. Mais, du moins, faut-il que ces mentions conservent un caractère purement énonciatif, et n'ajoutent rien à la force probante de l'acte mentionné. Conséquemment, si la mention a lieu en présence du débiteur, elle peut être considérée, d'après les circonstances, comme faisant titre récognitif du premier acte; l'amende est alors encourue, outre le droit de titre, s'il apparaît

ministration (I. G. 1954 et 1982, § 10), et tel est l'esprit de la loi. Mais alors pourquoi cette omission du mot *civil?* A-t-on cru qu'il faisait double emploi avec le mot *public!* Il est à regretter qu'on ne porte pas plus d'attention sur le style des lois, alors qu'il s'agit de locutions techniques, consacrées par des lois antérieures et par l'usage.

que l'intervention du debiteur à l'acte n'a eu lieu qu'en vue d'éluder l'impôt (1).

828. On s'est demandé s'il y a contravention, lorsque, dans un acte de vente, le notaire énonce que la grosse, *dûment quittancée* du titre d'acquisition du vendeur, a été remise à l'acquéreur, sans que la quittance ait été enregistrée. La vente, a-t-on dit pour la négative, n'est pas faite *en vertu* de la quittance, laquelle se réfère à une mutation antérieure. Mais la Cour de cassation, dans cette espèce (2), a reconnu avec raison qu'une pareille énonciation encourt les peines édictées par l'art. 42 L. fr. et l'art. 13 L. 1824 :

« Il suffit, porte l'arrêt, pour rendre ces peines applicables, que l'acte public soit fait en vertu ou par suite de l'acte privé ; *c'est-à-dire que l'acte privé soit devenu un des éléments de l'acte public dans lequel il est mentionné.* »

Cette formule est quelque peu abstraite, mais le pensée de l'arrêt est parfaitement exacte. Un homme sérieux ne fait pas une acquisition, sans qu'il soit justifié de la libération de ses auteurs. La dernière vente a donc réellement lieu *en vertu* ou *par suite* de la quittance dont il s'agit, et dans le cas proposé, mentionner cette quittance, c'est *en faire usage* par acte public.

829. En définitive, le développement de la jurisprudence sur la question me paraît s'être produit dans le véritable esprit de la loi de frimaire. Mais la loi du 5 juin 1850 (art. 49 précité), en consacrant cette juris-

---

(1) Voilà pourquoi la question ne peut être décidée, en thèse générale, par la Cour de cassation. Comp. *Req.* 4 avril 1849, *Civ.-rej.* 26 février 1850 (I. G. 1844, § 2, et 1857, § 1; R. G. 793); *Req.* 28 mars 1859, 13 août, 1860 (*Rép. pér.* 1220, 1370); R. G. 793.

(2) *Cassat.* 17 février 1858 (*Rép. pér.* 984). Comp. R. G. 774 et 838.

prudence, quant au droit d'enregistrement, a voulu redoubler de sévérité quant au droit de timbre, et de là est venue à naître une difficulté particulière à cet impôt. La loi organique du timbre, du 13 brumaire an 7, disait (art 24) :

« Il est défendu aux notaires, huissiers, greffiers, arbitres et experts, d'agir... sur un acte, registre ou effet de commerce, non-écrit sur papier timbré du timbre prescrit ou non-visé pour timbre, » etc.

Ces mots *agir sur un acte* ont été interprétés comme les mots correspondants de la loi de frimaire, faire un acte *en conséquence, en vertu,* ou *par suite* d'un autre. Conséquemment ils ne faisaient pas obstacle à la mention purement énonciative et conservatoire, contenue dans un procès-verbal de scellé ou d'inventaire. Au contraire, la loi du 5 juin 1850 dit :

« Lorsqu'un effet... ou tout autre acte sujet au timbre, ... *sera mentionné* dans un acte public, » etc.

Cette locution a fait renaître la difficulté tranchée, dès le principe, en faveur des contribuables, pour ce qui concerne lesdits procès-verbaux. Mais les raisons de justice et de convenance qui ont dicté l'Arrêté du Directoire de l'an 7, et la Décision ministérielle de 1808 (*suprà,* n° 825) ont inspiré encore cette fois l'Administration supérieure. Une Décision du Ministre des finances du 2 février 1853 (I. G. 1954) porte :

« Que les obligations imposées aux officiers publics et ministériels, par l'article 49 de la loi du 5 juin 1850, ne s'appliquent qu'aux cas où l'article 24 de la loi du 13 brumaire an 7 leur fait défense *d'agir sur des actes,* non-écrits sur papier timbré du timbre prescrit, ou non-visés pour timbre, et que cet article 49 ne concerne pas notamment les descriptions de titres dans les inventaires et les mentions d'actes dans des testaments. »

En notifiant cette Décision, le Directeur général ajoute :

« Les préposés s'abstiendront d'exiger l'amende prononcée par cet article, lorsque les notaires se seront bornés à décrire des titres et papiers dans des inventaires, *sans en faire usage,* ou à mentionner des actes dans des testaments. »

Cette interprétation, toute bienveillante, n'est pas étendue aux actes de partage. En cette matière, l'Administration ayant requis l'application littérale de la loi, la Justice a dû l'ordonner (1).

830. Voici venir une une série d'articles, tout réglementaires, que je me borne à transcrire, avec quelques notes.

ARTICLE 43.

Il est également défendu, sous la même peine de cinquante francs (2) d'amende, à tout notaire ou greffier, de recevoir aucun acte en dépôt, sans dresser acte du dépôt.

Sont exceptés les testamens déposés chez les notaires par les testateurs (3).

ARTICLE 44.

Il sera fait mention, dans toutes les expéditions des actes publics, civils ou judiciaires qui doivent être enregistrés sur les minutes, de la quittance des droits, par une transcription littérale et entière de cette quittance.

Pareille mention sera faite dans les minutes des actes publics, civils, judiciaires ou extrajudiciaires, qui se feront en vertu

---

(1) *Req.* 31 mai 1853 (I. G. 1982, § 10; R. G. 867). Joignez Pontoise, 12 mai 1857; Guinguamp, 7 mars 1858 (*Rép. pér.* 986, 1019).

(2) Dix francs (art. 10 L. 1824).

(3) *Ajoutez :* Ou en vertu d'une ordonnance judiciaire. V. *Civ.-rej.* 5 décembre 1860 (*Rép. pér.* 1417); R. G. 4619.

d'actes sous signature privée, ou passés en pays étrangers, et qui sont soumis à l'enregistrement par la présente.

Chaque contravention sera punie par une amende de dix francs (1).

ARTICLE 45.

Les greffiers qui délivreront des secondes et subséquentes expéditions des actes et jugemens assujétis au droit proportionnel, mais qui ne sont pas dans le cas d'être enregistrés sur les minutes (2), seront tenus de faire mention, dans chacune de ces expéditions, de la quittance du droit payé pour la première expédition, par une transcription littérale de cette quittance.

Ils feront également mention sur la minute de chaque expédition délivrée, de la date de l'enregistrement et du droit payé (3).

Toute contravention à ces dispositions sera punie par une amende de dix francs (4).

ARTICLE 46.

Dans le cas de fausse mention d'enregistrement, soit dans une minute, soit dans une expédition, le délinquant sera poursuivi par la partie publique, sur la dénonciation du préposé de la régie (5), et condamné aux peines prononcées pour le faux (6).

ARTICLE 47.

Il est défendu aux juges et arbitres de rendre aucun jugement, et aux administrations centrales et municipales de prendre aucun arrêté, en faveur de particuliers, sur des actes

(1) Cinq francs (art. 10 L. 1824).

(2-3) Appliquez encore ces dispositions, quant aux actes antérieurs à la loi du 28 avril 1816 (suprà, no 61).

(4) Cinq francs (art. 10 L. 1824).

(5) Cette disposition ne fait pas obstacle à ce que le Ministère public poursuive d'office. Comp. art. 1 et 29 C. Instr. crim.

(6) V. art. 145 et 147 du Code pénal.

non enregistrés, à peine d'être personnellement responsables des droits.

ARTICLE 48.

Toutes les fois qu'une condamnation sera rendue ou qu'un arrêté sera pris sur un acte enregistré, le jugement, la sentence arbitrale ou l'arrêté en fera mention, et énoncera le montant du droit payé, la date du payement et le nom du bureau où il aura été acquitté; en cas d'omission, le receveur exigera le droit, si l'acte n'a pas été enregistré dans son bureau, sauf restitution (1) dans le délai prescrit (2), s'il est ensuite justifié de l'enregistrement de l'acte sur lequel le jugement aura été prononcé ou l'arrêté pris.

ARTICLE 49.

Les notaires, huissiers, greffiers, et les secrétaires des administrations centrales et municipales, tiendront des répertoires à colonnes, sur lesquels ils inscriront, jour par jour, sans blanc ni interligne, et par ordre de numéros, savoir :

1º Les notaires, tous les actes et contrats qu'ils recevront, même ceux qui seront passés en brevet, à peine de dix francs (3) d'amende pour chaque omission ;

2º Les huissiers, tous les actes et exploits de leur ministère, sous peine d'une amende de cinq francs pour chaque omission ;

3º Les greffiers, tous les actes et jugements qui, aux termes de la présente, doivent être enregistrés sur les minutes (4), à peine d'une amende de dix francs (5) pour chaque omission ;

4º Et les secrétaires (6), tous les actes des administrations qui doivent aussi être enregistrés sur les minutes (7), à peine d'une amende de dix francs (8) pour chaque omission ;

(1) Exception formelle au principe rigoureux de l'article 60. L. fr.
(2) Deux ans (L. fr. art. 61, nº 1).
(3, 5 et 8) Cinq francs (art. 10 L. 1824).
(4) V. art. 38 L. 1816 (suprà, nº 61).
(6) V. suprà, nº 793.
(7) V. art. 78, 80, 82 L. 15 mai 1818 (suprà, nº 18).

ARTICLE 50.

Chaque article du répertoire contiendra : 1º son numéro ; 2º la date de l'acte ; 3º sa nature ; 4º les noms et prénoms des parties et leur domicile ; 5º l'indication des biens, leur situation et le prix, lorsqu'il s'agira d'actes qui auront pour objet la propriété, l'usufruit ou la jouissance de biens-fonds ; 6º la relation de l'enregistrement (1).

ARTICLE 51.

Les notaires, huissiers, greffiers, et les secrétaires des administrations centrales et municipales, présenteront, tous les trois mois, leurs répertoires aux receveurs de l'enregistrement de leur résidence, qui les viseront, et qui énonceront dans leur *visa* le nombre des actes inscrits. Cette présentation aura lieu, chaque année, dans la première décade de chacun des mois de nivôse, germinal, messidor et vendémiaire (2), à peine d'une amende de dix francs pour chaque décade de retard (3).

ARTICLE 52.

Indépendamment de la représentation ordonnée par l'article précédent, les notaires, huissiers, greffiers et secrétaires, seront tenus de communiquer leurs répertoires, à toute réquisition, aux préposés de l'enregistrement qui se présenteront chez eux pour les vérifier, à peine d'une amende de cinquante francs (4) en cas de refus.

(1) Comp. art. 13 L. 21 ventôse an 7, sur les *droits de greffe*, et art. 30 L. 25 ventôse an 11 sur le *notariat*.

(2) Aujourd'hui, dans les dix premiers jours des mois de janvier, avril, juillet et octobre. Tel est l'usage qui s'est introduit depuis la suppression du calendrier républicain. Voy. M. Camps, *Code d'enregistrement*, nº 304.

(3) Il n'est plus encouru qu'*une seule amende de dix francs, quelle que soit la durée du retard* (art. 10 L. 1824). — Joignez L. 5 juin 1850, art. 35, 36, 44 et 46.

(4) Dix francs (art. 10 L. 1824).

Le préposé, dans ce cas, requerra l'assistance d'un officier municipal, ou de l'agent (1), ou de l'adjoint de la commune du lieu, pour dresser en sa présence, procès-verbal du refus qui lui aura été fait.

ARTICLE 53.

Les répertoires seront cotés et paraphés, savoir : ceux des notaires (2), huissiers et greffiers de la justice de paix, par le juge de paix de leur domicile ; ceux des greffiers des tribunaux, par le président ; et ceux des secrétaires des administrations, par le président de l'administration (3).

ARTICLE 54.

Les dépositaires des registres de l'état civil, ceux des rôles des contributions, et tous autres chargés des archives et dépôts de titres publics (4), seront tenus de les communiquer, sans déplacer, aux préposés de l'enregistrement, à toute réquisition, et de leur laisser prendre, sans frais, les renseignemens, extraits et copies qui leur seront nécessaires pour les intérêts de la République, à peine de cinquante francs d'amende (5) pour refus constaté par procès-verbal du préposé, qui se fera accompagner, ainsi qu'il est prescrit par l'art. 52 ci-dessus, chez les détenteurs et dépositaires qui auront fait refus.

Ces dispositions s'appliquent aussi aux notaires, huissiers, greffiers et secrétaires d'administrations centrales et municipales, pour les actes dont ils seront depositaires (6).

Sont exceptés les testaments et autres actes de libéralité à cause de mort, du vivant des testateurs (7).

(1) Lisez : du Maire (art. 6 L. 27 ventôse an 9).

(2) L. 25 ventôse an 11 (art. 30) : « Les répertoires des notaires seront « visés, cotés et paraphés par le président, ou, à son défaut, par un autre « juge du tribunal civil de la résidence. »

(3) V. *suprà*, nᵒ 793.

(4) Joignez : Décr. 4 messidor an 13 (art. 1); L. 15 mai 1818 (art. 82); Déc. M. fin. 16 septembre 1858 (I. G. 2131).

(5) Dix francs (art. 10 L. 1824),

(6) Joignez : L. 22 pluviôse an 7 (art. 8); L. 5 juin 1850 (art. 16).

(7) Allusion aux actes usités, avant le Code Napoléon, sous le nom de

Les communications ci-dessus ne pourront être exigées les jours de repos, et les séances, dans chaque autre jour, ne pourront durer plus de quatre heures, de la part des préposés, dans les dépôts où ils feront leurs recherches.

ARTICLE 55.

Les notices des actes de décès, qui, aux termes de l'art. 5 de la loi du 13 fructidor an 6, relative à la célébration des décadis, doivent être remises, pour chaque décade, au chef-lieu de canton, par les officiers publics ou les agens de communes faisant fonctions d'officiers publics, seront transcrites sur un registre particulier tenu par les secrétaires des administrations municipales (1).

Ces secrétaires fourniront, par quartier, aux receveurs de l'enregistrement de l'arrondissement, les relevés, par eux certifiés, desdits actes de décès. Ils seront délivrés sur papier non timbré, et remis dans les mois de nivôse, germinal, messidor et vendémiaire, à peine d'une amende (2) de trente francs pour chaque mois de retard. Ils en retireront *récépissé*, aussi sur papier non timbré.

ARTICLE 56.

Les receveurs de l'enregistrement ne pourront, sous aucun

---

donations à cause de mort et de *codicilles*. Il me paraît douteux que l'exception soit applicable aux donations entre époux; elle ne concernerait donc plus aujourd'hui que les testaments (V. *suprà*, n° 609, 772, 796).

(1) « Les notices des actes de décès ne sont plus transcrites sur un » registre spécial. Elles sont données sur des feuilles disposées en forme » d'états et par colonnes, que les receveurs de l'enregistrement doivent » remettre à tous les maires de leur arrondissement dans les dix derniers » jours de chaque trimestre. *Circulaire de la Régie du 2 vendémiaire an 10*, » 2045. » (M. Masson-Delongpré, 1383.)

(2) A la rigueur, d'après l'art. 6 L. 27 ventôse an 9, l'amende serait encourue aujourd'hui par les maires, en leur qualité d'officier, de l'état civil (sauf la réduction résultant de l'article 10 L. 1824), mais l'Administration, à cet égard, use de grands ménagements (voir I. G. 290, n° 39; M. Masson-Delongpré, n° 1387).

prétexte, lors même qu'il y aurait lieu à l'expertise, différer l'enregistrement des actes et mutations dont les droits auront été payés (1) aux taux réglés par la présente.

Ils ne pourront non plus suspendre ou arrêter le cours des procédures en retenant des actes ou exploits; cependant, si un acte dont il n'y a pas de minute, ou un exploit, contient des renseignemens dont la trace puisse être utile pour la découverte des droits dus, le receveur aura la faculté d'en tirer copie, et de la faire certifier conforme à l'original par l'officier qui l'aura présenté. En cas de refus, il pourra réserver l'acte pendant vingt-quatre heures seulement, pour s'en procurer une collation en forme, à ses frais, sauf répétition s'il y a lieu.

Cette disposition est applicable aux actes sous signature privée qui seront présentés à l'enregistrement.

ARTICLE 57.

La quittance de l'enregistrement sera mise sur l'acte enregistré, ou sur l'extrait de la déclaration du nouveau possesseur.

Le receveur y exprimera en toutes lettres la date de l'enregistrement, le folio du registre, le numéro et la somme des droits perçus.

Lorsque l'acte renfermera plusieurs dispositions opérant chacune un droit particulier (2), le receveur les indiquera sommairement dans sa quittance, et y énoncera distinctement la quotité de chaque droit perçu, à peine d'une amende de dix francs (3) pour chaque omission.

ARTICLE 58.

Les receveurs de l'enregistrement ne pourront délivrer d'extraits de leurs registres que sur une ordonnance du juge de paix (4), lorsque ces extraits ne seront pas demandés par quelqu'une des parties contractantes, ou leurs ayant-cause.

(1) ...*Dont les droits auront été payés...* sinon, V. *suprà*, n° 789.
(2) V. *suprà*, n° 79.
(3) Cinq francs (art. 10 L. 1824).
(4) Nonobstant art. 853 C. proc. (V. Déc. M. just. et fin., 13 juin 1809).

Il leur sera payé un franc pour recherche de chaque année indiquée, et cinquante centimes pour chaque extrait, outre le papier timbré; ils ne pourront rien exiger au-delà.

ARTICLE 59.

Aucune autorité publique, ni la régie, ni ses préposés, ne peuvent accorder de remise ou modération des droits établis par la présente et des peines encourues, ni en suspendre ou faire suspendre le recouvrement, sans en devenir personnellement responsables.

831. A s'en tenir aux lois écrites, cet article n'a reçu qu'une seule dérogation : le droit de grâce, qui, en l'an 7, n'appartenait pas au Pouvoir exécutif, a été depuis restitué au Souverain, comme le plus beau fleuron de sa couronne (1). Il suivrait de là, à la rigueur, que l'Empereur seul, en vertu du droit de grâce, pourrait faire remise des peines encourues par les contribuables. Mais, d'après un usage ancien, le Ministre des finances accorde, tous les jours, soit *des remises ou des modérations d'amendes ou droits en sus et doubles droits*, soit *des prorogations de délai pour le payement des sommes dues au Trésor.* Cet usage est tellement consacré par les mœurs que le Ministre par une Décision du 10 octobre 1821, a tracé lui-même la procédure à suivre pour les demandes, tendant à pareilles fins.

Il demeure cependant vrai de dire, en pure théorie, que ces remises, modérations ou délais, font encourir au Ministre des finances une *responsabilité personnelle.*

---

(1) Comp. Sénatus-consulte du 16 thermidor an 10 (art. 86); Charte de 1814 (art. 67); Acte additionnel de 1815 (art. 57); Charte de 1830 (art. 58); Constitution de 1848 (art. 55); Constitution de 1852 (art. 9).

Mais en matière de responsabilité ministérielle, les mœurs sont plus fortes que les lois écrites. (Comp. *suprà*, nᵒˢ 387, 417, 674, 679).

TITRE VIII.

Des droits acquis et des prescriptions.

ARTICLE 60.

Tout droit d'enregistrement perçu régulièrement en conformité de la présente, ne pourra être restitué, quels que soient les évènemens ultérieurs, sauf les cas prévus par la présente.

832. Cet article est fondamental. J'en ai indiqué précédemment l'esprit général (nᵒˢ 12, 43), l'origine historique (nᵒ 114), et maintes applications (nᵒˢ 35, 42, 50-XIV, 155, 169, 194, 257, 565, 678). J'ai signalé aussi plusieurs cas d'exception, reconnus par la loi de frimaire (*suprà*, nᵒ 435, et nᵒ 830, sur l'art. 48), ou introduits par des lois postérieures (*suprà*, nᵒˢ 39, 566, 680). Joignez à ces textes la loi du 3 mai 1841, sur l'*expropriation pour cause d'utilité publique* (art. 58):

« Les plans, procès-verbaux, certificats, significations, jugements, contrats, quittances et autres actes faits en vertu de la présente loi, seront visés pour timbre, et enregistrés *gratis*, lorsqu'il y aura lieu à la formalité de l'enregistrement. — Il ne sera perçu aucuns droits pour la transcription au bureau des hypothèques. — *Les droits perçus sur les acquisitions amiables*, faites antérieurement aux arrêtés de préfet, *seront restitués*, lorsque, dans le délai de deux ans, *à partir de la perception*, il sera justifié que les immeubles acquis sont compris dans ces arrêtés. — La restitution des droits ne pourra s'appliquer qu'à la portion des immeubles qui aura été reconnue nécessaire à l'exécution des travaux. »

833. Le principe dont il s'agit s'applique seulement

aux droits *régulièrement perçus*. Que si la perception n'a pas été régulière, à l'origine, il y a lieu à restitution (V. *suprà*, n°s 38, 580, 677-II, 789).

ARTICLE 61.

Il y a prescription pour la demande des droits, savoir :

1° Après deux années, à compter du jour de l'enregistrement, s'il s'agit d'un droit non perçu sur une disposition particulière dans un acte, ou d'un supplément de perception insuffisamment faite, ou d'une fausse évaluation dans une déclaration, et pour la constater par voie d'expertise (1).

Les parties seront également non recevables, après le même délai, pour toute demande en restitution de droits perçus.

2° Après trois années (2), aussi à compter du jour de l'enregistrement, s'il s'agit d'une omission de biens dans une déclaration faite après décès.

3° Après cinq années (3), à compter du jour du décès, pour les successions non déclarées.

(1) L. 16 juin 1824 (art. 14) : «La prescription de deux ans, *établie par « nombre 1er de l'art. 61 de la loi du* 12 décembre 1798 (22 *frimaire an* 7), « s'appliquera tant aux amendes de contravention aux dispositions de ladite « loi, qu'aux amendes pour contraventions aux lois sur le timbre et sur « les ventes de meubles. *Elle courra du jour où les préposés auront été mis « à portée de constater les contraventions*, au vu de chaque acte soumis « à l'enregistrement, ou du jour de la présentation des répertoires à leur « *visa*. — Dans tous les cas, la prescription pour le recouvrement des « droits simples d'enregistrement et de timbre qui auraient été dûs indé- « pendamment des amendes restera réglée par les lois existantes... » etc.

(2 et 3) L. 18 mai 1850 (art. 11) : « Les prescriptions de trois et de cinq « années, *établies par les paragraphes 2 et 3 de l'article 61 de la loi du « 22 frimaire an* 7, pour la demande des droits concernant les omissions « de biens dans les déclarations de biens après décès, et les successions non « déclarées, sont étendues à *cinq* années pour la première prescription, et « à *dix* années pour la seconde. » — Voyez un autre exemple de prescription décennale, dans la loi du 22 janvier 1851, sur *l'assistance judiciaire* (art. 25).

Les prescriptions ci-dessus seront suspendues par des demandes signifiées et enregistrées avant l'expiration des délais; mais elles seront acquises irrévocablement, si les poursuites commencées sont interrompues pendant une année, sans qu'il y ait d'instance devant les juges compétens, quand même le premier délai pour la prescription ne serait pas expiré.

ARTICLE 62.

La date des actes sous signatures privées ne pourra cependant être opposée à la République pour prescription des droits et peines encourues, à moins que ces actes n'aient acquis une date certaine par le décès de l'une des parties, ou autrement.

834. Autres délais : L. fr., art. 17; L. 8 juillet 1852, art. 26.

835. Principe général de la matière.

    I. Prescription de trente ans, fondée sur le Droit commun.

    II. Règles différentes pour la prescription des droits simples et pour celle des amendes.

    III. Applications de la maxime *contra non valentem agere non currit prescriptio.*

    IV. Suite.

    V. Des demandes en restitution dans les cas prévus par la loi de frimaire;

    VI. — Et dans les cas réglés par les lois postérieures.

836. Règles exceptionnelles sur l'*interruption* de la prescription, et sur la *péremption* d'instance.

837. Calcul des délais.

838. Observation sur la prescription, envisagée comme moyen d'acquérir et de se libérer.

834. Outre les délais de deux, cinq et dix années, résultant des textes qui précèdent, il faut se rappeler qu'aux termes de l'art. 17 L. fr. (*suprà*, nos 755, 763), l'expertise contre les actes translatifs de propriété ou d'usufruit de biens immeubles, *à titre onéreux*, doit être requise *dans l'année*, à partir de l'enregistrement du *contrat*. Enfin, d'après la loi du 8 juillet 1852 (art. 26) :

« Les droits de mutation par décès des inscriptions de rentes sur l'Etat, et *les peines encourues en cas de retard ou d'omission* de ces valeurs dans la déclaration des héritiers, légataires ou donataires, ne seront soumis qu'à la prescription de trente ans. » (V. *suprà,* n° 451).

Tous ces délais sont diversement gradués, suivant le plus ou moins de facilité qu'offre la perception ; à cet égard, l'économie des lois fiscales est facile à saisir.

835. Les délais dont il s'agit sont exclusivement applicables aux cas expressément déterminés par les lois qui les ont établis.

I. Au contraire, dans tous les cas qui ne rentrent pas, pour la prescription, dans la lettre des lois fiscales, il faut revenir au Droit commun, c'est-à-dire à la prescription de trente ans (C. N., art. 2262). Ce principe s'applique notamment aux actes qui n'ont pas été présentés à la formalité et aux mutations secrètes. De même, quand il est intervenu un jugement, portant condamnation au payement de l'impôt, ce n'est plus dans les dispositions particulières des lois fiscales qu'il faut chercher la règle de la prescription. Le jugement est un titre nouveau, efficace pendant trente ans (1).

II. En présence de ce principe, il importe de définir strictement les différents cas d'application des prescriptions spéciales.

Ainsi, par exemple, quant aux actes non-présentés à la formalité, la règle est différente pour la prescription du droit simple et celle de l'amende. Relati-

---

(1) En ce sens, *Cassat.* 16 mars 1858 (*Rép. pér.* 994).

vement au droit simple, il ne suffit pas, pour faire courir la prescription de deux ans, édictée par l'art. 61, n° 1, L. fr., que l'acte en question soit mentionné dans un acte postérieur enregistré. Cette mention ne fait pas que le premier acte devienne *une disposition particulière* du second, que la réclamation des droits encourus sur ce premier acte constitue un *supplément de perception insuffisamment faite* sur le second. Il est vrai que cette mention met les préposés à portée d'agir et que le délai pour la prescription commence à partir de ce moment, mais comme le cas n'est prévu par aucun texte des lois fiscales, ce délai est celui du Droit commun, c'est-à-dire, trente ans.

Au contraire, dans la même hypothèse, l'amende sera prescrite par deux ans à partir de la mention dont il s'agit, car la prescription de la peine, dit l'art. 14 de la loi de 1824, « *courra à partir du jour où les préposés auront été mis à portée de constater les contraventions, au vu de chaque acte soumis à l'enregistrement ou du jour de la présentation des répertoires à leur visa,* » c'est-à-dire, sans avoir besoin de se livrer à des recherches ultérieures (1).

III. Une règle élémentaire de raison et d'équité veut qu'en toute matière, la prescription contre une action commence seulement à courir du moment où cette action est née. *Contra non valentem agere non currit præscriptio,* dit le brocard.

« Il n'est pas douteux, disent MM. Championnière et Rigaud (n° 4007) que cette règle et toutes celles qui en déri-

_____

(1) V. *Civ.-rej.* 27 décembre 1859 (I. G. 2174, § 5; J. *Pal.* 1860, p. 468; *Rép. pér.* 1271).

vent ne soient applicables aux matières d'enregistrement; *supposer l'action prescrite avant qu'elle soit née serait un résultat absurde, qu'il n'est pas permis d'imputer à un système de lois quelconque.* »

Cependant l'application de cette règle ne va pas sans difficulté, en présence du texte de notre art. 61, et les documents pratiques offrent sur ce point de grandes variétés (1). Je crois néanmoins que la règle doit être admise et voici comment elle peut être conciliée avec le texte de la loi.

1° Quand l'art. 61, n° 1, fixe à deux années, *à partir de l'enregistrement,* l'action tendant à obtenir un supplément de perception *insuffisamment faite,* il faut dire avec un arrêt du 27 juillet 1853 (I. G. 1986, § 6; R. G. 9889) :

« Que la loi n'a entendu parler que des faits accomplis et connus, au jour où l'acte est soumis à la formalité, non de faits postérieurs et qui n'ont été et n'ont pu être connus de l'Administration qu'après l'enregistrement. »

On ne peut dire que la perception ait été insuffisante, quand, à l'origine, elle a été ce qu'elle devait être. S'il survient un fait postérieur, donnant lieu à une perception, ou entièrement nouvelle, ou supplémentaire (par exemple, l'évènement d'une condition, ou le jugement d'un procès, *suprà,* n°s 34, 600), c'est à partir de ce fait que l'action vient à naître et que le délai de la prescription commence à courir.

2° Entendez de même ce que dit la loi (art. 61, n° 2) *d'une omission de biens dans une déclaration faite après décès.* Interprété raisonnablement, ce texte concerne

_____
(1) Comp. M. Garnier, 9889, 9962, 9963.

seulement les biens qui composaient l'actif du défunt et qui ont été irrégulièrement omis. Mais les biens qui n'étaient pas dans le patrimoine du défunt au moment de la déclaration, et qui sont rentrés postérieurement, par l'évènement d'une condition ou d'un fait analogue (notamment, par l'exercice d'une action en *réduction, suprà,* n° 719), ceux-là n'encourent l'impôt qu'à partir de l'évènement en question, c'est donc seulement à partir de ce moment que naît l'action et que commence à courir le délai de la prescription (1).

3° D'après l'art. 61, n° 3, la prescription court *du jour du décès,* pour les successions non déclarées. Mais ce texte ne régit pas le cas où, la déclaration ayant été faite par un *héritier apparent,* ultérieurement, dix ans après le décès, une *pétition d'hérédité* fait arriver les biens à l'héritier véritable, tenu d'un impôt plus élevé (*suprà,* n° 678). Dans ce cas, l'héritier véritable doit faire une déclaration nouvelle et payer l'impôt, suivant sa qualité, à partir de l'évènement du litige. La prescription ne commence à courir que de ce moment.

Raisonnez de même, dans les cas *d'accroissement,* de *dévolution,* ou de *rapport* (V. *suprà,* n°ˢ 675-III, 718).

IV. Prenant pour accordé qu'une action nouvelle vient à naître à partir de chaque fait nouveau, nous devons déterminer quelle sera la durée de cette action.

Il faut distinguer : Si le fait nouveau est établi par

(1) En ce sens, *Civ.-rej.* 24 août 1841 (Dall. 257, 5514; R. G. 12715); Bagnères, 18 août 1859 (*Rép. pér.* 1203). Comp. Seine, 5 janvier 1861 (*Rép. pér.* 1474).

un *acte*, qui puisse servir de base à la perception, la durée de l'action sera de deux ans, car tel est le délai relatif à l'enregistrement des actes soumis à l'enregistrement. Si, au contraire, le fait nouveau se produit par un simple changement dans la possession, qui ne soit pas prouvé directement par un acte, appliquez le délai relatif aux mutations secrètes, c'est-à-dire, trente ans, à partir de l'introduction du nouveau possesseur.

Les délais de cinq ans et de dix ans (L. fr. art 64, nos 2 et 3 ; L. 1850, art. 11) sont inapplicables à l'hypothèse. Les textes qui établissent ces délais, fixent à la fois le point de départ et la durée de la prescription. Or, si nous écartons ces textes quant au premier chef, nous ne pouvons les invoquer sur le deuxième.

Toutefois, on peut soutenir que, si un fait nouveau se produit dans le délai de cinq ans ou dans celui de dix ans, à partir du décès, l'Administration peut encore agir dans l'un ou l'autre de ces délais, suivant l'occurrence, bien que deux ans soient écoulés depuis l'acte civil ou judiciaire qui constate ledit fait. Par exemple, si la *réduction* d'une donation est consentie ou ordonnée un an après le décès, l'impôt peut encore être exigé pendant la cinquième année, à partir du décès ; bien que la réduction, par hypothèse, soit directement constatée par un acte civil ou judiciaire.

V. Le délai de deux ans relatif au *supplément de perception insuffisamment faite* est appliqué, par réciprocité, aux demandes en restitution (art. 64, n° 1, *in fine*).

1° Quand la demande est fondée sur l'irrégularité

de la perception, ce qui est le cas le plus général, il va sans difficulté de faire courir le délai, à partir de l'enregistrement de l'acte qui donne lieu à la restitution. Ainsi, en cas de rupture d'un mariage projeté, c'est à partir du contrat de mariage que court le délai de deux ans pour la demande en restitution (V. *suprà*, n° 38 ; comp. n° 580).

2° Dans les deux seules hypothèses, où la loi de frimaire admet la restitution à raison d'un fait ultérieur (art. 48 et 69, § 3, n° 3), comme ce fait consiste en des justifications à fournir par les parties intéressées, celles-ci ne peuvent invoquer la règle : *Contra non valentem agere non currit præscriptio*. Cette règle comprend seulement l'impossibilité légale, non les difficultés plus ou moins grandes qui peuvent entraver, de fait, l'exercice d'une action.

VI. Mais des lois postérieures ont étendu les cas de restitution, et ont réglé, en même temps, le point de départ de l'action tendant à cette fin.

1° Dans le cas de l'art. 40 L. 1816 (*suprà*, n° 680), c'est *à partir du retour de l'absent* que la restitution est due, c'est donc par deux ans, à partir de ce retour, que la prescription s'accomplit. Le texte de la loi spéciale est ici d'accord avec le Droit commun, la raison et l'équité.

2° Il en est autrement des textes impératifs qui ont réglé l'exercice de l'action en restitution, dans le cas d'expropriation pour cause d'utilité publique (L. 3 mai 1841, art. 58 ; *suprà*, n° 832), et dans le cas de *transmisson d'office* (L. 25 juin 1841, art. 14 ; *suprà*, n° 39). Dans ces deux cas, la restitution est autorisée à raison d'un évènement ultérieur, et cependant la prescription de la demande en restitution court *à partir de la perception.* C'est une disposition tellement exorbitante que, malgré le texte formel de ces deux.lois, il a fallu plusieurs arrêts pour en fixer l'interprétation (1). Dira-t-on que le législateur, en concédant aux parties le bénéfice exceptionnel de la restitution, a pu convenablement en subordonner l'effet à des conditions arbitraires ? Une telle apologie serait un blâme. Ce qu'on peut dire de plus spécieux à l'appui des dispositions dont il s'agit, c'est qu'il depend indirectement des parties de provoquer par leur diligences · les actes administratifs (l'arrêté du Préfet ou la décision du Ministre de la justice) qui forment la condition de la restitution des droits perçus.

836. Indépendamment des délais particuliers qu'il organise, l'art. 61 ajoute :

« Les prescriptions ci-dessus seront *suspendues* par des demandes signifiées *et enregistrées* avant l'expiration des délais ; mais elles seront acquises irrévocablement, si les poursuites commencées sont interrompues *pendant une année,* sans qu'il y ait d'instance devant les juges compétens, *quand même le premier délai pour la prescription ne serait pas expiré.* »

Cette disposition est fort remarquable, car elle s'écarte des règles du Droit commun sur la prescription et la péremption d'instance.

I. Et d'abord la loi dit : « Les prescriptions seront *suspendues...* » Ne donnez pas à ce mot « *suspendues* » la signification technique qu'il a reçue dans la nomen-

---

(1) *Civ.-rej.* 4 mai 1858 (I. G. 2137, § 1); *Req.* 7 décembre 1858 ; Cassat. 22 mars 1859 (*Rép. pér.*, 1130, 1172).

clature du Code Napoléon (art. 2252 et suivants).
Évidemment, les demandes régulièrement formées font
plus que *suspendre*, elles *interrompent* les prescriptions,
c'est-à-dire qu'elles effacent tout le temps couru antérieurement.

II. Les demandes doivent être non pas seulement
signifiées, mais encore *enregistrées avant l'expiration
des délais*. Ainsi, contrairement à la régle générale
(*suprà*, n° 803), la signature de l'huissier ne confère pas
ici date certaine à l'acte de signification (Comp. *suprà*,
n° 222-I).

III. Mais ce qui est le plus exorbitant du Droit
commun, c'est l'effet particulier attribué à la disconti-
nuation des poursuites pendant une année. Cette espèce
de péremption d'instance, d'un genre tout spécial, est
acquise, de plein droit, par l'écoulement d'une année.
Et chose plus remarquable encore ! elle détruit le droit
d'action, *quand même le premier délai pour la prescription
ne serait pas expiré* (V. au contraire, C. pr., art. 401).
Cette disposition doit être strictement renfermée dans
la lettre de l'art. 61. Or cet article parle de poursuites
interrompues pendant une année, *sans qu'il y ait
d'instance devant les juges compétents*. Du moment que,
par un exploit introductif d'instance, assignation a été
donnée devant le Tribunal de première instance de
l'arrondissement, conformément à l'article 64 L. fr., il
faut suivre, pour la péremption, les règles ordinaires
du Code de procédure civile (1). Ainsi, la péremption
spéciale de l'art 61 atteint les *contraintes* et non la

(1) En ce sens, *Cassat.*, 6 mai 1844 (R. G. 9880).

procédure qui s'ensuit après opposition du contribuable
(V. L. fr., art. 64). Si cette opposition n'est pas formée,
le receveur, n'ayant aucun moyen de saisir le Tribunal,
doit éviter la péremption par la signification faite,
chaque année, d'un acte quelconque de poursuite,
soit une nouvelle contrainte, soit un procès-verbal de
carence. Il a même été décidé, avec raison, qu'il suffit
d'un commandement (1).

Au surplus, les règles particulières, dont il s'agit,
s'appliquent exclusivement aux prescriptions établies
par la loi de frimaire (« *les prescriptions ci-dessus....* »
dit l'art. 61), et à celles que des lois postérieures ont
constituées, en se référant expressément au texte dudit
article; telles sont, par exemple, les lois de 1824 et
de 1850, précitées. Dans tous les autres cas, suivez
le Droit commun (2). Les exceptions ne s'étendent pas
d'un cas à l'autre.

837. Un mot sur le calcul des délais. Longtemps,
il a été reçu, dans la pratique, que le jour de l'enregistrement (le *dies a quo*, comme dit l'Ecole), devait
compter dans le délai de la prescription. On fondait
cette doctrine *a contrario* sur l'art. 25 L. fr. Il est
étonnant qu'un aussi faible argument ait pu prévaloir.
L'art. 25 fait aux délais réglementaires l'application
d'un principe général, suivant lequel, dans le calcul
des délais de la prescription, on doit négliger les frac-
tions de jour (Comp. C. N., art. 2260). La Cour de
cassation a justement reconnu que ce même principe
régit toutes les prescriptions particulières des lois

(1) *Cassat.* 1er avril 1834 (I. G. 1467, § 13 ; R. G. 9881).
(2) En ce sens, *Délib.* 22 septembre 1837 (R. G. 9876-5).

fiscales (1). Il a été décidé, en conséquence, qu'un
acte ayant été enregistré le 2 janvier 1850, la demande
en restitution était formée en temps utile par un exploit
enregistré le 2 janvier 1852.

838. Le commentaire de l'art. 61 nous a fait envisager la prescription, exclusivement sous le point de
vue du payement et de la restitution de l'impôt.

La prescription doit, en outre, être étudiée, sous
un tout autre jour, comme moyen d'acquérir la propriété ou de se libérer des obligations, et à ce titre
elle n'est pas étrangère au Droit fiscal.

I. Cependant par ce qui est de la prescription *à l'effet
d'acquérir*, il est rare qu'elle puisse donner lieu à
l'impôt, car la prescription ne s'accomplit qu'après une
possession de plusieurs années, or la simple possession
de quelques mois suffit pour faire encourir le droit de
mutation (V. *suprà*, n° 82).

II. Quant à la prescription libératoire, V. *suprà*,
n⁰ˢ 537, 539.

TITRE IX.

Des poursuites et instances.

ARTICLE 63.

La solution des difficultés qui pourront s'élever relativement
à la perception des droits d'enregistrement avant l'introduction des instances, appartient à la régie.

ARTICLE 64.

Le premier acte de poursuite pour le recouvrement des
droits d'enregistrement et le paiement des peines et amendes

---

(1) *Civ.-rej.* 3 mai 1854 (I. G. 2019, § 9; R. G. 9922).

prononcées par la présente, sera une contrainte; elle sera décernée par le receveur ou préposé de la régie; elle sera visée et déclarée exécutoire par le juge de paix du canton où le bureau est établi, et elle sera signifiée.

L'exécution de la contrainte ne pourra être interrompue que par une opposition formée par le redevable et motivée avec assignation, à jour fixe, devant le tribunal civil du département (1). Dans ce cas, l'opposant sera tenu d'élire domicile dans la commune où siége le tribunal.

ARTICLE 65.

L'introduction et l'instruction des instances auront lieu devant les tribunaux civils de département : la connaissance et la décision en sont interdites à toutes autres autorités constitués ou administratives.

L'instruction se fera par simples mémoires respectivement signifiés.

Il n'y aura d'autres frais à supporter pour la partie qui succombera, que ceux du papier timbré, des significations, et du droit d'enregistrement des jugemens.

Les tribunaux accorderont, soit aux parties, soit aux préposés de la régie qui suivront les instances, le délai qu'ils leur demanderont pour produire leurs défenses; il ne pourra néanmoins être de plus de trois décades (2).

Les jugemens seront rendus dans les trois mois au plus tard (3), à compter de l'introduction des instances, sur le rapport d'un juge fait en audience publique, et sur les conclusions du commissaire du Directoire exécutif (4); ils seront sans appel, et ne pourront être attaqués que par voie de cassation (5).

(1) Lisez : de l'arrondissement (suprà, no 755).

(2 et 3) Ces délais sont purement réglementaires : il n'en résulte aucune déchéance.

(4) Lisez : du *Procureur impérial* (suprà, no 755).

(5) V. suprà, no 11.

ARTICLE 66.

Les frais de poursuite payés par les préposés de l'enregistrement pour des articles tombés en non-valeur pour cause d'insolvabilité reconnue des parties condamnées, leur seront remboursés sur l'état qu'ils en rapporteront à l'appui de leur compte. L'état sera taxé sans frais par le tribunal civil du département et appuyé des pièces justificatives.

839. La *contrainte,* décernée par le receveur, visée et déclarée exécutoire par le juge de paix, emporte-t-elle *hypothèque judiciaire* sur les biens du redevable? Un Avis du Conseil d'Etat du 25 thermidor an 12 (1), rendu sur l'interprétation de l'art. 2123 C. N., porte, en son dispositif :

« Les condamnations, *les contraintes* émanées des administrateurs, dans les cas et pour les matières de leur compétence, emportent hypothèque de la même manière et aux mêmes conditions que celles de l'autorité judiciaire. »

Appréciée dans son esprit général et dans les termes de son *dispositif,* cette décision embrasse les contraintes décernées par les préposés de l'enregistrement (2). Cependant la Cour de cassation, attachant peut-être une trop grande importance à quelques-uns des *motifs* de l'Avis précité, a statué en sens contraire. D'après un arrêt du 28 janvier 1828 (Dall. 5176) :

« L'Avis du Conseil d'Etat des 16-25 thermidor an 12 ne s'applique qu'aux contraintes que les administrateurs ont le droit de décerner en *qualité de juges et sans que ces actes puissent être l'objet d'aucun litige devant les Tribunaux;* ... d'où

(1) Ce document n'a été inséré au Bulletin des lois que sept ans plus tard. Voir le premier semestre de l'année 1812, page 282.

(2) V. la solide dissertation de M. Serrigny (*Rép. pér.* 788).

il suit que la Régie de l'enregistrement ne peut exciper *de cet Avis.* »

L'Administration s'est conformée à cet arrêt. Il résulte de là un grave inconvénient : l'Administration ne peut obtenir un jugement de condamnation que sur l'opposition à contrainte, signifiée par le redevable. Si ce redevable est actuellement insolvable et ne signifie pas d'opposition, l'Administration est entièrement désarmée et ne peut obtenir la garantie que l'hypothèque judiciaire confère à tout créancier sur les biens à venir de son débiteur. Cet état de chose est regrettable et mérite d'appeler l'attention du Législateur.

TITRE X.

De la fixation des droits.

ARTICLE 67.

Les droits à percevoir pour l'enregistrement des actes et mutations, sont et demeurent fixés aux taux et quotités tarifés par les art. 68 et 69 suivans.

840. I. Indépendamment des variations introduites dans le tarif par les lois postérieures, il faut ajouter un décime par franc à toutes les perceptions, en vertu de la loi du 6 prairial an 7, dont la disposition, purement temporaire, a été depuis lors annuellement prorogée. Cette loi dénomme expressément :

« Les droits *d'enregistrement, de timbre* (1), *hypothèque* (2),

----

(1) Le décime sur les droits de timbre a été supprimé. Voy. L. 1816 (art. 67), et L. 24 mai 1834 (art. 10).

(2) Les droits d'hypothèque comprennent : 1° le droit *d'inscription* des créances hypothécaires; 2° le droit de *transcription*. Voir L. 21 ventôse an 7 (art. 19, 20, 25).

les droits de greffe, droits de voitures publiques, de garantie sur les matières d'or et d'argent, *amendes et condamnations pécuniaires* (1), ainsi que les droits de douane à l'importation, l'exportation et la navigation. »

II. Pendant la guerre d'Orient, un second décime avait été établi par la disposition suivante de la loi du 14 juillet 1855 (art. 5) :

« Le principal des *impôts et produits de toute nature,* soumis au décime par les lois en vigueur, sera augmenté d'un nouveau décime à dater de la promulgation de la présente loi *jusqu'au 1er janvier 1858.* »

Pour l'exécution de cette loi, l'Instruction 2037 portait :

« Les droits et produits assujettis actuellement au décime et auxquels sera ajoutée la nouvelle taxe sont, *pour ce qui concerne l'Administration,* les droits d'enregistrement, de greffe et d'hypothèque, les amendes et les condamnations pécuniaires. »

841. La loi des finances du 23 juin 1857 statue, en ces termes, sur le second décime (art. 13) :

« L'article 5 de la loi du 14 juillet 1855 continuera à recevoir son exécution pour l'exercice 1858, sauf en ce qui concerne le second décime établi sur les *droits d'enregistrement.* »

Interprété strictement, cet article maintient le double décime sur tout ce qui ne constitue pas les *droits d'enregistrement* proprement dits; et, au point de vue doctrinal, cette interprétation résulte invinciblement

---

(1) Gardez-vous de croire que toute condamnation pécuniaire, au profit de l'État, soit augmentée du décime. Il s'agit seulement des condamnations équipollentes aux amendes, qui ne seraient pas expressément désignées sous ce nom. — Comp. *suprà,* n° 563. Joignez: Circulaire 1644 (2 fructidor an 7); I. G. 236 et 1537, sect. 3, n° 7.

du rapprochement des lois antérieures (1). Telle n'était cependant pas la pensée du Législateur de 1857, et l'Administration a prévenu toute controverse à cet égard, en disant aux préposés (I. G. 2112) :

« Par ces mots *droits d'enregistrement*, on doit entendre tous les droits et produits dont la perception est confiée à l'Administration de l'enregistrement. »

Ainsi, en ce qui concerne l'objet de nos études, le double décime est supprimé pour l'avenir et ne donne plus lieu qu'à des questions transitoires (2).

842. Nous allons maintenant aborder, sous l'art. 68, la longue énumération des droits fixes. Dans le système de la loi de frimaire, le minimum des droits fixes était de 1 franc. Aujourd'hui, dans certains cas, ce minimum a été abaissé. Notamment la loi de 1816 (art. 44), assujettit au droit fixe de 50 centimes :

« 1o Les significations d'avoué à avoué pour l'instruction des procédures devant les tribunaux de première instance ;

« 2o Les assignations et tous autres exploits devant les prud'hommes (3). »

Le décret du 28 février 1852 (art. 14), établit un droit fixe de dix centimes sur les lettres de gage des sociétés de crédit foncier. A l'inverse, la plupart des droits établis par l'art. 68 ont été élevés par la loi de

---

(1) **MM.** les rédacteurs du *Contrôleur* (art. 11062) s'étaient prononcés en ce sens, car leur opposition, empreinte de l'esprit du Barreau, c'est-à-dire, intelligente et loyale, ne recule pas devant les résultats favorables à l'Administration, quand ces résultats leur paraissent juridiques.

(2) Sur lesquelles, V. Déc. Min. fin., 9 décembre 1857 (I. G. 2112); *Req.* 28 juillet 1859; Seine 12 mai 1860 (*Rép. pér.* 1198, 1443); et *infrà*, no 871.

(3) Quant aux prud'hommes, joignez : L. 7 août 1850 (I. G., 1861); L. 22 janvier 1851 (art. 27); R. G. 10184.

1816. Enfin, la loi du 18 mai 1850 (art. 8) a statué d'une manière générale, en ces termes :

« Le moindre droit fixe d'enregistrement pour les actes *civils* et *administratifs* est porté à deux francs, à l'exception du droit sur les certificats de vie et de résidence, qui est maintenu au taux actuel. »

Ajoutez : Sauf les autres exceptions introduites par les lois postérieures, notamment par la loi du 22 février 1851 (*suprà*, n° 371), et par le décret précité du 28 février 1852 (1).

Il est donc bien entendu, qu'à moins d'une dérogation spéciale, le droit fixe d'un franc n'est plus applicable qu'aux actes *judiciaires* et *extrajudiciaires*. (V. *suprà*, n°s 15, 17, 18, 25). C'est sous cette réserve qu'il faut aborder le détail des textes qui suivent.

Remarquons en passant le procédé du rédacteur de notre loi. L'ordre des paragraphes est réglé par l'élévation du tarif, et dans chaque paragraphe les actes sont classés par ordre alphabétique.

Droits fixes.

ARTICLE 68.

Les actes compris sous cet article seront enregistrés et les droits payés ainsi qu'il suit, savoir :

§ 1er. — *Actes sujets à un droit fixe d'un franc.*

1° (2) Les abstentions, répudiations et renonciations (3) à

(1) Ce décret du Président de la République a force de loi (V. la Constitution de 1852, art. 58).

(2) Deux francs (L. 1850).

(3) *Abstentions, répudiations* et *renonciations*..... Il n'y a plus d'intérêt à distinguer ces trois termes. Le mot *renonciation* est le plus usité.

successions, legs ou communautés, lorsqu'elles seront pures et simples (1), si elles ne sont pas faites en justice (2).

Il est dû un droit par chaque renonçant et pour chaque succession à laquelle on renonce.

· **843.** Aujourd'hui, aux termes de l'article 784 du Code civil, la renonciation *à une succession* ne peut *plus* être faite *qu'au greffe* du Tribunal compétent. Même disposition pour la renonciation à la communauté conjugale (C. pr., art. 997). Une renonciation, passée en toute autre forme, ne peut valoir que comme une convention opposable seulement aux parties qui y sont intervenues (3). L'héritier, prétendu renonçant, est donc encore héritier, et tant qu'il ne justifie pas d'une renonciation régulière, il peut être poursuivi pour le payement des droits de mutation par décès.

Toutefois, comme les dispositions précitées concernent expressément les renonciations à *succession* ou à *communauté,* et comme les règles de forme dépendent de l'arbitraire du Législateur et ne peuvent s'étendre d'un cas à l'autre, on doit admettre qu'en matière de donations éventuelles et de legs, une renonciation peut être régulièrement faite ailleurs qu'au greffe, et, par exemple, devant notaires (4).

(1) *Pures et simples...* Par opposition aux renonciations *onéreuses* et aux renonciations *in favorem,* qui donnent lieu au droit proportionnel (V. *suprà,* 676).

(2) Si elles sont faites en justice, c'est-à-dire au greffe du Tribunal, V. *infrà,* art. 68, § 2, n° 6.

(3) V. *Civ.-rej.* 11 août 1825 (C. R. 516).

(4) En ce sens, *Cassat.* 24 novembre 1857 (*Rép. pér.,* 926). Comp. C. R. 517; Dall. 306; I. G. 386, § 7; M. Garnier 10721.

ARTICLE 68, § 1 (*suite*).

2° (1) Les acceptations de successions, legs ou communautés, aussi lorsqu'elles sont pures et simples (2).

Il est dû un droit par chaque acceptant et pour chaque succession.

3° (3) Les acceptations de transports (4) ou délégations (5) de créances à terme (6), faites par actes séparés, lorsque le droit proportionnel a été acquitté pour le transport ou la délégation ;

Et celles qui se font dans les actes mêmes de délégation de créances aussi à terme.

4° (7) Les acquiescemens purs et simples (8), quand ils ne sont point faits en justice (9).

5° (10) Les actes de notoriété.

6° (11) Les actes qui ne contiennent que l'exécution, le complément et la consommation d'actes antérieurs enregistrés (12).

7° (13) Les actes refaits pour cause de nullité ou autres

(1 et 3) Deux francs, L. 1850.

(2) Toujours par opposition aux acceptations qui contiendraient des stipulations particulières (V. la note de la page précédente). — Spécialement, quant aux acceptations de *successions*, l'acceptation pure et simple s'oppose encore à l'acceptation sous bénéfice d'inventaire, qui doit toujours être faite au greffe du Tribunal (V. *infrà*, art. 68, § 2, n° 7). — Joignez Merlin, *Répertoire*, v° Bénéfice d'inventaire, n° 1.

(4) V. *suprà*, n° 419.

(5) V. *suprà*, n° 428.

(6) V. *suprà*, n° 413.

(7) Deux francs, L. 1816, art, 43, n° 1.

(8) Par opposition aux actes de cette nature qui contiendraient des stipulations passibles d'un droit proportionnel. Une fois pour toutes, appliquez cette observation à chacun des actes énumérés ci-après.

(9) Si l'acquiescement est fait en justice, V. *infrà*, l'article 68, § 2, n° 6.

(10) Deux francs (L. 1816, art. 43, n° 2).

(11) Deux francs pour les actes soit *civils*, soit *administratifs* (*suprà*, n° 842).

(12) V. *suprà*, n°° 395, 400, 410, 432, 501, 542.

(13) Deux francs (L. 1816, art. 43, n° 3). — V. *suprà*, n° 590.

motifs, sans aucun changement qui ajoute aux objets des conventions ou à leur valeur.

8° (1) Les adjudications à la folle enchère, lorsque le prix n'est pas supérieur à celui de la précédente adjudication, si elle a été enregistrée.

9° Les adoptions.

844. En l'an 7, la loi civile avait proclamé le principe de l'adoption, mais elle n'en avait pas réglé les formes. Dans l'usage, l'adoption résultait d'une simple déclaration des parties devant l'officier de l'état civil (2). C'est cette déclaration que l'article 68 tarifait au droit fixe d'un franc; l'adoption était donc alors un des actes de l'état civil assujettis à l'enregistrement (Voyez art. 7, L. fr., *suprà*, n° 62).

Aujourd'hui, l'acte du consentement respectif des parties est dressé par le juge de paix du domicile de l'adoptant (C. N., art. 353). Cet acte étant judiciaire, le tarif de la loi de frimaire lui demeure applicable; il n'encourt que le droit fixe d'un franc. Mais en outre la loi de 1816 a soumis :

1° Au droit fixe de *cinquante francs,* « les jugemens de première instance admettant une adoption. » (Art. 48, n° 2).

2° Au droit fixe de *cent francs,* « les arrêts de Cour d'appel confirmant une adoption. » (Art. 49, n° 1).

_____

(1) Trois francs (L. 1816, art. 44, n° 1). — V. *suprà*, n° 189.

(2) Comp. L. 19 janvier 1792; Arrêté du 19 floréal an 8, et l'exposé des motifs du conseiller d'Etat Berlier sur la loi du 25 germinal an 11, *relative aux adoptions faites avant la publication du titre 8 du Code civil.* (Collection de M. Carette, t. 1, p. 633, note 3.)

ARTICLE 68, § 1 (*suite*).

10° (1) Les attestations pures et simples.

11° Les avis de parens, autres que ceux contenant nomi-. nation de tuteurs et curateurs (2).

12° (3) Les autorisations pures et simples.

13° (4) Les bilans.

14° Les brevets d'apprentissage qui ne contiennent ni obligation de sommes et valeurs mobiliairès, ni quittance (5).

15° (6) Les cautionnemens de personnes à représenter en justice.

16° Les certifications (7) de cautions et de cautionnemens (8).

17° Les certificats purs et simples, ceux de vie par chaque individu, et ceux de résidence (9).

(1) Deux francs pour les actes soit *civils,* soit *administratifs (suprà,* n° 842).

(2) Quatre francs dans tous les cas (L. 19 juillet 1845). Comp. art. 68, § 2, n° 4.

(3) Deux francs, L. 1816, art. 43, n° 5.

(4) *Deux* francs (L. 1850). Plus, pour l'enregistrement de l'acte de dépôt, *trois* francs (L. 1816, art. 44, n° 10); et, pour le droit de greffe, *trois* francs (L. 25 ventôse an 7, art. 5). Voy. M. Garnier, 6534.

(5) Un franc *fixe,* dans tous les cas (L. 22 février 1851, art. 2). V. *suprà,* n° 371.

(6) Droit proportionnel de 0,50 p. 100 (L. 1816, art. 50). V. *suprà,* n°s 453 et 475.

(7) Deux francs, L. 1816, art. 43, n° 5. — La loi de 1816 dit *certificats,* mais le mot *certification* est plus technique et doit être conservé. C'est à tort que quelques éditeurs modernes ont corrigé, sur ce point, le texte officiel de la loi de frimaire.

(8) Sur le sens particulier des mots *caution* et *cautionnement,* v. *suprà,* n° 468. — Sur l'esprit général de ce texte, v. *suprà,* n° 465.

(9) Pour les certificats *de vie* et ceux *de résidence,* le droit d'un franc a été expressément maintenu par la loi de 1850, art. 8. Les autres certificats encourent le droit de deux francs, en vertu de la disposition générale de ladite loi. En outre, la loi du 22 floréal an 7 et le décret du 21 août 1806 *exemptent* de l'enregistrement les certificats de vie des *rentiers* et *pensionnaires de l'État.*

18° Les collations d'actes et pièces ou des extraits d'iceux (1), par quelque officier public qu'elles soient faites (2).

Le droit sera payé par chaque acte, pièce ou extrait collationné.

19° Les compromis qui ne contiennent aucune obligation de sommes et valeurs (3) donnant lieu au droit proportionnel.

20° Les connaissemens ou reconnaissances de chargemens par mer (4), et les lettres de voiture (5).

Il est dû un droit par chaque personne à qui les envois sont faits.

21° (6) Les consentemens purs et simples.

22° Les décharges (7) également pures et simples, et les récépissés de pièces.

23° Les déclarations, aussi pures et simples, en matière civile (8).

24° (9) Les déclarations ou élections de command ou d'ami, lorsque la faculté d'élire un command a été réservée dans l'acte d'adjudication ou le contrat de vente, et que la déclaration est faite par acte public, et notifiée dans les vingt-quatre heures de l'adjudication ou du contrat.

25° (10) Les délivrances de legs pures et simples.

26° (11) Les dépôts d'actes et pièces chez des officiers publics.

(1) V. art. 8 L. fr., *suprà,* n° 63-1°.

(2) Aujourd'hui il faut distinguer. Le droit est de deux francs, si l'acte est civil ou administratif (L. 1850).

(3) Trois francs, L. 1816, art. 44, n° 2. — ... Sommes *et valeurs.* V. *suprà,* n° 401.

(4) Trois francs, L. 1816, art. 44, n° 6.

(5) Deux francs, L. 1850. — V. *suprà,* n° 367.

(6) Deux francs (L. 1816, art. 43, n° 7).

(7) Deux francs, pour les actes soit *civils,* soit *administratifs* (suprà, n° 842). — Joignez *suprà,* n° 531.

(8) Deux francs (L. 1816, art. 43, n° 9). — La loi de 1816 ajoute : *Et de commerce* disposition purement explicative. Comp. *suprà,* n° 561.

(9) Trois francs (L. 1816, art. 44, n° 3). V. *suprà,* n°ˢ 212 et 229-5°.

(10) Deux francs, pour les actes soit *civils,* soit *administratifs* (L. 1850). V. au surplus *suprà,* n° 664.

(11) Deux francs (L. 1816, art. 43, n° 10).

27° Les dépôts et consignations de sommes et effets mobiliers chez des officiers publics (1), lorsqu'ils n'opèrent pas la
libération des déposans ; et les décharges qu'en donnent les
déposans ou leurs héritiers, lorsque la remise des objets déposés leur est faite.

28° Les désistemens purs et simples (2).

845. Le désistement ne cesse pas d'être *pur et
simple*, s'il contient soumission expresse aux obligations qui résultent de plein droit d'un pareil acte,
notamment la soumission de payer les frais de la
procédure.

Toutefois, si le montant des frais est déterminé par
les parties, je pense qu'il y a lieu de percevoir le droit
de 0,50 p. 100, à titre d'*indemnité* (V. *suprà*, n° 484).

Si les parties recourent aux formalités prévues par
l'article 403 du Code de procédure, le droit proportionnel est encouru à titre de liquidation judiciaire
(V. *suprà*, n°s 23-2, et 556).

ARTICLE 68, § 1 (*suite*).

29° Les devis d'ouvrages et entreprises qui ne contiennent
aucune obligation de somme et valeur, ni quittance (3).

30° (4) Les exploits, les significations (5), celles des cédules
des juges de paix, les commandemens, demandes, notifica-

(1) Deux francs (L. 1816, art. 43 n° 11). V. *suprà*, n° 406 et 693.

(2) Deux francs (L. 1816, art. 43, n° 12).

(3) Deux francs (L. 1850). — V. *suprà*, n°s 363, 401, 534.

(4) Aujourd'hui, *en règle générale,* le droit est élevé à deux francs pour
« les exploits et autres actes du ministère des huissiers qui ne peuvent
« donner lieu au droit proportionnel. » (L. 1816, art. 43, n° 13.) —
Joignez L. 19 juillet 1845, art. 5, alin. 1.

(5) Pour les significations d'avoué à avoué : *cinquante centimes,* devant
les Tribunaux de 1re instance ; — *un franc* devant les Cours impériales.
(L. 1816, art. 41 et 42.)

tions, citations, offres ne faisant pas titre au créancier et non
acceptées (1), oppositions, sommations, procès-verbaux, assignations, protêts (2), intervention à protêt.(3), protestations,
publications et affiches, saisies, saisies-arrêts, séquestres,
main-levées, et généralement tous actes extrajudiciaires des
huissiers ou ·de leur ministère, qui ne peuvent donner lieu
au droit proportionnel, sauf les exceptions mentionnées dans
la présente ;

Et aussi les exploits, significations, et tous autres actes
extrajudiciaires faits pour le recouvrement des contributions
directes et indirectes, et toutes autres sommes dues à la nation, même des contributions locales, mais seulement lorsque
la somme principale excède vingt-cinq francs (4).

*Il sera dû un droit pour chaque demandeur ou défendeur,
en quelque nombre qu'ils soient, dans le même acte, excepté
les copropriétaires, les cohéritiers, les parens réunis, les cointéressés, les débiteurs ou créanciers associés ou solidaires, les
séquestres, les experts et les témoins, qui ne seront comptés
que pour une seule et même personne, soit en demandant, soit
en défendant, dans le même original d'acte, lorsque leurs
qualités y seront exprimées* (5).

31° (6) Les lettres missives qui ne contiennent ni obligation,

(1) V. *suprà*, n° 538.

(2-3) Un franc (L. 23 mars 1848). Le droit d'un franc est encore applicable aux protêts notariés (nonobst. L. 1850, art. 8), parce que ce sont des
actes extrajudiciaires (V. *suprà*, n°s 15 et 17-1). — V. en ce sens, Délibération du 2 juillet 1850 (M. Garnier, 10167-1).

(4) L. 16 juin 1824 (art. 6) : « Seront enregistrés *gratis* les actes de
« poursuites et tous autres actes, tant en action qu'en défense, ayant pour
« objet soit le recouvrement des contributions publiques et de toutes autres
« sommes dues à l'État, ainsi que des contributions locales, soit le recou-
« vrement des sommes dues pour mois de nourrices ; le tout, lorsqu'il
« s'agira de cotes, droits et créances non excédant en total la somme de
« *cent francs.* »

(5) L. 27 ventôse an 9 (art. 13) : « La dernière disposition du n° 30,
« § 1er de l'article 68 de la loi du 22 frimaire, est applicable aux actes
« d'appel compris sous les §§ 4 et 5 du même article. »

(6) Deux francs (L. 1816, art. 43, n° 14).

ni quittance, ni aucune autre convention donnant lieu au droit proportionnel.

32° Les nominations d'experts (1) ou arbitres (2).

33° Les prises de possession en vertu d'actes enregistrés (3).

34° Les prisées de meubles (4).

35° Les procès-verbaux et rapports d'employés, gardes, commissaires, séquestres, experts, arpenteurs (5) et agens forestiers ou ruraux.

36° (6) Les procurations et pouvoirs pour agir ne contenant aucune stipulation ni clause donnant lieu au droit proportionnel.

846. Le mandat est souvent employé pour déguiser une opération soumise au droit proportionnel. Ce déguisement doit être apprécié suivant la teneur des actes. Le mandat étant essentiellement révocable (v. C. N., art. 2004), toute clause, qui contrarie à cet égard la libre faculté du mandant, fournit une grave présomption contre la sincérité de l'opération (7).

(1) *Deux francs*, L. 1816, art. 43, n° 15 : « Les nominations d'experts hors jugement. »

(2) *Trois francs*, L. 1816, art. 44, n° 2 : « Les compromis ou nomi-« nations d'arbitres, qui ne contiennent aucune obligation de sommes et « valeurs donnant lieu au droit proportionnel. » Voyez *suprà*, n° 135, III ; et remarquez que les articles 51 à 63 du Code de commerce, sur l'arbitrage forcé, ont été abrogés par la loi du 17 juillet 1856.

(3) V. *suprà*, n° 115. — Deux francs pour les actes soit *civils*, soit *administratifs* (*suprà*, n° 842).

(4) Les prisées de meubles, contenues dans un inventaire, en font partie intégrante, et ne doivent conséquemment subir aucun droit particulier (V. art. 68, § 2, n° 1 et *suprà*, n° 65).

(5) L. 1816, art. 43, n° 16 (*deux francs*) : « Les procès-verbaux et « rapports d'employés, gardes, commissaires, séquestres, experts et « arpenteurs. » Mais les actes des agents forestiers ou ruraux sont extra-judiciaires. Le droit d'un franc reste donc applicable. — V. en outre, L. 25 mars 1817, art. 74.

(6) Deux francs (L. 1816, art 43, n° 17).

(7) Comp. M. Garnier, 8377.

Quant aux controverses, relatives au mandat sala-
rié, V. *suprà*, n° 366.

ARTICLE 68, § 1 (*suite*).

37° (1) Les promesses d'indemnités indéterminées et non
susceptibles d'estimation.

38° (2) Les ratifications pures et simples d'actes en forme.

847. La loi suppose que le premier acte étant *en
forme*, c'est-à-dire, *en forme authentique*, à précédemment subi le droit qui lui est afférent. Voilà pourquoi
elle tarife expressément au droit fixe la ratification
pure et simple qui en peut être faite.

Le même résultat se produirait si le premier acte,
étant sous seing-privé, avait été enregistré. L'acte de
ratification encourrait le droit fixe de deux francs
comme acte de *complément*, ou subsidiairement comme
acte innomé (V. art. 68, § 1, n⁰ˢ 6 et 51).

A l'inverse, il peut arriver que l'acte de ratification
donne ouverture à un droit proportionnel, non-encouru
sur le premier acte. C'est qu'alors il n'y a pas ratification *pure et simple* (V. *suprà*, n° 255).

ARTICLE 68, § 1 (*suite*).

39° (3) Les reconnaissances aussi pures et simples ne contenant aucune obligation ni quittance.

40° (4) Les résiliemens purs et simples, faits par actes authentiques dans les vingt-quatre heures des actes résiliés.

41° (5) Les rétractations et révocations.

(1) Deux francs (L. 1816, art. 43, n° 18) *suprà*, n° 453, 457.

(2) Deux francs pour les actes soit *civils*, soit *administratifs* (*suprà*,
n° 842).

(3) Deux francs (L. 1816, art. 43, n° 19).

(4) Deux francs (L. 1816, art. 43, n° 20); V. *suprà*, n⁰ˢ 150-161, 370,

(5) Deux francs (L. 1816, art. 43 n° 21.)

42° Les réunions de l'usufruit à la propriété, lorsque la réunion s'opère par acte de cession (1) et qu'elle n'est pas faite pour un prix supérieur à celui sur lequel le droit a été perçu lors de l'aliénation de la propriété (2).

43° (3) Les soumissions et enchères, hors celles faites en justice (4), sur des objets mis ou à mettre en adjudication ou en vente, ou sur des marchés à passer, lorsqu'elles seront faites par actes séparés de l'adjudication (5).

44° Les titres nouvels ou reconnaissances de rentes dont les contrats sont justifiés en forme (6).

45° Les transactions, en quelque matière que ce soit, qui ne contiennent aucune stipulation de somme et valeur, ni disposition soumises par la présente à un plus fort droit d'enregistrement (7).

46° Les actes (les cédules exceptées) (8) et jugemens préparatoires, interlocutoires ou d'instruction des juges de paix ; certificats d'individualité, procès-verbaux d'avis de parens (9), *visa* de pièces et poursuites préalables à l'exercice de la contrainte par corps ; les oppositions à levée de scellés, par comparence personnelle dans le procès-verbal ; les ordonnances et mandemens d'assigner les opposans à scellés ; tous autres actes des juges de paix non classés dans les paragraphes et articles suivans (10) et leurs jugemens définitifs portant

---

(1) Trois francs (L. 1816, art. 44, n° 4), mais seulement dans le cas proposé, à savoir : « lorsque la réunion s'opère par *acte de cession.* » V. *suprà,* n°s 334, 335 et 752.

(2) Dans le cas contraire, il est dû un droit proportionnel, par *supplément* (art. 15, n° 6, L fr.), *suprà,* n°s 328, 341.

(3) Deux francs (L. 1850).

(4) V. art. 68, § 2, n° 6.

(5) Sinon, aucun droit particulier (V. art. 11, *suprà,* n° 65).

(6) Trois francs (L. 1816, art. 44, n° 5.) — «... Justifiés *en forme,* » Même observation que sur le n° 38 (*suprà,* n° 847).

(7) Trois francs (L. 1816, art. 44, n° 8) V. *suprà,* n°s 317, 321.,

(8) V. art. 70, § 3, n° 10; M. Garnier, 595. — Joignez la loi du 2 mai 1855.

(9) « *Avis de parens,* » quatre francs (L. 19 juillet 1845).

(10) V. art. 68, § 2, n° 5.

condamnation de sommes dont le droit proportionnel ne s'élèverait pas à un franc (1).

47º Tous les procès-verbaux des bureaux de paix desquels il ne résulte aucune disposition donnant lieu au droit proportionnel, ou dont le droit proportionnel (2) ne s'élèverait pas à un franc (3).

48º Les actes et jugemens de la police ordinaire et des tribunaux de police correctionnelle et criminels, soit entre parties, soit sur la poursuite du ministère public, avec partie civile, lorsqu'il n'y a pas condamnation de sommes et valeurs, ou dont le droit proportionnel ne s'élèverait pas à un franc ; et les dépôts et décharges aux greffes desdits tribunaux, dans les mêmes cas où il y a partie civile (4).

49º Les jugemens qui seront rendus en matière de contributions soit directes soit indirectes, ou pour autres sommes dues à la nation, ou pour contributions locales, quel que soit le montant des condamnations, et de quelque autorité ou tribunal qu'émanent les jugemens (5).

50º (6) Les procès-verbaux de délits et contraventions aux réglemens généraux de police ou d'impositions.

51º Et généralement tous actes civils (7) judiciaires ou extra-judiciaires qui ne se trouvent dénommés dans aucun des paragraphes suivans, ni dans aucun autre article de la présente (8) et qui ne peuvent donner lieu au droit proportionnel.

(1) V. suprà, nᵒ 567.

(2) V. l'article 54 du Code de procédure, et L. 2 mai 1855.

(3) Comme ces procès-verbaux ne sont pas des *jugements,* appliquez le minimum de 25 centimes (L. 27 ventôse an 9, art. 3), non celui d'un franc (V. suprà, nᵒˢ 60 et 567).

(4) V. art. 70, § 1. Comp. art. 368 du Code d'instruction criminelle (*infrà*, nᵒ 851).

(5) Abrogé par L. 1816, art. 39 (*suprà*, nᵒ 563).

(6) V. Ordonnance du 22 mai 1816 (art. 5) et L. 25 mars 1817 (art. 74).

(7) Deux francs (L. 1850). Quant aux actes administratifs, V. *suprà*, nᵒ 18·

(8) Ou des lois postérieures, dont la liste est trop longue pour trouver place ici.

§ 2. — *Actes sujets à un droit fixe de deux francs* (1).

1° Les inventaires de meubles, objets mobiliers, titres et papiers.

Il est dû un droit pour chaque vacation (2).

2° Les clôtures d'inventaires.

3° Les procès-verbaux d'apposition, de reconnaissance et de levée de scellés.

Il est dû un droit pour chaque vacation (3).

4° Les procès-verbaux de nomination de tuteurs et curateurs (4).

5° Les jugemens de juges de paix portant renvoi ou décharge de demande, débouté d'opposition, validité de congé, expulsion, condamnation à réparation d'injures personnelles, et généralement tous ceux qui, contenant des dispositions définitives, ne donnent pas ouverture au droit proportionnel.

6° Les ordonnances des juges des tribunaux civils, rendus sur requêtes ou mémoires, celles de référé, de compulsoire et d'injonction, celles portant permission du saisir gager, revendiquer ou vendre, et celles des commissaires du Directoire exécutif (5) dans les cas où la loi les autorise à en rendre ;

Les actes et jugemens préparatoires ou d'instruction de ces tribunaux et des arbitres ;

Et les actes faits ou passés aux greffes des mêmes tribunaux, portant acquiescement, dépôt, décharge, désaveu, exclusion de tribunaux, affirmation de voyage, opposition à remises des

(1) L. 1816, art. 44, n° 22 (*deux francs*) : « Les reconnaissances « d'enfants naturels *par acte de célébration de mariage*. » Joignez *suprà*, n° 62; *infrà*, article 70, § 3, n° 8. — Plusieurs lois spéciales ont établi le droit fixe de deux francs. V. notamment, loi du 8 septembre 1830 (*suprà*, 828); Décret du 24 mars 1848; — Loi du 11 juillet 1851 ; — Loi du 13 juin 1857, etc. — V. au surplus, *suprà*, n° 842.

(2-3) En matière de faillite, un seul droit fixe de deux francs est encouru, « *quel que soit le nombre des vacations*. » (Loi du 24 mai 1834, art. 11)

(4) Quatre francs (L. 19 juillet 1845). Et cinq francs pour « les actes de tutelle officieuse. » (L. 1816, art. 48, n° 1.)

(5) Lisez : des Procureurs impériaux.

pièces, enchères, surenchères, renonciation à communauté, succession ou legs (*il est dû un droit pour chaque renonçant*), reprise d'instance, communication de pièces sans déplacement, affirmation et vérification de créance, opposition à délivrance de jugement (1).

7° (2) Les ordonnances sur requêtes ou mémoires, celles de réassigné, et tous actes et jugemens préparatoires ou d'instruction des tribunaux de commerce ;

Et les actes passés aux greffes des mêmes tribunaux, portant dépôt de bilan et registres, opposition à publication de séparation, dépôt de sommes et pièces, et tous autres actes conservatoires ou de formalité.

8° (3) Les expéditions des ordonnances et procès-verbaux des officiers publics de l'état civil, contenant indication du jour ou prorogation de délai pour la tenue des assemblées préliminaires au mariage ou à divorce.

§ 3. — *Actes sujets à un droit fixe de trois francs* (4).

1° (5) Les contrats de mariage qui ne contiennent d'autres dispositions que des déclarations, de la part des futurs, de ce qu'ils apportent eux-mêmes en mariage et se constituent, sans aucune stipulation avantageuse entre eux.

La reconnaissance y énoncée de la part du futur, d'avoir reçu la dot apportée par la future, ne donne pas lieu à un droit particulier.

Si les futurs sont dotés par leurs ascendans, ou s'il leur est fait des donations par des collatéraux ou autres personnes non parentes, par leur contrat de mariage, les droits, dans ce cas, sont perçus suivant la nature des biens, ainsi qu'ils sont réglés dans les paragraphes 4, 6 et 8 de l'article suivant.

(1-2) Trois francs (L. 1816, art. 44, n° 10). — Devant les Cours impériales, cinq francs (L. 1816, art. 45, n° 6).

(3) Disposition devenue sans objet, dans l'état actuel de la législation civile sur le mariage.

(4) V. dans les paragraphes 1 et 2 d'autres exemples d'actes assujettis à un droit fixe de trois francs.

(5) Cinq francs (L. 1816, art 45, n° 2). *Suprà*, n°s 615-626.

2° (1) Les partages de biens meubles et immeubles entre copropriétaires, à quelque titre que ce soit, pourvu qu'il en soit justifié.

S'il y a retour, le droit sur ce qui en sera l'objet, sera perçu aux taux réglés par (2) *les ventes.*

3° Les prestations de serment des greffiers et huissiers des juges de paix, des gardes des douanes, gardes forestiers et gardes champêtres (3) pour entrer en fonctions.

4° (4) Les actes de société qui ne portent ni obligation, ni délibération (5), ni transmission de biens meubles ou immeubles entre les associés ou autres personnes;

Et les actes de dissolution de société qui sont dans le même cas.

5° (6) Les testamens et tous autres actes de libéralité qui ne contiennent que des dispositions soumises à l'événement du décès, et les dispositions de même nature qui sont faites par contrat de mariage entre les futurs ou par d'autres personnes.

Le droit pour ces dispositions par acte de mariage, sera perçu indépendamment de celui du contrat.

6° (7) Les unions et directions de créanciers.

Si elles portent obligation de sommes déterminées par les cointéressés envers un ou plusieurs d'entre eux, ou autres personnes chargées d'agir pour l'union, il sera perçu un droit particulier, comme pour obligation.

7° Les expéditions des jugemens (8) des tribunaux civils,

---

(1) Cinq francs (L. 1816, art. 45, n° 3) *Suprà*, n° 699-720, et 733-736.

(2) *Par les ventes, lisez : Pour les ventes (suprà*, n° 699-1).

(3) Ajoutez : Et des *garde-barrières* (L. 27 ventôse an 9, art. 14).

(4) Cinq francs (L. 1816, art. 45, n° 2). V. *suprà*, n° 512, 735.

(5) *Délibération, lisez : Libération (suprà*, n° 512-1).

(6) Cinq francs (L. 1816, art. 45, n° 4). — V. *suprà*, n°s 608, 616, 654, 772, 796, 808, 825.

(7) V. *suprà*, n°s 546, 550.

(8) Les jugements sont tarifés à 5, 10 et 25 francs, *sur les minutes*, suivant les distinctions faites par les articles 45, 46 et 47, L. 1816.

rendus en première instance ou sur appel, portant acquiescement, acte d'affirmation, d'appel, de conversion d'opposition en saisie, débouté d'opposition, décharge et renvoi de demande, déchéance d'appel, péremption d'instance, déclinatoire, entérinement de procès-verbaux et rapports, homologation d'actes d'union et atermoiement ; injonction de procéder à inventaire, licitation, partage ou vente ; main-levée d'opposition ou de saisie, nullité de procédure, maintenue en possession, résolution de contrat ou de clause de contrat pour cause de nullité radicale (1), reconnaissance d'écriture ; nomination de commissaires, directeurs et séquestres ; publication judiciaire de donation, bénéfice d'inventaire, rescision, soumission et exécution de jugement (2) ;

Et généralement tous jugemens de ces tribunaux, ceux de commerce et d'arbitrage (3), contenant des dispositions définitives qui ne peuvent donner lieu au droit proportionnel, et dont le droit proportionnel ne s'élèverait pas à trois francs, et qui ne sont pas classés dans les autres paragraphes du présent article.

§ 4. — *Actes sujets à un droit fixe de cinq francs* (4).

1° Les abandonnemens de biens, soit volontaires, soit forcés, pour être vendus en direction (5).

2° (6) Les actes d'émancipation : *le droit est dû par chaque émancipé.*

3° Les déclarations et significations d'appel des jugemens des juges de paix aux tribunaux civils.

(1) *Pour cause de nullité radicale,* V. *suprà,* nos 53, 54, 55 et 246.
(2) Plusieurs des exemples, énumérés dans cet article, ne sont plus conformes à l'état actuel de la procédure civile. Nous n'avons plus de *publication judiciaire de donation,* etc.
(3) V. *suprà,* no 54.
(4) V. d'autres exemples sous les paragraphes précédents.
(5) V. *suprà,* no 525.
(6) Dix francs. (**L.** 19 juillet 1845, art. 5.)

§ 5. — *Actes sujets à un droit fixe de dix francs*

Les déclarations et significations d'appel (1) des jugemens des tribunaux civils, de commerce et d'arbitrage.

§ 6. — *Actes sujets à un droit fixe de quinze francs.*

1° Les actes de divorce (2).

2° Les jugemens des tribunaux civils, portant interdiction (3), et ceux de séparation de biens entre mari et femme, lorsqu'ils ne portent point condamnation de sommes et valeurs, ou lorsque le droit proportionnel ne s'élèvera pas à quinze francs (4).

3° Le premier acte de recours au tribunal (5) de cassation, soit par requête, mémoire ou déclaration, en matière civile, de police ou correctionnelle.

4° Les prestations de serment des notaires, (6) des greffiers et huissiers des tribunaux civils, criminels, correctionnels et de commerce, et de tous employés salariés par la République, autres que ceux compris sous le § 3 ci-dessus, nombre 3, pour entrer en fonctions.

(1) **L.** 27 ventôse an 9 (art. 13) : « La dernière disposition du n° 30, « § 1er de l'article 68 de la loi du 22 frimaire, est applicable aux actes « d'appel compris sous les paragraphes 4 et 5 du même article. »

(2) La loi fiscale du 28 avril 1816 (art. 48, n° 2 et art. 49, n° 2) avait élevé le tarif, relativement à ces actes. Quelques jours après, la loi du 8 mai 1816 déclarait : « *Le divorce est aboli.* »

(3) **L.** 1816, art. 47, n° 2 (*vingt-cinq francs*) : « Les arrêts des cours «, royales portant interdiction ou prononçant séparation de corps entre « mari et femme. »

(4) *Suprà,* n° 558 et 567.

(5) **L.** 1816, art. 47 n° 1 (vingt-cinq francs) : « Le premier acte de « recours en cassation ou *devant les Conseils de Sa Majesté.* » (Lisez : devant le *Conseil d'État*), etc.

(6) Ajoutez : des avoués (**L.** 27 ventôse an 9, art. 14), des avocats (**Décret** du 31 mai 1807), etc., etc., etc.

§ 7. — *Actes sujets à un droit fixe de vingt-cinq francs.*

Chaque expédition (1) de jugement du tribunal de cassation délivrée à partie.

848. Ici se termine l'énumération des droits fixes, d'après l'article 68 de la loi de frimaire. Il n'entre pas dans mon plan de relever toutes les dispositions de tarif, éparses dans les lois spéciales intervenues depuis soixante ans. J'ai indiqué, dans les notes, toutes celles qui m'ont paru offrir un intérêt général. Je signalerai seulement ici l'article 55 de la loi de 1816. Cet article établit des droits d'enregistrement fort élevés, accessoires aux droits de sceau, sur la collation des titres de noblesse, etc.

849. L'article 69 contient le tarif des droits proportionnels. C'est la partie la plus importante de nos études. Les trois quarts de ce livre lui ont été consacrés (pages 94 à 716). Je me bornerai à reproduire ici le texte officiel de la loi, en renvoyant aux *numéros,* qui en forment le commentaire. On trouvera dans ces passages l'indication des lois qui ont modifié le tarif.

Droits proportionnels.

ARTICLE 69.

Les actes et mutations compris sous cet article seront enregistrés, et les droits payés suivant les quotités ci-après, savoir :

§ 1er. — *Vingt-cinq centimes par cent francs.*

1º (2) Les baux de pâturage et nourriture d'animaux.

---

(1) L. 1816, art. 47, nº 3 (*vingt-cinq francs*) : « Les arrêts définitifs de la « Cour de cassation et des Conseils de Sa Majesté. » (Lisez : du Conseil d'État. La perception a lieu sur la minute (*suprà*, nº 61). — *Dix francs,* pour les) arrêts *interlocutoires* ou *préparatoires* (L. 1816, art. 46, nº 3).

(2) 379.

Le droit sera perçu sur le prix cumulé des années du bail, savoir, à raison de vingt-cinq centimes par cent francs sur les deux premières années, et du demi-droit sur les années suivantes.

2º (1) Les baux à cheptel et reconnaissances de bestiaux.

Le droit sera perçu sur le prix exprimé dans l'acte, ou, à défaut, d'après l'évaluation qui sera faite du bétail.

3º (2) Les mutations qui s'effectueront par décès en propriété ou usufruit de biens meubles, en ligne directe.

§ 2. — *Cinquante centimes par cent francs.*

1º (3) Les abonnemens pour fait d'assurance ou grosse aventure.

Le droit est perçu sur la valeur des objets abandonnés.

En temps de guerre, il n'est dû qu'un demi-droit.

2º (4) Les actes et contrats d'assurance.

Le droit est dû sur la valeur de la prime.

En temps de guerre, il n'y a lieu qu'au demi-droit.

3º (5) Les adjudications au rabais et marchés pour constructions, réparations, entretien, approvisionnemens et fournitures dont le prix doit être payé par le trésor national, ou par les administrations centrales et municpales, ou par des établissemens publics.

Le droit est dû sur la totalité du prix.

Et celles au rabais de la levée des contributions directes (6).

(1) 379. — (2) 569, 575. — (3-4) 524-527. Joignez la loi du 9 mai 1860, ainsi conçue : « ARTICLE UNIQUE. Les sociétés, compagnies et tous autres « assureurs contre la mortalité des bestiaux, contre la grêle, les inondations « et autres *risques agricoles*, pourront s'affranchir des obligations imposées « par l'art. 33 de la loi du 5 juin 1850, en contractant avec l'Etat un abon- « nement annuel, à raison de deux centimes par mille francs du total des « sommes assurées d'après les polices ou contrats en cours d'exécution. — « L'abonnement de l'année courante se calculera sur le chiffre total des « opérations de l'année. »

(5) *Suprà*, 369; *infrà*, 860.

(6) Disposition devenue sans objet depuis la loi des finances du 5 ventôse an 12.

Le droit est assis sur la somme à laquelle s'élève la remise du percepteur, d'après le montant du rôle.

4o (1) Les atermoiemens entre débiteurs et créanciers.

Le droit est perçu sur les sommes que le débiteur s'oblige de payer.

5o (2) Les baux ou conventions pour nourriture de personnes, lorsque les années sont limitées.

Le droit est dû sur le prix cumulé des années du bail ou de la convention ; mais si la durée est illimitée, l'acte sera assujéti au droit fixé par le § 5, nombre 2, ci-après.

S'il s'agit de baux de nourriture de mineurs (3), il ne sera perçu qu'un demi-droit ou vingt-cinq centimes par cent francs, sur le montant des années réunies.

6o (4) Les billets à ordre, les cessions d'actions et coupons d'actions mobiliaires des compagnies et sociétés d'actionnaires, et tous autres effets négociables de particuliers ou de compagnies, à l'exception des lettres de change tirées de place en place.

Les effets négociables de cette nature pourront n'être présentés à l'enregistrement qu'avec les protêts qui en auront été faits.

7o (5) Les brevets d'apprentissage, lorsqu'ils contiendront stipulation de sommes ou valeurs mobiliaires, payées ou non.

8o (6) Les cautionnemens de sommes et objets mobiliers, les garanties mobiliaires et les indemnités de même nature.

Le droit sera perçu indépendamment de celui de la disposition que le cautionnement, la garantie ou l'indemnité aura pour objet, mais sans pouvoir l'excéder.

Il ne sera perçu qu'un demi-droit pour les cautionnemens des comptables envers la République.

9o (7) Les expéditions des jugemens contradictoires ou par défaut, des juges de paix, des tribunaux civils, de commerce et d'arbitrage, de la police ordinaire, de la police correctionnelle et des tribunaux criminels, portant condamnation,

(1) |546-550. — (2) 372. — (3) 376. — (4) 494-520. — (5) 367-371.
(6) 453-493. — (7) 551-567.

collocation ou liquidation de sommes et valeurs mobiliaires, intérêts et dépens entre particuliers, excepté les dommages-intérêts, dont le droit proportionnel est fixé à deux pour cent sous le § 5, nombre 8, ci-après.

Dans aucun cas, et pour aucun de ces jugemens, le droit proportionnel ne pourra être au-dessous du droit fixe, tel qu'il est réglé dans l'article précédent pour les jugemens des divers tribunaux.

Lorsque le droit proportionnel aura été acquitté sur un jugement rendu par défaut, la perception sur le jugement contradictoire qui pourra intervenir, n'aura lieu que sur le supplément des condamnations : il en sera de même des jugemens rendus sur appel et des exécutoires.

S'il n'y a pas de supplément de condamnation, l'expédition sera enregistrée pour le droit fixe, qui sera toujours le moindre droit à percevoir.

Lorsqu'une condamnation sera rendue sur une demande non établie par un titre enregistré et susceptible de l'être, le droit auquel l'objet de la demande aurait donné lieu s'il avait été convenu par acte public, sera perçu indépendamment du droit dû pour l'acte ou le jugement qui aura prononcé la condamnation.

10° (1) Les obligations à la grosse aventure, ou pour retour de voyage.

11° (2) Les quittances, remboursemens ou rachats de rentes et redevances de toute nature ; les retraits exercés en vertu de reméré, par actes publics, dans les délais stipulés, ou faits sous signature privée, et présentés à l'enregistrement avant l'expiration de ces délais, et tous autres actes et écrits portant libération de sommes et valeurs mobiliaires.

§ 3. — *Un franc par cent francs.*

1° (3) Les adjudications au rabais et marchés, autres que ceux compris dans le paragraphe précédent, pour construc-

(1) 523. — (2) 529-539. — (3) 363-370, 554.

tions, réparations et entretien, et tous autres objets mobiliers susceptibles d'estimation, faits entre particuliers, qui ne contiendront ni vente, ni promesse de livrer des marchandises, denrées ou autres objets mobiliers.

2ᵒ (1) Les baux à ferme ou à loyer, d'une seule année.

Ceux faits pour deux années.

Le droit sera perçu sur le prix cumulé des deux années.

Ceux d'un plus long temps, pourvu que leur durée soit limitée.

Le droit sera également perçu sur le prix cumulé; savoir, pour les deux premières années, à raison d'un franc par cent francs; et pour les autres années, sur le pied de vingt-cinq centimes par cent francs.

Et les sous-baux, subrogations, cessions et rétrocessions de baux.

Le droit sera liquidé et perçu sur les années à courir, comme il est établi pour les baux; savoir, à raison d'un pour cent sur les deux premières années restant à courir; et de vingt-cinq centimes par cent francs pour les autres années.

Seront considérés, pour la liquidation et le paiement du droit, comme baux de neuf années, ceux faits pour trois, six ou neuf ans.

Les baux de biens nationaux sont assujétis aux mêmes droits.

3ᵒ (2) Les contrats, transactions, promesses de payer, arrêtés de comptes, billets, mandats; les transports, cessions et délégations de créances à terme; les délégations de prix stipulées dans un contrat, pour acquitter des créances à terme envers un tiers, sans énonciation de titre enregistré, sauf, pour ce cas, la restitution dans le délai prescrit, s'il est justifié d'un titre précédemment enregistré; les reconnaissances, celles de dépôts de sommes chez des particuliers, et tous autres actes ou écrits qui contiendront obligations de sommes, sans libéralité et sans que l'obligation soit le prix d'une transmission de meubles ou immeubles non enregistrée.

_____

(1) 345-362. — (2) 390-436.

4° (1) Les mutations de biens immeubles, en propriété ou usufruit, qui auront lieu par décès en ligne directe.

§ 4. — *Un franc vingt-cinq centimes par cent francs.*

1° (2) Les donations entre-vifs, en propriété ou usufruit, de biens immeubles, en ligne directe.

Il ne sera perçu que moitié droit, si elles sont faites par contrat de mariage aux futurs.

2° (3) Les mutations en propriété ou usufruit, de biens meubles, qui s'effectuent par décès, entre collatéraux et autres personnes non parentes, soit par succession, soit par testament ou autre acte de libéralité à cause de mort.

Il ne sera dû que moitié droit pour celles qui auront lieu entre époux.

§ 5. — *Deux francs par cent francs.*

1° (4) Les adjudications, ventes reventes, cessions, rétrocessions, marchés, traités, et tous autres actes, soit civils, soit judiciaires, translatifs de propriété, à titre onéreux, de meubles, récoltes de l'année sur pied, coupes de bois taillis et de hautes futaies, et autres objets mobiliers généralement quelconques, même les ventes de biens de cette nature faites par la nation.

Les adjudications à la folle enchère de biens meubles (5) sont assujéties au même droit, mais seulement sur ce qui excède le prix de la précédente adjudication, si le droit en a été acquitté.

2° (6) Les constitutions de rentes, soit perpétuelles, soit viagères, et de pensions, à titre onéreux, les cessions, transports et délégations qui en sont faits au même titre, et les baux de biens meubles faits pour un temps illimité.

3° (7) Les échanges de biens immeubles.

Le droit sera perçu sur la valeur d'une des parts, lorsqu'il n'y aura aucun retour. S'il y a retour, le droit sera payé à

(1-2-3) 575. — (4) 259-264. — (5) 189-195, 260. — (6) 438-449.
(7) 304-315.

raison de deux francs par cent francs, sur la moindre portion
et comme pour vente sur le retour ou la plus-value.

4° (1) Les élections ou déclarations de command ou d'ami,
sur adjudication ou contrat de vente de biens meubles, lorsque
l'élection est faite après les vingt-quatre heures, ou sans que
la faculté d'élire un command ait été réservée dans l'acte d'adjudication ou le contrat de vente.

5° (2) Les engagemens de biens immeubles.

6° (3) Les parts et portions acquises par licitation de biens
meubles indivis.

7° (4) Les retours de partages de biens meubles.

8° (5) Les dommages-intérêts prononcés par les tribunaux
criminels, correctionnels et de police.

§ 6. — *Deux francs cinquante centimes par cent francs.*

1° (6) Les donations entre-vifs en propriété ou usufruit, de
biens meubles, par des collatéraux et autres personnes non
parentes.

Il ne sera perçu que moitié droit, si elles sont faites par
contrat de mariage aux futurs.

2° (7) Les donations entre-vifs en propriété ou usufruit, de
biens immeubles en ligne directe.

Il ne sera perçu que moitié droit, si elles sont faites par
contrat de mariage aux futurs.

3° (8) Les transmissions de propriété ou d'usufruit de biens
immeubles, qui s'effectuent par décès, entre époux.

§ 7. — *Quatre francs par cent francs.*

1° (9) Les adjudications, ventes, reventes, cessions, rétrocessions, et tous autres actes civils et judiciaires translatifs de
propriété ou d'usufruit de biens immeubles, à titre onéreux.

Les adjudications à la folle enchère (10) de biens de même

(1) 212-228, 260. — (2) 382-388. — (3-4) 709, 715, 260. — (5) 560.
— (6-7-8) 575. — (9) 113. — (10) 189-195.

nature sont assujéties au même droit, mais seulement sur ce qui excède le prix de la précédente adjudication, si le droit en a été acquitté.

La quotité du droit d'enregistrement des adjudications de domaines nationaux sera réglée par des lois particulières (1).

2o Les baux à rentes perpétuelles de biens immeubles (2), ceux à vie (3), et ceux dont la durée est illimitée (4).

3o (5) Les déclarations ou élection de command ou d'ami, par suite d'adjudication ou contrats de vente de biens immeubles, autres que celles des domaines nationaux (6), si la déclaration est faite après les vingt-quatre heures de l'adjudication ou du contrat, ou lorsque la faculté d'élire un command n'y a pas été réservée.

4o (7) Les parts et portions indivises de biens immeubles acquises par licitation.

5o Les retours d'échanges (8) et de partages (9) de biens immeubles.

6o (10) Les retraits exercés après l'expiration des délais convenus par les contrats de vente sous faculté de reméré.

§ 8. — *Cinq francs par cent francs.*

1o (11) Les donations entre-vifs de biens immeubles en propriété ou usufruit, par des collatéraux et autres personnes non parentes.

Il ne sera perçu que moitié droit, si elles sont faites par contrat de mariage aux futurs.

2o (12) Les mutations de biens immeubles en propriété ou usufruit, qui s'effectuent par décès entre collatéraux et personnes non parentes, soit par succession, soit par testament ou autre acte de libéralité à cause de mort.

---

(1) V. *infrà*, no 858. — (2) 349, 445. — (3) 350. — (4) 346.
(5) 212-233. — (6) Voy. L. 6 vendémiaire an 7, art. 11. — (7) 709.
(8) 312. — (9) 715. — (10) 165-174. — (11-12) 575.

TITRE XI.

Des actes qui doivent être enregistrés en débet ou gratis, et de ceux qui sont exempts de cette formalité.

850. La loi établit une triple division :

1° Actes à enregistrer *en débet ;*

2° Actes à enregistrer *gratis ;*

3° Actes *exempts de la formalité de l'enregistrement.*

Nous y joindrons une quatrième, composée des actes assujettis à un tarif exceptionnel.

Voici l'esprit général de cette classification :

I. En principe, toute partie qui figure dans un acte, est tenue de l'impôt, sauf son recours contre l'autre partie, s'il y a lieu. Conséquemment, dans les procédures, le poursuivant doit faire l'avance des droits. Cette règle cesse quand la partie poursuivante mérite

une protection particulière. Les actes sont alors enregistrés *en débet.* Le poursuivant est dispensé de faire
l'avance des droits. Mais la dispense ne va pas plus loin,
et les droits sont recouvrés ultérieurement contre celui
qui, en définitive, doit supporter l'impôt.

II. Quand la situation est encore plus digne de
faveur, la loi accorde l'enregistrement *gratis.* La formalité n'a plus alors aucun but fiscal; elle subsiste
seulement comme contrôle de la rédaction des actes
(V. *suprà,* n° 2).

III. Ce contrôle même paraît superflu quand les actes
émanent de fonctionnaires publics, d'un ordre supérieur
ou au moins égal aux préposés de l'enregistrement. Il
y a alors exemption de la formalité.

IV. Enfin, dans certains cas, par rémittence, la loi
soumet au droit fixe des actes qui, suivant les principes généraux, seraient passibles du droit proportionnel; ou encore la loi abaisse le tarif ordinaire des
droits proportionnels. La formalité conserve son double
caractère de contrôle et d'impôt; mais l'impôt est
mitigé.

851. Cela posé, nous pouvons aborder l'examen
des textes.

ARTICLE 70.

Seront soumis à la formalité de l'enregistrement, et enregistrés en débet ou gratis, ou exempts de cette formalité, les
actes ci-après, savoir :

§ 1er. — *A enregistrer en débet.*

1° Les actes et procès-verbaux des juges de paix pour faits
de police.

2º Ceux faits à la requête des commissaires du Directoire exécutif (1) près les tribunaux.

3º Ceux des commissaires de police.

4º Ceux des gardes établis par l'autorité publique pour délits ruraux et forestiers.

5º Les actes et jugemens qui interviennent sur ces actes et procès-verbaux.

Il y aura lieu de suivre la rentrée des droits d'enregistrement de ces actes, procès-verbaux et jugemens, contre les parties condamnées, d'après les extraits des jugemens qui seront fournis aux préposés de la régie par les greffiers (2).

852. Comme on voit, dans la première catégorie, la loi de frimaire comprenait seulement les actes intervenus à la requête des agents de l'autorité publique. La loi des finances du 25 mars 1817 n'a fait que développer ce système par la disposition suivante (art. 74, 1er alinéa) :

« Les actes et procès-verbaux des huissiers et gendarmes, préposés, gardes champêtres ou forestiers, *autres que ceux des particuliers* (3), et généralement tous actes et procès-verbaux, concernant la police ordinaire, et qui ont pour objet la poursuite et la répression des délits et contraventions aux règlements généraux de police et d'impositions, seront visés pour timbre et enregistrés en débet, *lorsqu'il n'y aura pas de partie civile poursuivante* (4), sauf à suivre le recouvrement des droits contre les condamnés. »

(1) Lisez : Des Procureurs impériaux. — Joignez le tarif des frais en matière criminelle, du 18 juin 1811 (art. 118).

(2) Comp. art. 37, *suprà*, nº 805.

(3) Pour les gardes des particuliers, *deux francs* (L. 1816, art. 43, nº 16); *suprà*, p. 810, note 5.

(4) *S'il y a partie civile*, cette partie doit, en général, faire l'avance des droits. V. art. 68, § 1, nº 48, L. fr.; Décret 18 juin 1811 (art. 157-160). Mais l'article 368 du Code d'instruction criminelle, introduit en 1832, a modifié ce point *pour les affaires soumises au jury.* — Joignez M. Garnier, nº 545.

Enfin plusieurs lois spéciales appliquent le principe de l'enregistrement *en débet* aux actes de certains agents déterminés. Voy. notamment Code forestier (art. 104 et 170); L. 15 avril 1829 (art. 47) sur la *pêche fluviale;* ordonnance du 17 avril 1839 (art. 42) sur la *vérification des poids et mesures;* L. 15 juillet 1845 (art. 24) sur la *police des chemins de fer;* L. 30 mai 1851 (art. 19) *sur la police du roulage et des messageries;* Décr. 27 décembre 1851 *sur les lignes télégraphiques.* V. encore Décr. 15 février 1853 (art. 32); 10 août 1853 (art. 40); 16 août 1853 (art. 31); 1er mars 1854 (art. 491, 492) (1).

Toutes ces dispositions s'expliquent par la considération suivante : Quand la poursuite est faite à la requête des agents de l'autorité publique, ce serait une complication de la comptabilité de forcer l'Etat à se faire à lui-même l'avance des droits. Si l'Etat triomphe, les droits seront recouvrés contre la partie condamnée. Si l'Etat succombe, aucuns droits ne seront encourus.

853. La protection due aux citoyens, dans quelques situations exceptionnelles, a fait étendre aux particuliers le bénéfice de l'enregistrement *en débet.* Ainsi, d'après la loi précitée du 25 mars 1817 (art. 74, alinéa 2) :

« Seront également visées pour timbre et enregistrées en débet, les déclarations d'appel de tous jugemens rendus en matière de police correctionnelle, *lorsque l'appelant sera emprisonné.* »

Même idée dans la loi du 30 juin 1838 (art. 29).

(1) Ces documents sont cités textuellement par M. Camps, *Code et dictionnaire d'Enregistrement,* nos 756 et suiv.

Quand il s'agit de réclamer contre un placement dans un *établissement d'aliénés* :

« La requête, le jugement et les autres actes auxquels la réclamation pourrait donner lieu, seront visés pour timbre et enregistrés en débet. »

Ce système est encore appliqué :

A toutes les causes qui sont de la compétence des *Conseils de Prud'hommes* (L. 7 août 1850; L. 22 janvier 1851, art. 27) (1);

En cas d'*assistance judiciaire* (L. 22 janvier 1851, art. 14).

Mais dans ces différents cas, si la partie poursuivante est, en définitive, condamnée aux dépens, elle est tenue des droits d'enregistrement, de timbre, etc. Encore une fois, le bénéfice dont il s'agit porte seulement sur l'avance de ces droits (V. *suprà*, nos 850-I, et 852, *in fine*).

854. Passons aux cas d'enregistrement *gratis*.

ARTICLE 70 (*suite*).

§ 2. — *A enregistrer gratis.*

1º Les acquisitions et échanges faits par la République; les partages de biens entre elle et des particuliers, et tous autres actes faits à ce sujet.

2º Les exploits, commandemens, significations, sommations, établissemens de garnison, saisies, saisies-arrêts, et autres

---

(1) Si l'objet de la contestation, portée devant ces Conseils, ne dépasse pas 25 francs, l'enregistrement a lieu *gratis*, en vertu d'une Décision du Ministre des finances du 20 juin 1809 (I. G. 437), dont on fait encore aujourd'hui l'application (Voyez I. G. 1796, § 11; M. Garnier, 10183). Cette Décision est illégale, mais qui jamais songerait à soulever une question de responsabilité ministérielle pour un pareil objet ! (Comp. *suprà*, nº 831.)

actes, tant en action qu'en défense, ayant pour objet le recouvrement des contributions directes et indirectes, et de toutes
autres sommes dues à la République, à quelque titre et pour
quelque objet que ce soit, même des contributions locales,
lorsqu'il s'agira de cotes de 25 francs et au-dessous (1), ou
de droits et créances non excédant en total la somme de
25 francs (2).

3º Les actes des huissiers et gendarmes, dans les cas spécifiés par le § suivant, nombre 9.

I. Le bénéfice de l'enregistrement *gratis* convient
surtout aux actes amiables. Tels sont les actes énumérés par le nº 1 de notre paragraphe : acquisitions,
échanges, partages, etc., intéressant l'Etat comme partie
contractante; les actes faits de gré à gré pour l'exécution des travaux d'utilité publique (art. 58 L. 3
mai 1841, *suprà*, nº 832); et la plupart de ceux qui
concernent le mariage et l'état civil des indigents
(L. 10 décembre 1850, art. 4 et suivants). V. encore
Décr. 26 mars 1852 (art. 11), sur les sociétés de
secours mutuels (R. G. 11820).

II. L'enregistrement *gratis* s'applique encore à certains actes contentieux, pour lesquels n'a pas paru
suffisant le bénéfice de l'enregistrement *en débet*. Ce
sont des cas où l'ordre public, la justice, l'humanité
sont intéressés au libre développement de la procédure.
La loi ne veut y asseoir aucun impôt, même éventuellement contre la partie qui succombera en définitive. —
Rattachez à ces idées : art. 70, § 2, nº 2 et 3 L. fr.;
L. 17 avril 1832, art. 30, sur la *contrainte par corps*, etc.

855. Passons à la troisième des divisions établies
par notre article.

(1-2) Cent francs, **L.** 16 juin 1824, article 6 (*suprà*, page 809, note 4.)

ARTICLE 70 (*suite*).

§ 3. — *Exempts de la formalité de l'enregistrement.*

1º Les actes du Corps législatif et ceux du Directoire exécutif (1).

2º Les actes d'administration publique non compris dans les articles précédents.

3º (2) Les inscriptions sur le grand-livre de la dette publique, leurs transferts et mutations, les quittances des intérêts qui en sont payés, et tous les effets de la dette publique inscrits ou à inscrire définitivement.

4º Les rescriptions, mandats et ordonnances de paiement sur les caisses nationales ; leurs endossemens et acquits.

5º Les quittances de contributions, droits, créances et revenus payés à la nation ; celles pour charges locales, et celles des fonctionnaires et employés salariés par la République, pour leurs traitemens et émolumens.

6º Les ordonnances de décharge ou de réduction, remise ou modération d'imposition, les quittances y relatives, les rôles et extraits d'iceux.

7º Les récépissés délivrés aux collecteurs, aux receveurs de deniers publics et de contributions locales, et les comptes de recettes ou gestions publiques.

8º Les actes de naissance, sépultures et mariages, reçus par les officiers de l'état civil, et les extraits qui en sont délivrés (3).

9º Tous les actes et procès-verbaux (excepté ceux des huissiers et gendarmes, qui doivent être enregistrés, ainsi qu'il est dit au § précédent, nombre 4) et jugemens concernant la police générale et de sûreté et la vindicte publique.

(1) Lisez : de l'Empereur, du Sénat et du Corps législatif (L. 27 ventôse an 9, art. 6).

(2) *Suprà*, nᵒˢ 450-452.

(3) Mais la dispense ne concerne pas tous les actes de l'état civil. Pour les reconnaissances d'enfants naturels, voy. L. 1816, art. 43, nᵒ 22, et art. 45, nᵒ 7 (*suprà*, nᵒ 62).

10° Les cédules pour appeler au bureau de conciliation, sauf le droit de la signification.

11° Les légalisations de signature d'officiers publics.

12° Les affirmations de procès-verbaux des employés, gardes et agens salariés par la République, faits dans l'exercice de leurs fonctions.

13° Les engagemens, enrôlemens, congés, certificats, cartouches, passeports, quittances de prêt et fourniture, billets d'étape, de subsistance et de logement, tant pour le service de terre que pour le service de mer, et tous autres actes de l'une et l'autre administration non compris dans les articles précédens.

Sont aussi exceptés de la formalité de l'enregistrement les rôles d'équipages et les engagemens de matelots et gens de mer de la marine marchande et des armemens en course.

14° Les passeports délivrés par l'administration publique.

15° Les lettres de change tirées de place en place ; celles venant de l'étranger ou des colonies françaises (1) ; les endossemens et acquits de ces effets, et les endossemens et acquits de billets à ordre et autres effets négociables (2).

16° Les actes passés en forme authentique avant l'établissement de l'enregistrement, dans l'ancien territoire de France, et ceux passés également en forme authentique, ou sous signature privée, dans les pays réunis et qui y ont acquis une date certaine suivant les lois de ces pays, ainsi que les mutations qui se sont opérées par décès, avant la réunion desdits pays.

856. Nous avons indiqué le principe qui domine ce paragraphe ; il ne convient pas de soumettre au contrôle des préposés de l'enregistrement les actes de l'autorité publique. L'esprit de ce principe en indique la limitation. Pour être passé devant un administrateur, un acte n'est pas, par sela seul, un acte d'*admi-*

---

(1) V. *suprà,* n°s 494, 504-506.
(2) V. *suprà,* n° 496.

nistration publique. Et, par exemple, il n'y a nul motif d'exempter de la formalité les ventes, baux, marchés et cautionnements, passés devant un Préfet. Les dispositions suivantes de la loi du 15 mai 1818 ont été conçues dans cet esprit :

« ART. 78. Demeurent assujettis au timbre et à l'enregistrement sur la minute, dans le délai de vingt jours, conformément aux lois existantes : — 1º les actes des autorités administratives et des établissemens publics portant transmission de propriété, d'usufruit et de jouissance ; les adjudications ou marchés de toute nature, aux enchères, au rabais ou sur soumission ; — 2º les cautionnemens relatifs à ces actes.

« ART 80. Tous les actes, arrêtés et décisions des autorités administratives, non dénommées dans l'article 78, sont exempts du timbre sur la minute, et de l'enregistrement, tant sur la minute que sur l'expédition. Toutefois, aucune expédition ne pourra être délivrée aux parties que sur papier timbré, si ce n'est à des individus indigens, et à la charge d'en faire mention dans l'expédition. »

Il est à remarquer que le Législateur statue par forme d'interprétation des lois antérieures, et non par disposition nouvelle. Le résultat dont il s'agit découlait de l'ensemble des principes du Droit public. Mais ces principes ayant été méconnus dans la pratique (V. *suprà*, nº 18), la loi de 1818 est venue les mettre en lumière et les consacrer.

APPENDICE A L'ARTICLE 70.

§ 4. — *Actes soumis à un tarif exceptionnel.*

857. J'ai déjà eu occasion de signaler plusieurs actes de cette nature (V. notamment *suprà*, nᵒˢ 371, 393, 527, 550). Il me reste à indiquer ici les dégrèvements fondés sur l'intervention à l'acte de l'Etat comme partie contractante.

858. En établissant le tarif des ventes d'immeubles, la loi de frimaire s'exprime en ces termes (art. 69, § 7, n° 1) :

« La quotité du droit d'enregistrement des adjudications de domaines nationaux, sera réglée par des lois particulières. »

La loi du 15 floréal an 10 a fixé ce droit à 2 p. 100. Bien que cette loi n'ait statué que sur la vente de certains biens nationaux, spécialement déterminés, elle a fait précédent, et on la considère comme réglant généralement le tarif des ventes d'immeubles, dépendant du domaine de l'Etat (Comp. ordonn. 10 décembre 1817 ; L. 18 mai 1850, art. 2). Et comme les biens de l'Etat ne sont pas susceptibles d'hypothèque, le droit de transcription ne doit pas être ajouté au droit d'enregistrement, lequel demeure ainsi fixé à 2 p. 100.

859. Le système introduit par application de la loi du 15 floréal an 10 est peu satisfaisant. Rationnellement, pour la vente des biens de l'Etat, il n'y a que deux partis à prendre : — dégrever entièrement le contrat ; — ou, tout au contraire, appliquer le tarif ordinaire.

Dégrever, c'est plus logique ; car les offres de l'acheteur étant calculées en raison inverse de l'élévation des droits de mutation, en définitive, l'impôt retombe toujours *indirectement* sur le vendeur. L'immunité convient donc aussi bien aux ventes qu'aux acquisitions faites par l'Etat. Il y a même raison. D'autre part, l'avantage de l'uniformité justifierait très bien l'application pure et simple du tarif ordinaire. C'est ce qui a lieu pour les « baux de biens nationaux, » et pour les ventes de meubles « faites par la nation. » (Art. 69, § 3, n° 2, et § 5, n° 1.) Entre ces deux partis, la loi, quant aux ventes d'immeubles, prend un terme moyen qui vraiment n'a aucune raison d'être.

860. Le même procédé était suivi par la loi de frimaire, relativement aux marchés. Sans distinguer entre le *marché-louage* ou le *marché-vente* (*suprà*, n° 369) l'art. 69, § 2, n° 3, assujettissait au droit proportionnel de 0,50 p. 100 :

« Les adjudications au rabais et marchés pour constructions, réparations, entretien, *approvisionnemens et fournitures,* dont le prix doit être payé par les Trésor national, *ou par les administrations centrales et municipales, ou par des établissemens publics.* »

La loi de 1816 (art. 51) éleva le droit à 1 p. 100, tarif ordinaire du *marché-louage.*

Enfin, la loi du 15 mai 1818 (art. 73), dont la disposition est encore en vigueur, réduit la perception à un droit fixe (porté à 2 fr., L. 1850, art. 8), mais seulement pour les adjudications au rabais et marchés « dont le prix doit être payé *directement ou indirecte-* « *ment* par le *Trésor royal.* »

Cette mesure, introduite en vue de simplifier la comptabilité, hérisse la perception de difficultés nombreuses (1). Libérale, en apparence, elle tourne au

(1) Consultez, sur l'ensemble de cette matière, l'*Exposition des principes sur l'enregistrement et le timbre des actes administratifs,* par M. Paul Chalvet (Dissertation insérée dans le *Journal de Droit administratif* de M. Chauveau, art. 163, 168 et 172). — Joignez: Civ.-rej. 17 juin 1857 (I. G. 2114, § 7); Déc. M. fin. 22 avril 1858 (I. G. 2123, § 1).

détriment des citoyens. Dans les cas douteux, un entrepreneur peut se trouver atteint par l'impôt, rétroactivement, suivant l'évènement du procès, en dehors de ses prévisions et de ses calculs. L'innovation est donc regrettable à tous égards.

861. C'était une question de savoir si les marchés, relatifs au *travail dans les prisons,* rentraient ou non dans la catégorie de ceux dont le prix est payable, au moins *indirectement,* par le Trésor public. La loi du 13 juin 1857 a tranché la controverse, en soumettant expressément au droit fixe de 2 fr. :

« Les adjudications et marchés de toute nature ayant pour objet le travail dans les prisons.

862. Passons aux personnes collectives, autres que l'Etat.

Et d'abord, pour l'objet de nos études, il n'y a pas à distinguer entre le domaine de l'Etat et le domaine de la Couronne. La Couronne est le plus élevé de tous les services publics; sa dotation intéresse l'Etat, c'est-à-dire la généralité des citoyens. Ajoutons que la nue-propriété des biens de la Couronne appartient à l'Etat.

Il en va différemment pour les autres personnes collectives : Départements, Communes, Etablissements locaux (1). Ces personnes ont un patrimoine entièrement propre et des intérêts tout-à-fait distincts de ceux de l'Etat; elles doivent donc subir, comme les particuliers, toutes les contributions d'un intérêt général. Tel

---

(1) Ces Etablissements, par exemple, les Hospices, sont souvent désignés à un autre point de vue, sous le nom d'*Etablissements publics.* La locution *Etablissements locaux* est employée par la loi de 1816 (art. 39) pour désigner toutes les personnes collectives, autres que l'Etat.

est le système qui tend à prévaloir dans la législation. (V. notamment L. 5 juin 1850, art. 27-32.)

Mais les formations successives de notre Droit administratif ont longtemps entretenu l'incertitude sur la détermination exacte des rapports de ces personnes avec l'Etat. De là, incorrection dans le style des lois, tâtonnements dans leurs dispositions, incohérence dans les premiers monuments de la jurisprudence.

Les revirements de la politique n'ont pas été sans influence sur les variations de la législation, en ces matières. Ainsi, la loi du 16 juin 1824 (art. 7) avait réduit à un droit fixe la perception sur les acquisitions, dons et legs, faits aux profits des Départements, Communes, Etablissements ecclésiastiques, etc. Cette disposition a été abrogée par la loi du 18 avril 1831 (1). Le rapprochement de ces deux dates est significatif.

Aujourd'hui les personnes dont il s'agit sont, dans la plupart des cas, soumises au tarif ordinaire. Cela a lieu notamment pour leurs actes soit d'acquisition (2), soit d'aliénation de biens meubles et immeubles, et pour leurs actes d'obligation et de libération. Quant aux marchés, l'art. 51 de la loi de 1816 étant resté en vigueur pour ce qui les concerne (V. *suprà,* n° 860), les Départements, Communes et Etablissements locaux n'échappent pas au droit proportionnel. Seulement, le droit de 1 p. 100, tarif ordinaire du *marché-louage,*

---

(1) Le Sénat a renvoyé aux ministres de la Justice et des Finances une pétition, tendant au rétablissement de cette mesure, en ce qui concerne les Etablissements charitables. V. le *Moniteur* du 30 juin 1861.

(2) *Humanitatis causa,* les Hospices n'acquittent pas de droit de mutation par décès, pour les effets qui leur sont acquis, en vertu de la loi du 15 pluviôse an 13 (Déc. M. fin. 23 juin 1858; I. G. 2132, § 4).

s'applique ici à tous les marchés quelconques, même aux marchés pour approvisionnements et fournitures, qui constituent des *marchés-ventes*, passibles entre particuliers du droit de 2 p. 100. (V. encore, quant au droit de condamnation, l'observation faite ci-dessus, n° 563.)

863. En soumettant à un tarif particulier les ventes immobilières de *biens nationaux*, le Législateur ne paraît pas avoir eu en vue les immeubles dépendant des successions *en déshérence*, dont l'Administration des domaines a obtenu judiciairement l'envoi en possession (v. C. N., art. 768-772). Les immeubles, dépendant du domaine de l'Etat, ne peuvent être aliénés qu'en vertu d'une loi spéciale. La même loi, qui autorise la vente, peut modifier le tarif de l'impôt, et si l'on s'est tenu jusqu'à ce jour au tarif établi par la loi du 15 floréal an 10, c'est par habitude et respect des précédents ; je ne veux pas dire par routine.

Quant aux immeubles dépendant des successions *en déshérence*, l'Administration des domaines est seulement tenue d'observer, pour l'aliénation, les formalités tracées à l'héritier sous bénéfice d'inventaire. Par suite, quant aux droits de mutation, on leur applique, avec raison, le tarif ordinaire des ventes d'immeubles (5,50 p. 100) (1).

864. Les Corps, Communautés et autres personnes collectives, sont généralement frappées de l'incapacité d'aliéner. D'où le nom de *gens de main-morte*, encore aujourd'hui consacré dans le langage usuel. Cette inca-

---

(1) En ce sens, mais par d'autres motifs, Circulaire 1306; I. G. 552; M. Garnier, 1267.

pacité d'aliéner tarit la source des profits casuels, assis sur les mutations. Par compensation, les anciens Edits royaux avaient assujetti ces personnes à un impôt bien connu sous le nom de *droit d'amortissement*. Une idée analogue a inspiré la loi du 20 fevrier 1849, intitulée : *Loi relative à l'application de l'impôt des mutations aux biens de main-morte*. L'art. 1er est ainsi conçu :

« Il sera établi à partir du 1er janvier 1849 sur les biens immeubles passibles de la contribution foncière, appartenant aux départements, communes, hospices, séminaires, fabriques, congrégations religieuses, consistoires, établissements de charité, bureaux de bienfaisance, sociétés anonymes et tous établissements publics légalement autorisés, une *taxe annuelle représentative des droits de transmission entre-vifs et par décès*. Cette taxe sera calculée à raison de 62 centimes 1/2 pour franc du principal de la contribution foncière. »

TITRE XII.

Des lois précédentes sur l'enregistrement, et de l'exécution de la présente.

ARTICLE 71.

Il sera établi de nouvelles bases pour l'administration de l'enregistrement par une loi particulière.

En attendant, les lois qui existent sur son organisation, sa manutention et ses frais de régie continueront d'être exécutées (1).

ARTICLE 72.

La formalité de l'insinuation des donations entre-vifs, continuera d'être donnée dans les bureaux de recette de l'enregistrement, dans les formes et sous les peines portées par les lois subsistantes, jusqu'à ce qu'il en ait été autrement ordonné.

(1) Voy. ce qui a été dit ci-dessus (n° 10) sur l'organisation administrative de la perception — Joignez l'Ordonnance du 17 décembre 1844.

865. Au moment où était porté cet article, les donations entre-vifs étaient soumises à deux sortes de formalités dont le but, dit Merlin (*Répertoire*, v° Donation, sect. 6, §, 3), « tendait également à les rendre publiques, l'insinuation et la transcription. » (V. art. 26 L. 11 brumaire an 7, sur le régime hypothécaire). « Le Code civil, ajoute Merlin, supprime l'insinuation par son silence, mais il conserve la transcription. » (Voir. C. N. art. 939-942.) La disposition de l'art. 72 est donc aujourd'hui sans objet.

Remarquez, au point de vue du Droit civil, que suivant la loi du 23 mars 1855, *sur la Transcription* (art. 12) : « Il n'est point dérogé aux dispositions du « Code Napoléon, relatives à la transcription des actes « portant donation ou contenant des dispositions à « charge de rendre; elles continueront à recevoir leur « exécution. »

Au point de vue du Droit fiscal, pour la transcription des donations entre-vifs, V. *suprà*, n° 601 ;

Pour la transcription des dispositions à charge de rendre, autrement dit, des substitutions (C. N., art. 1069, 1073), V. *suprà*, n° 743.

ARTICLE 73.

Toutes les lois rendues sur les droits d'enregistrement, et toutes dispositions d'autres lois y relatives, sont et demeurent abrogées pour l'avenir.

Elles continueront d'être exécutées à l'égard des actes faits et des mutations par décès effectuées avant la publication de la présente.

Les affaires actuellement en instance seront suivies d'après les lois en vertu desquelles elles ont été intentées.

La présente sera exécutée à compter du jour de sa publication.

866. Cet article est aujourd'hui abrogé. Mais, avant de descendre au détail des textes qui l'ont remplacé, résumons la théorie générale du Droit sur la *non-rétroactivité des lois*. On lit au frontispice du Code Napoléon (art. 2) :

« La loi ne dispose que pour l'avenir; elle n'a point d'effet rétroactif. »

Ce principe est reçu par nos mœurs comme une règle de Droit public. Comme tel, il s'impose au Législateur lui-même, et contient sa toute-puissance au nom de la justice absolue. Toutefois, puisqu'il n'est écrit dans aucune loi *constitutionnelle*, le Législateur reste le maître d'y déroger. Une loi, expressément rétroactive, commande l'obéissance des citoyens. Mais, dans le doute, la présomption est que la loi n'a point d'effet rétroactif.

867. On dit, en d'autres termes, et d'une façon plus expressive : le Législateur, en portant une loi nouvelle, doit respecter les *droits acquis* sous l'empire de la législation antérieure.

C'est *droit acquis* pour les citoyens, de payer l'impôt suivant le tarif en vigueur au jour des actes imposés. Donc, en principe, les lois fiscales ne doivent pas régir les actes antérieurs à leur publication.

868. La loi de frimaire appliquait pleinement ce principe, soit quant aux actes, soit quant aux mutations.

I. Deux ans plus tard, la loi du 27 ventôse an 9 prit la contre-partie de ce système, en statuant ainsi (art. 1er) :

« A compter du jour de la publication de la présente, les droits d'enregistrement seront liquidés et perçus suivant les fixations établies par la loi du 22 frimaire an 7 et celles postérieures, quelle que soit la date ou l'époque des actes et mutations à enregistrer, » etc.

Voilà une disposition expressément rétroactive. L'utilité pratique commandait de donner uniformité à la perception. D'ailleurs, après deux années, la transition de l'ancien au nouveau régime était convenablement ménagée.

II. Entre le système de l'an 7 et celui de l'an 9, la loi du 28 avril 1816 prit un terme moyen, en distinguant les *actes* et les *mutations*. L'art. 59 de cette loi est ainsi conçu :

« Les droits de mutation, établis par la présente loi, ne seront perçus que sur les mutations qui surviendront après sa publication; les lois antérieures s'appliqueront aux mutations effectuées jusqu'à ladite publication. Quant aux actes, l'art. 1er de la loi du 27 ventôse an 9, continuera d'être exécuté. »

Remarquez que ce système mixte ne saurait tirer à conséquence pour l'avenir. Il s'agit seulement des droits de mutation établis *par la présente loi*.

III. La loi du 16 juin 1824, toute de rémittence, put, sans inconvénient, donner à ses dispositions un effet entièrement rétroactif (V. art. 15 de ladite loi). En effet, quand la perception est abaissée, qui peut invoquer un *droit acquis?* L'Etat. Or, le Législateur est arbitre souverain des intérêts de l'Etat.

IV. Au contraire, la loi du 18 mai 1850, qui aggravait considérablement la perception, n'aurait pu sans injustice donner à ses dispositions un effet rétroactif. L'art. 19 de cette loi porte :

« Les actes et mutations, qui auront acquis date certaine avant la promulgation de la présente loi, seront régis par les lois antérieures.

869. Le système de la loi de 1850 revient à celui de la loi de frimaire et au Droit commun sur la non-rétroactivité des lois. Il est donc raisonnable de l'appliquer à toutes les lois postérieures qui n'ont pas une disposition transitoire, expressément conçue en sens contraire.

870. L'Administration paraît admettre franchement cette doctrine, et elle a donné à cet égard un exemple remarquable de modération.

Lorsqu'en 1855, il s'agit de rétablir aux taux primitif les droits d'obligation et de libération, le projet de loi portait que la perception serait ainsi faite : « *à partir du 1er mai 1855.* » Sans aucun doute, les auteurs de cette rédaction pensaient que ce projet serait, en temps utile : — voté par le Corps législatif;

porté au Sénat; — *sanctionné, promulgué,* puis *publié* par l'Empereur; de manière enfin qu'à l'époque indiquée, la loi pût être appliquée uniformément par toute la France.

Or, il se trouva que la loi, *sanctionnée* le 5 mai, fut seulement *promulguée* le 15 du même mois. Restait, en outre, l'application des délais de distance, qui retardait de plusieurs jours l'exécution de ladite loi. Une interprétation stricte autorisait l'Administration à forcer rétroactivement la perception des droits en question, sur tous les actes qui n'auraient pas acquis date certaine antérieurement au 1er mai. Mais l'Administration recula devant l'odieux de ce procédé. Le Ministre des finances décida, à la date du 26 mai 1855 (I. G. 2030):

« Que les actes authentiques, notamment les actes notariés d'une date antérieure à la publication de la loi nouvelle, *présentés à l'enregistrement dans le délai légal,* devaient rester soumis au tarif de la loi du 7 août 1850, sous l'empire de laquelle ils ont été passés, et qu'il en était de même des actes sous signature privée qui, conformément à l'art. 18 de la loi du 16 juin 1824, auraient été annexés à des actes notariés avant cette publication. »

« Quant aux autres actes sous signature privée, ajoute l'Instruction, c'est le tarif existant au jour de la formalité qui devra leur être appliqué, *quelle que soit leur date.* »

La Décision n'excepte pas les actes de cette nature qui, accidentellement, auraient acquis date certaine par la mort d'une des parties signataires ou la relation dans un inventaire (V. *suprà,* n°s 172 et 825). En cela seulement, l'Administration donne à la loi du 5 mai 1855 l'effet rétroactif, qu'autorisait bien plus largement, et sans distinction, la lettre de cette loi.

871. A l'inverse, l'Administration a considéré comme droit acquis pour le Trésor, la perception du double décime sur les actes et mutations, antérieurs au 1ᵉʳ janvier 1858. Cette interprétation, qui a prévalu devant la Cour de cassation (1) maintiendra, pendant un temps indéfini, l'intérêt des questions transitoires qui se rattachent à cette matière. On a soutenu en sens contraire, et non sans fondement, que l'esprit du Législateur était plus libéral, et que régulièrement « le double décime n'a plus dû être perçu sur les actes et mutations *à partir du 1ᵉʳ janvier* 1858, c'est-à-dire sur *toute recette* de droit d'enregistrement faite *postérieurement* à cette date. » (M. Garnier, *Rép. pér.* 952.) Cette opinion ne paraît plus avoir aucune chance d'être accueillie dans la pratique.

872. Dieu aidant ! je termine ce travail, souvent interrompu par d'autres devoirs. En cherchant à vulgariser une branche considérable de notre législation, j'ai cru accomplir, comme jurisconsulte et comme citoyen, un service utile. Cette pensée m'a soutenu au début de mon enseignement. Je disais alors à mes élèves (2) :

« Trop longtemps, depuis le commencement de ce siècle, l'étude des lois fiscales a paru retirée de la circulation des idées. On répétait assez volontiers que c'étaient des lois d'un ordre tout spécial, étrangères à l'économie générale du Droit et que les principes du Droit civil n'étaient d'aucune conséquence pour l'application de ces lois. Ce préjugé a disparu

---

(1) Comp. Déc. M. fin. 9 décembre 1857 (I. G. 2112); *Req.* 28 juillet 1859 ; Seine, 12 mai 1860 (*Rép. pér.* 1198, 1448).

(2) V. la *Revue critique,* novembre 1854, et le *Rép. pér.,* janvier 1855.

devant le réveil de la critique, et l'étude des lois fiscales a repris son rang dans la doctrine par des travaux dignes des plus beaux âges de la science. De son côté, l'Administration supérieure, avec une largeur de vues qui l'honore, a favorisé ce mouvement scientifique. Depuis longtemps elle a augmenté les garanties d'instruction exigées des jeunes aspirants, et depuis dix ans l'institution libérale du concours a été admise pour recruter ses rangs. L'Administration semble même avoir voulu sceller la première le pacte d'alliance, que je voudrais voir tout à fait établie entre elle et les Facultés de Droit; car, outre l'importance qu'elle a toujours attachée à nos grades, elle a dispensé de toute condition préalable d'admission les lauréats de nos concours annuels, et reconnu par là même l'intime connexité de la pratique de l'Enregistrement avec les principes généraux du Droit.

Ces mesures ne peuvent manquer de porter leurs fruits. En fortifiant la science des employés, l'Administration arrivera à donner à sa marche la fixité et la régularité essentielles à la à la perception de l'impôt. En même temps, les citoyens, éclairés sur leurs droits, le seront aussi sur leurs devoirs. On cessera de considérer les lois de l'Enregistrement comme un amas confus de règles arbitraires et incohérentes, destinées à frapper à l'aveugle en dehors de toute justice et de toute raison, lois ennemies contre lesquelles aussi tous les moyens seraient bons et qui autoriseraient, par l'excès de leur rigueur, le dol et la fraude des contribuables! On verra, tout au contraire, dans ces lois, des dispositions d'ordre public, soit à raison du service qu'elles organisent, soit à cause de l'impôt qu'elles constituent. Cet impôt a pour lui sa longue possession; une tradition immémoriale l'a enraciné dans nos mœurs, et, à l'heure qu'il est, aucun esprit sérieux ne peut songer à le modifier dans ses bases essentielles. Il faut donc l'accepter comme une charge, ou mieux, pour parler le langage expressif de nos lois modernes, comme une *contribution* d'intérêt général, et l'accepter franchement et loyalement. Si cet impôt présente, à raison de son assiette, des inconvénients particuliers,

« ces choses, dit Montesquieu, étant sujettes à des discussions subtiles, » le remède à ces inconvénients est dans le développement de la science qui fixera les principes et apaisera les controverses. Voilà, Messieurs, le but de nos travaux. Ce but est élevé; il est difficile de l'atteindre, mais c'est beaucoup de s'en rapprocher, et c'est à cela que tendront nos efforts ! »

A plusieurs années d'intervalle, cette même pensée me revient, fortifiée par la réflexion. Elle résume l'esprit de ce livre et lui servira d'apologie.

FIN.

ADDITION

AUX NUMÉROS 494 ET 528.

—

Loi du 28 mai 1858, sur les négociations concernant les marchandises déposées dans les magasins généraux (1).

ART. 13. Les récépissés sont timbrés; ils ne donnent lieu pour l'enregistrement qu'à un droit fixe de un franc.

Sont applicables aux warrants endossés séparément des récépissés les dispositions du titre 1er de la loi du 5 juin 1850, et de l'art. 69, § 2, n° 6, de la loi du 22 frimaire an 7.

L'endossement d'un warrant séparé du récépissé non timbré ou non visé pour timbre conformément à la loi ne peut être transcrit ou mentionné sur les registres du magasin, sous peine, contre l'administration du magasin, d'une amende égale au montant du droit auquel le warrant est soumis.

Les dépositaires des registres des magasins généraux sont tenus de les communiquer aux préposés de l'enregistrement, selon le mode prescrit par l'art. 54 de la loi du 22 frimaire an 7, et sous les peines y énoncées.

Extrait de l'exposé des motifs, relatif à la disposition qui précède :

« Le droit de timbre est dû par le récépissé et par le bulletin, mais dans des conditions différentes, en raison de la différence de caractères des deux titres.

« Le récépissé, entre les mains du déposant, est un certificat

_____

(1) Sur l'ensemble de cette loi, V. l'ouvrage de M. Aldrick Caumont, intitulé : *Institution du crédit sur marchandises* ou *le Commerce du Monde, d'après les travaux législatifs sur les warrants français.* Paris et le Hàvre; 1859.

de propriété ; s'il est transmis, il vaut habituellement vente. A ce double point de vue, il rentre dans la classe des actes assujettis au timbre de dimension par l'art. 12 de la loi du 13 brumaire an 7.

« Le bulletin de gage, tant qu'il n'est pas transmis séparément du récépissé, n'a aucun rôle qui l'assujettisse à un droit de timbre ; mais par sa négociation au profit de celui qui reçoit la marchandise en gage pour garantie de la somme qu'il avance, et qui jouit de la faculté de le transférer lui-même par endossement, il devient, comme nous l'avons déjà dit plusieurs fois, un véritable effet de commerce, et comme tel il est évidemment du nombre des actes que l'art. 1er de la loi du 5 juin 1850, assujettit au timbre proportionnel de 50 cent. par mille fr. Il n'y a pas de raison pour le traiter, au point de vue de l'impôt, plus favorablement qu'un effet de commerce ordinaire.

« Il est d'ailleurs conforme aux règles de la matière, que le timbre de dimension soit apposé sur le récépissé au moment de sa création, ce qui, dans la pratique, aura lieu en timbrant d'avance les récépissés sur le registre à souche des magasins, et que le timbre proportionnel auquel sont assujettis les bulletins de gage transférés séparément des récépissés, mais qui ne peut pas être appliqué d'avance, soit remplacé par un visa pour timbre donné au moment du premier endossement du bulletin.

« Quant aux droits d'enregistrement, ils sont fixés de la manière suivante :

« Lorsque le récépissé reste entre les mains du déposant, en tant que certificat de propriété, il ne donne ouverture, d'après les principes généraux de l'enregistrement, qu'à un droit fixe. Lorsqu'il est transféré et qu'il opère transmission de la propriété, régulièrement, selon les mêmes principes, il devrait donner lieu à un droit proportionnel de 2 p. 100. Mais cette perception n'était point conciliable avec l'esprit du projet de loi, qui est de favoriser ces sortes d'opérations, et l'on a pensé qu'il n'y avait pas lieu de rien changer au droit d'enregistrement actuel, qui est de 1 franc seulement.

« Les bulletins de gage devront nécessairement, de leur côté, être assujettis au droit d'enregistrement de 50 c. par cent fr. établi par l'art. 69, § 2, n° 6, de la loi du 22 frimaire an 7, pour les billets à ordre et les effets négociables ou de commerce autres que les lettres de change.

« Ces propositions n'aggravent pas la situation des négociants qui auront à faire des opérations sur les marchandises déposées dans les magasins généraux, car, dans l'état actuel des choses, les récépissés délivrés conformément au décret du 21 mars 1848 supportent le droit de timbre de dimension, et, lorsqu'il y a lieu, un droit fixe d'enregistrement égal à celui auquel le projet assujettit les récépissés nouveaux ; et les effets négociés sous la garantie de ces récépissés sont passibles des mêmes droits proportionnels de timbre et d'enregistrement qu'on propose de percevoir sur les bulletins de gage.

« Il faut ajouter que, comme le caractère des récépissés et des bulletins est celui des actes sous seing privé, les droits d'enregistrement ne peuvent être exigés, d'après l'art. 23 de la loi du 22 frimaire an 7, que lorsqu'on veut en faire usage, soit par acte public, soit en justice, ou devant toute autre autorité constituée, et que par conséquent, ils seront rarement nécessaires. »

TABLE CHRONOLOGIQUE DES LOIS FISCALES

DONT L'EXPLICATION A ÉTÉ

RATTACHÉE AU COMMENTAIRE DE LA LOI DU 22 FRIMAIRE AN 7.

———

N.-B. A moins d'indication contraire, les chiffres renvoient *aux numéros*, non à la page.

Lois antérieures au 22 frimaire an 7
(12 décembre 1798).

Lois postérieures au 22 frimaire an 7
(12 décembre 1798).

———

(1) Les droits d'*hypothèque* se divisent en droits d'*inscription* et de *transcription*.

(1) Les Avis du Conseil d'État, antérieurs à la Charte de 1814, sont considérés comme ayant force de loi interprétative. Ils sont rapportés sous la date du jour où ils ont été approuvés par l'Empereur. Les Avis postérieurs, ayant une autorité purement doctrinale, ne sont pas mentionnés dans la présente table.

N.-B. Pour s'attacher aux *principes*, on a évité de mentionner dans cette table plusieurs lois, décrets et ordonnances, contenant des dispositions de détail, annotées sous l'art. 68 de la loi de frimaire.

FIN DE LA TABLE CHRONOLOGIQUE.

TABLE ALPHABÉTIQUE DES MATIÈRES.

N. B. — A moins d'indication contraire, les chiffres renvoient aux numéros d'ordre et non aux pages.

FIN DE LA TABLE ALPHABÉTIQUE DES MATIÈRES.

ERRATA.

Pages.	Lignes.	Au lieu de :	Lisez :
29	28	...art. 13...	art. 14.
29	note 1	...I. G. 286...	I. G. 386.
57	4	...acte d'amiable...	acte amiable.
60	23	...qui prononçaient...	qui prononçait.
76	17	...créances...	créance.
169	27	...art. 706...	art. 709.
169	18	...art. 2188...	art. 2190.
248	7	...n° 243...	n° 249.
302	note 1	...loi 3...	loi 2.
326	22	...an 11...	an 9.
349	29	...n° 555...	n° 554.
427	24	...448-I...	448.
461	23	...les mots même...	les mots mêmes.
584	24	...pour que le remploi...	que pour le remploi.
615	13	...ce qui a décidé...	ce qu'a décidé.
733	13	...tarifés...	tarifés.
769	note 1	...L. 1825...	L. 1824.
793	12	...leur diligences...	leurs diligences.
799	note 1	...art. 10...	art. 18.
820	11	...abonnemens...	abandonnemens.

TABLE GÉNÉRALE DES MATIÈRES.

N. B. Pour la facilité des renvois, la même série de numéros et de pagination a été continuée dans les deux volumes.

Imprimerie E. Connac et Barbas, rue des Balances, 48. — Toulouse.

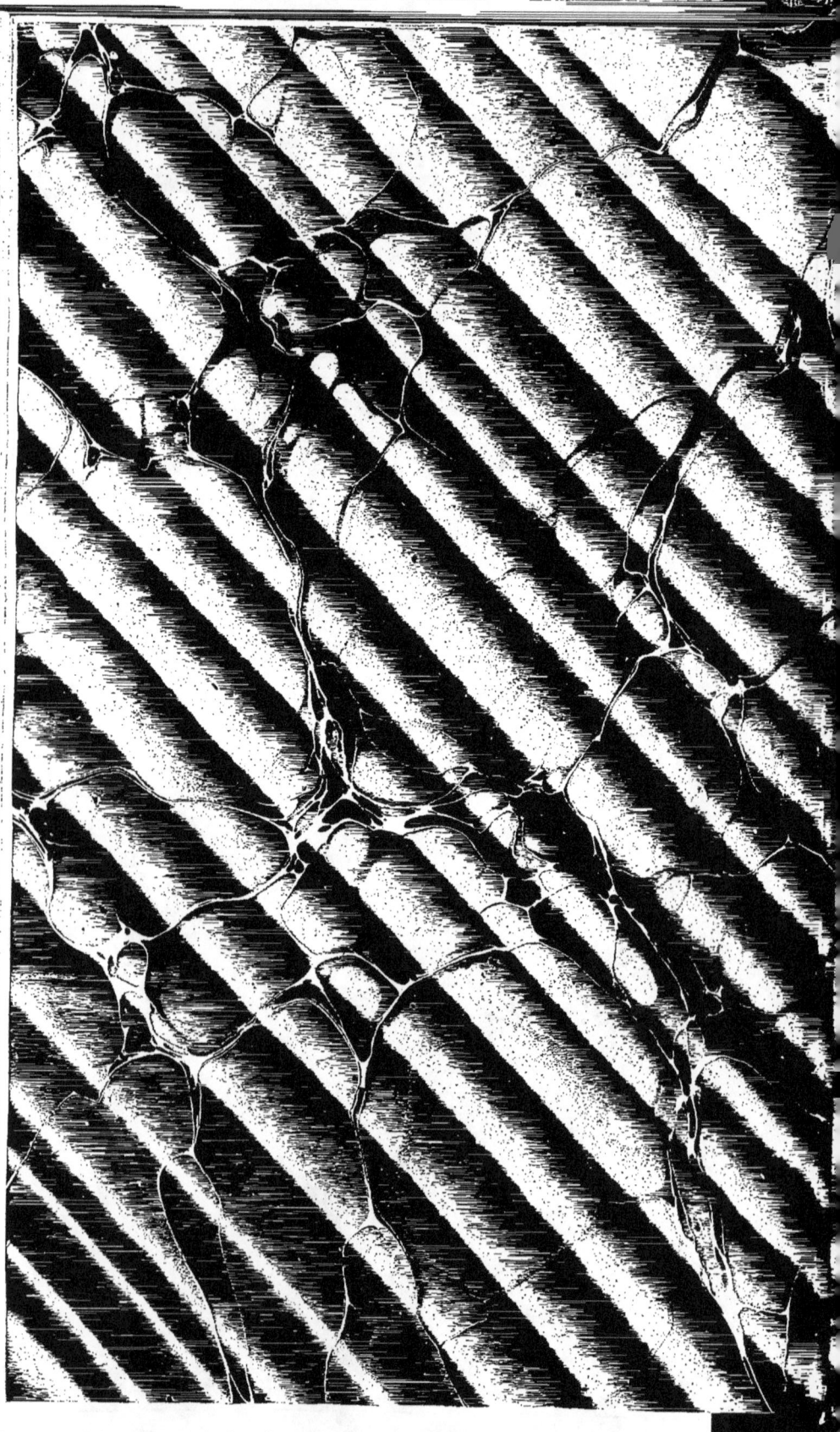

www.ingramcontent.com/pod-product-compliance
Lightning Source LLC
Chambersburg PA
CBHW030332220326
41518CB00047B/997